获西安石油大学优秀学术著作出版基金资助

黄冬丽 著

『朱子语类』身体动作类词群研究

本书获西安石油大学优秀学术著作出版基金资助

中国社会科学出版社

图书在版编目(CIP)数据

《朱子语类》身体动作类词群研究 / 黄冬丽著 . —北京：中国社会科学出版社，2021.1

ISBN 978-7-5203-8036-2

Ⅰ.①朱… Ⅱ.①黄… Ⅲ.①《朱子语类》—词汇—研究 Ⅳ.①H131

中国版本图书馆 CIP 数据核字（2021）第 038313 号

出 版 人	赵剑英
责任编辑	任　明
责任校对	周　昊
责任印制	郝美娜

出　　版	中国社会科学出版社
社　　址	北京鼓楼西大街甲 158 号
邮　　编	100720
网　　址	http://www.csspw.cn
发 行 部	010-84083685
门 市 部	010-84029450
经　　销	新华书店及其他书店

印刷装订	北京君升印刷有限公司
版　　次	2021 年 1 月第 1 版
印　　次	2021 年 1 月第 1 次印刷

开　　本	710×1000　1/16
印　　张	15
插　　页	2
字　　数	255 千字
定　　价	95.00 元

凡购买中国社会科学出版社图书，如有质量问题请与本社营销中心联系调换
电话：010-84083683
版权所有　侵权必究

自　序

《朱子语类》是朱熹在各地讲学时，弟子门人记录整理，最后经黎靖德统一汇编校订而成的讲学问答的实录。《朱子语类》较为真实地反映了一代理学大师朱熹的思想演变脉络和南宋当时的社会生活状况，文中记载了朱熹晚年的许多精要论述，其中纠正二程解经误失以及他自己早期著作中的某些观点达数百条。这些论述多未载于他的文集和著述中，蕴含着朱熹思想发展的曲折与精微之处。《朱子语类》一百四十卷中，《四书》占五十一卷，《五经》占二十九卷，哲学专题如理气、知行等，专人如周、程、老、释等，以及个人治学方法等，约占四十卷，历史、政治、文学等约占二十卷。这些讲学语录皆为师生间往复诘难相互研讨学问时的随问随答，气氛比较自由，不像著书立说那样严肃郑重，态度比较真切，往往更注重实情。其中不乏思想火花的即兴迸发，评述时事的真情流露，往往挥洒自如，生动活泼，一颦一蹙，纤悉详现，在朱子之学中犹如画龙点睛，读之有破壁飞腾之感。

20世纪90年代以前，《朱子语类》的相关研究，几乎都是在朱子学的大背景下进行的有关朱子思想文化及教育思想的研究，90年代以后才逐渐从语言学角度对《朱子语类》进行研究。其中有上海师范大学博士论文3篇：（1）刘杰2010年博士论文《〈朱子语类〉文献语言研究》，（2）杨艳2011年博士论文《〈朱子语类〉版本与语言问题考论》，（3）甘小明2012年博士论文《〈朱子语类〉概念场词汇系统研究》；上海师范大学硕士论文4篇：（1）刘静2011年硕士论文《〈朱子语类〉异序词研究》，（2）骆娟2011年硕士论文《〈朱子语类〉四字格词语研究》，（3）沈叶露2011年硕士论文《〈朱子语类〉异形词举隅》，（4）马文2012年硕士论文《〈朱子语类〉义类词群研究》；专著有徐时仪先生2013年《〈朱子语类〉词汇研究》（上下册）。另外还有相关期刊论文若干，在此就不一一列举了。

以上论文及专著从文献版本、词语考释，词语结构以及词语意义等方面进行了研究，为进一步研究《朱子语类》奠定了良好的文本基础和深入研究的前期平台，《〈朱子语类〉身体动作类义类词群》将在此基础上进行，并以词群语义范畴为理论框架，进行身体动作类词群的系统研究。

本书对《朱子语类》中的义类词群进行研究时，要解决的就是对所研究的义类词群进行语义分类，首先按照语义范畴进行分类，分出"手作类""口作类"和"行走类"（其中，行走类应包括行走相关的因素，即行走的姿态、动作、行走的载体——道路、性质、施事等相关因素）三大类，在每个大类里，以几个具有代表性的核心词素为中心点，比如手作类中有"提、指、推、探、抬、批、挑、摸、寻、索"十个核心词素，每个核心词素又可以组成若干词汇，列出这个核心词素组成的所有词汇，放在一个大的聚合群里，然后再讨论这些词群在同一级别大聚合群里的空间认知及发展演变历程。

本书考察的《〈朱子语类〉身体动作类义类词群研究》，与本人已经出版的一部拙作《〈朱子语类〉语汇研究》互为补充，互为辉映，使其相得益彰。

本书使用的《朱子语类》为1986年中华书局黎靖德本，且文中把《朱子语类》简称为《语类》。文中《语类》中的例句引用示例如下：肃拜，"但俯下手，今时抬"，传云"介者不拜"，"敢肃使者"，是也。（6，91，2332）其中圆括号中的数字分别代表该例句在《语类》中的册数，卷数，页码数。

目 录

第一章 手作义词群研究（一） ………………………………… (1)
  第一节 相关概念说明 …………………………………………… (1)
    一 "义类"的概念 …………………………………………… (1)
    二 "语义范畴"概念 ………………………………………… (1)
    三 "词群"概念 ……………………………………………… (2)
    四 本书的义类词群分类说明 ……………………………… (2)
  第二节 "提×"组词群 …………………………………………… (3)
    一 手作动作的比喻义 ……………………………………… (4)
    二 心理认知义语义范畴 …………………………………… (8)
    三 言说义语义范畴 ………………………………………… (10)
    四 "提×"组词群小结 ……………………………………… (11)
  第三节 "指×"组词群 …………………………………………… (12)
    一 "用手指"及相关的手作动作义语义范畴 …………… (13)
    二 心理认知域：精神或心理上的"指点、教导、
       传授"义 ……………………………………………………… (14)
    三 言说义语义范畴 ………………………………………… (19)
    四 "指×"组小结 …………………………………………… (23)
  第四节 "推×"组词群研究 ……………………………………… (24)
    一 手作动作义及抽象比喻义语义范畴 …………………… (24)
    二 认知论断义语义范畴 …………………………………… (28)
    三 言说义语义范畴 ………………………………………… (36)
    四 "推×"组词群小结 ……………………………………… (43)
  第五节 "探×"组词群研究 ……………………………………… (45)
    一 手作本义，即"摸取"义 ……………………………… (45)

二　认知义语义范畴 ……………………………………… (46)
　　三　言说义语义范畴 ……………………………………… (48)
　　四　"探×"组词群小结 …………………………………… (51)

第二章　手作义词群研究（二） …………………………… (52)
第一节　"抬×"组词群 ………………………………… (52)
　　一　手部动作语义范畴 …………………………………… (52)
　　二　身体部位自行运动语义范畴 ………………………… (54)
　　三　言说语义范畴 ………………………………………… (56)
　　四　"抬×"组小结 ………………………………………… (60)
第二节　"批×"组词群 ………………………………… (60)
　　一　击打义语义范畴 ……………………………………… (60)
　　二　用手书写义语义范畴 ………………………………… (63)
　　三　言说义语义范畴 ……………………………………… (65)
　　四　"批×"组小结 ………………………………………… (68)
第三节　"挑×"组词群 ………………………………… (69)
　　一　手作义语义范畴 ……………………………………… (69)
　　二　口作义语义范畴，其构式为"挑+口部动作词" ……… (72)
　　三　言说义语义范畴 ……………………………………… (72)
　　四　"挑×"组小结 ………………………………………… (78)

第三章　手作义词群研究（三） …………………………… (80)
第一节　"摸×"组词群 ………………………………… (80)
　　一　【捉摸】……………………………………………… (80)
　　二　【著摸】……………………………………………… (82)
　　三　【揣摸】【揣摩】…………………………………… (83)
　　四　【描摸】……………………………………………… (85)
　　五　【摸索】……………………………………………… (86)
　　六　【探摸】……………………………………………… (87)
　　七　"×摸/摸×"组词群小节 ……………………………… (87)
第二节　"寻×"组词群 ………………………………… (88)
　　一　【寻】《语类》中的语义：探求；考索 …………… (88)

  二 "寻"的构词能力 …………………………………………… (89)
  三 "寻×"组词群 ………………………………………………… (89)
 第三节 "索×"组词群 ……………………………………………… (93)
  一 【索】《语类》中的语义：探求；寻求 …………………… (93)
  二 "索"的构词能力 …………………………………………… (93)
  三 "索×"词群 ………………………………………………… (94)
 第四节 本章小结 …………………………………………………… (97)
  一 在《语类》中的使用情况 ………………………………… (97)
  二 构词能力角度 ……………………………………………… (98)
  三 历时考察角度 ……………………………………………… (99)

第四章 口部动作类词群 …………………………………………… (100)
 第一节 "诡×"组词群 ……………………………………………… (100)
  一 典型的言说义语义范畴 …………………………………… (100)
  二 形容词性的义类范畴 ……………………………………… (102)
  三 名词性义类范畴 …………………………………………… (106)
  四 本组词小结 ………………………………………………… (108)
 第二节 "×诈/诈×"组词群 ………………………………………… (108)
  一 动词性的词群 ……………………………………………… (108)
  二 性质形容词性的词群 ……………………………………… (111)
  三 名词性的词群 ……………………………………………… (116)
  四 "×诡/诡×""×诈/诈×"这两组词群小结 ……………… (117)
 第三节 "讨×"类词群 ……………………………………………… (118)
  一 言说义语义范畴 …………………………………………… (118)
  二 心理认知域语义范畴 ……………………………………… (120)
  三 比喻义的手作动作义语义范畴 …………………………… (125)
  四 "×讨/讨×"组词群小结 ………………………………… (128)

第五章 "行走"类词群研究 ………………………………………… (130)
 第一节 "透×"组词群 ……………………………………………… (130)
  一 行走义语义范畴 …………………………………………… (130)
  二 心理认知域语义范畴 ……………………………………… (135)

三　性状域语义范畴 …………………………………………（137）
　　　四　本组词群小结 ……………………………………………（145）
　第二节　"×途/途×"组词群 …………………………………………（146）
　　　一　行走义的相关因素——道路义 …………………………（146）
　　　二　比喻义的道路、路途，多指人生之途 …………………（149）
　　　三　本组词群小结 ……………………………………………（153）
　第三节　"通×/×通"组词群 …………………………………………（154）
　　　一　行走相关因素——道路义语义范畴 ……………………（154）
　　　二　心理认知域语义范畴 ……………………………………（156）
　　　三　性状域语义范畴 …………………………………………（170）
　　　四　本组词群小结 ……………………………………………（178）

第六章　研究价值 ………………………………………………………（179）
　第一节　词群研究价值 …………………………………………………（179）
　　　一　义类聚合群研究价值 ……………………………………（179）
　　　二　个案的历时考察研究价值 ………………………………（181）
　　　三　语义范畴研究价值 ………………………………………（181）
　第二节　文化研究价值 …………………………………………………（183）
　　　一　讲学色彩的体现 …………………………………………（183）
　　　二　理学色彩的体现 …………………………………………（183）
　　　三　古白话口语色彩 …………………………………………（184）
　第三节　辞书研究价值 …………………………………………………（185）
　　　一　书证滞后 …………………………………………………（185）
　　　二　条目增补 …………………………………………………（199）
　　　三　义项增补 …………………………………………………（213）

附录：《〈朱子语类〉身体动作类义类词群研究》词语表 …………（218）

参考文献 ………………………………………………………………（221）

后记 ……………………………………………………………………（231）

第一章

手作义词群研究（一）

第一节 相关概念说明

一 "义类"的概念

义类，就是词语的语义分类，即把词语按照语义相同的标准进行聚合方式分类。我国很早就有语义系统的概念，古代第一部训释先秦古语词的字书《尔雅》就是按照字义为类别进行编排的。后来的《方言》《释名》和《广雅》等字书，在编纂中还是把同一个字放在不同的类别中进行解释，这仍然是义类编排的方法。这正好可以说明，从先秦始，汉语词汇中同一个字就可以表达不同的意义，而这些不同的意义，因为同义或近义关系，就可以聚合到一个义类里。

二 "语义范畴"概念

近年来，还有些学者从认知语言学角度出发提出了"语义范畴"及"词群"理论。所谓的语义范畴，其实就是词的语义分类，是人类认知对客观世界进行范畴化和概念化的结果，也是认知语言学研究的一个重要内容。一种事物及其类似成员可以构成一个范畴，一类事物及其所包含的事物也可以构成一个范畴。因此，通俗地说，"范畴"就是"类"，人们认识事物一般是进行类的思考，认知的结果常常是以类为存放单位的，"范畴化"就是对所有的认知对象进行彻底的类思考、类储存和类表达。冯英（2009）在《汉语义类词群的语义范畴及隐喻认知研究》中指出，在语义范畴的分类中，应遵循以下三个原则：1. 语义范畴是一个具有家族相似性的意义辐射结构；2. 语义范畴的各个义项都有不同程度的原型特征；3. 语义范畴的建立是以基本范畴为基点的语义连接系统。①

从以上分析可以看出，语义范畴往往是一种多义性的复杂范畴，同一范畴内的各个成员词义各不相同，但这些有个体差异的成员之间在语义上一定是有联系的，这些联系是有理据性的，也是可分析的，都是在本义或原型基础上，通过一定的语义引申机制而发展变化的，这些变化都发生在一定的认知域上，受一定的认知模式的影响，如：隐喻、转喻、联想、义域的转移等。

三 "词群"概念

"词群"和语源学中的"词族"概念有着紧密联系，语源学认为在语言发展的过程中积累很多声音和意义相通或相近的同源词，不同的同源词可以一组一组地分开，每组自成系统，通常称为词族。语源学中的"词族"研究，是把音通义近的词联系在一起，触类引申，不限形体。而"词群"是指由某一个相同的词素构成的一群合成词。例如：球星、歌星、影星、舞星、笑星等。"词群"研究主要着眼于对这组有着相同词素的合成词的语义联系和隐喻认知的研究。欧阳骏鹏（1998）在《新词语中的词群现象》中指出："词群"具有三个特点：1. 同一词群中的词均有一个词素表示共同意义，形成这个词群的外部特征。这一点说明词群具有一个核心词素特征。2. 共同词素之外的词素表示词的区别性特征，即显示某个词与同一词群中其他词的区别。这点说明词群具有其他构词词素。3. 一个词群中典型的词是按同一构词方式构成的。②

四 本书的义类词群分类说明

第一章里有四组词群，即"提×""指×""推×""探×"，这四组有着共同的语义发展变化历程，都是由最初的本义手作动作义一步步引申发展，首先从手作动作义语义范畴引申到心理认知义语义范畴阶段，最后又进入言说义语义范畴阶段，因此，把这四组词群放在第一章里进行讨论分析。

---

① 冯英：《汉语义类词群的语义范畴及隐喻认知研究》，北京语言大学出版社2009年版，第4页。

② 马雯：《〈朱子语类〉义类词群研究》，硕士学位论文，上海师范大学，2013年，第11页。

第二章里有三组词群，即"抬×""批×""挑×"，这三组的发展演变轨迹大致相同，较第一章的四组词群情况稍微简单点，从手作动作义语义范畴直接进入到了言说义语义范畴中，中间的过渡过程很迅速，可详见第二章分析讨论内容。

第三章里有三组词群，分别为"摸×""寻×""索×"组。这三组词群本也是手作动作义语义范畴内的词群，后来都从具体的手作动作义引申抽象为心理认知义的。这个过程里，隐喻是促进发展的主要因素，跟词语出现的语境也有密切的关系，大量的理学语境，给词群的语义发展演变创造了良好的语言土壤，诸多因素影响下，才有了这三组词群从手作动作义语义范畴到认知域范畴的演变。

第四章有三组词群，分别为"诡×""诈×""讨×"等。这三组词群本义为言说义行为的词语，后来都发展引申为心理认知义语义范畴阶段了。

第五章有三组词群，分别为"透×""途×""通×"等。本是指行走的相关因素，即道路义，后都引申为观念上的道路义，进而引申为心理认知域上的性状义。

因此，以上内容便是本书的章节分类标准。

第二节 "提×"组词群

《语类》中以"提"为中心词素的词共十个，分别为：提拔、提挈、提撕、提携、提警、提省、提醒、提策、提耳、提诲。

"提"基本义为"悬持；拎起"。《说文·手部》："提，挈也。"段玉裁注："挈者，悬持也。"《庄子·列御寇》："列子提屦，跣而走。"《礼记·曲礼下》："凡奉者当心，提者当带。"孔颖达疏："谓屈臂当带，而提挈其物。"东晋陶潜《游斜川》诗："提壶接宾侣，引满更献酬。"唐杜甫《题李尊师松树障子歌》："握发呼儿延入户，手提新画青松障。"

"提"的本义是用手拎起物品，是典型的手作动词，在拎起物品的过程中，物品有个相对的空间位移变化，由低往高。后来，因为思维的相似性原理，这个位移可以从具体的空间域进入到人的认知域上，从实实在在看得见的空间上的由低到高，进入到心理认知域上的提高、提升义。这就是"提"的比喻义，且这个比喻义后来成为了常用义，使用频率远远高于"提"的手作基本义。

下面将详细探讨这组词群语义范畴的层级变化。

一 手作动作的比喻义

在《语类》中语义为"提拔、举荐"义。这组里就四个词，即"提拔、提挈、提掇、提撕"，其中"提挈、提掇、提撕"多义，有手作动作义，还有引申义，详见下文分析：

（一）【提拔】

1.《语类》中的语义：举拔、提升。

然其人品凡下，又不敢望新进用事之人，提拔不起，当时不甚擢用。（8，130，3108）

按："提"基本义为"悬持、拎起"，后引申出"举拔、提升"义。如：张天来《人生的大树》："她现在已经被提为工程师。"

《说文·手部》："拔，擢也。"《增韵·末韵》："拔，抽也。"后引申出"选取、提拔"义。如：东汉王充《论衡·累害》："夫采玉者破石拔玉，选士者弃恶取善。"三国魏刘劭《〈人物志〉序》："汤以拔有莘之贤为名，文王以举渭滨之叟为贵。"金段成己《送孙仲文行台之召》诗："拔英外台选，列布皆珪璋。"明方孝孺《与郑叔度书》之一："恒人恒多，智者恒少，世而过一人，爱赏拔于群笑之中，喜其可既耶？"

"提""拔"同义连文，构成并列式合成词。《语类》中仅有一例，"提拔"一词后带有补语"不起"，指某人不能被提升。

2. 其他文献例证。

"提拔"一词最早见于六朝文献中，元明清文献中也习见，例证如下：

东晋袁宏《后汉纪·灵帝纪上》卷二十三："其所提拔在无闻之中，若陈元龙、何伯求终成秀异者六十余人。"

《全后周文》卷九："不悟天泽沛然，谬垂提拔。"

元释觉岸《释氏稽古略》卷三："论慈则提拔苦海。论悲则度脱幽冥。论圣则众圣中王。论神则六通自在。所以存亡普救。"

明《永乐大典》卷之13991："〔末吊场。见净许物科〕〔末白〕今日得君提拔起，免教身在淤泥中。〔并下〕。"

清吴敬梓《儒林外史》第十六回:"现今考试在即,叫他报名来应考,如果文章会做,我提拔他。"

现代汉语里,"提拔"为常用词语之一,义仍为"举拔、提升"。

赵树理《李有才板话》八:"指挥的人自然也很要紧,可是要从队伍里提拔出来的才能靠得住。"

(二)【提挈】

1.《语类》中的语义:

(1) 用手提着。

这正见"和悦而诤"底意思。当道化盛时,斑白者不提挈,不负戴于道路,少壮者代其事。(3,38,999)

到周衰,少壮者尚欲执其任,而老者自不肯安,争欲自提挈,自负戴,此正是"和悦而诤"。(3,38,999)

"挈"义为"悬持;提起"。《说文·手部》:"挈,悬持也。"如:《墨子·兼爱中》:"夫挈太山而越河济,可谓毕劫有力矣。"唐李咸用《和吴处士题村叟壁》:"粝曲芰汀蓼,甘荼挈石泉。"朱自清《阿河》:"二十六的晚上,阿河忽然不到厨房里挈水了。"

这里"提""挈"同文连义,构成并列式合成词。《语类》中有两例。

(2) 提升使进步。

此个道理,大则包括乾坤,提挈造化;细则入毫厘丝忽里去,无远不周,无微不到,但须是见得个周到底是何物。(2,23,560)

按:"提"有"控持;执持"义。如:《周礼·夏官·田仆》:"凡田,王提马而走,诸侯晋,大夫驰。"孙诒让正义:"提,犹控也,勒马曰提。"《史记·黥布列传》:"大王提空名以乡楚,而欲厚自托,臣窃为大王不取也。"

这里,"提挈"一词中,"挈"意义有所虚化,"提"义为该词的核心义。《语类》中仅有一例。

2. 其他文献例证。

该词最早见于先秦文献中,例证如下:

《淮南子·俶真训》卷二:"提挈天地而委万物,以鸿蒙为景柱,而浮扬乎无畛崖之际。"

《淮南子·俶真训》卷二:"提挈阴阳,嫥捖刚柔,枝解叶贯,万物百族，使各有经纪条贯。"

《全隋书》卷二十一："投辅提者，言投授政事于辅佐，使之提挈也。"

（三）【提掇】

1. 《语类》中的语义：

（1）用手提拉之义。典型的手作动作义。

如这手是体；指之运动提掇处便是用。（1，16，101）

又如骑马，自家常常提掇，及至遇险处，便加些提控。（4，62，1514）

按："提"义为"悬持；拎起"。《说文·手部》："提，挈也。"段玉裁注："挈者，悬持也。"《庄子·列御寇》："列子提屦，跣而走。"《礼记·曲礼下》："凡奉者当心，提者当带。"孔颖达疏："谓屈臂当带，而提挈其物。"东晋陶潜《游斜川》诗："提壶接宾侣，引满更献酬。"唐杜甫《题李尊师松树障子歌》："握发呼儿延入户，手提新画青松障。"

《说文段注》释"掇，拾也"，又释"拾，掇也"。如：《诗经·国风·周南·芣苢》："采采芣苢，薄言掇之。"毛传："掇，拾也。"汉王充《论衡·乱龙》："顿牟掇芥，磁石引针，皆以其真是，不假他类。"唐李白《泛沔州城南郎官湖》诗序："方夜水月如练，清光可掇。"清蒲松龄《聊斋志异·促织》："成益惊喜，掇置笼中。"

这里"提""掇"近义连文，构成并列式合成词。《语类》中有两例，义指用手提拉之动作。

（2）比喻义的拿起来。

公若知得放下不好，便提掇起来，便是敬。（1，12，215）

但长长照管得那心便了。人若能提掇得此心在时，煞争事。（7，120，2905）

（3）警醒；振作。

文振近看得文字较细，须用常提掇起得惺惺，不要昏晦。（7，118，2853）

但须觉见有些子放去，便须收敛提掇起，教在这里，常常相接，久后自熟。（7，120，2892）

平日须提掇精神，莫令颓塌放倒，方可看得义理分明。（3，44，1147）

2. 其他文献例证。

《王阳明集》卷二语录二："若诚意之说，自是圣门教人用功第一义，但近世学者，乃做第二义看，故稍与提掇紧要出来，非鄙人所能持倡也。"

《醒世姻缘传》第十七回：倚快手曹铭为线索，百方提掇，大通暮夜之金，平其衡之赃八百，吴兆圣之贿三千，罗经洪之金珠，纳于酒坛，而过送者屈指不能悉数。

(四)【提撕】

1. 《语类》中的语义：

(1) 比喻义上的：拿起、提起。

硬思也不得。只要常常提撕，莫放下，将久自解有得。(7，120，2905)

只是常常提撕，认得这物事，常常存得不失。(7，117，2823)

遂欲如行步时，要步步觉得他移动。要之无此道理，只是常常提撕。(7，118，2858)

且如出十里外，既无家事炒，又无应接人客，正好提撕思量道理。所以学贵"时习"，到"时习"，自然"说"也。(8，121，2922)

无事时，且存养在这里，提撕警觉，不要放肆。(6，95，2456)

未发之前，当戒慎恐惧，提撕警觉，则亦是知觉。(6，96，2469)

无事时，且存养在这里，提撕警觉，不要放肆。到那讲习应接，便当思量义理，用义理做将去。无事时，便着存养收拾此心。(7，115，2779)

这里，"提撕"一词已经由具体的动作义转向了心理动作义，这也是动作动词向心理认知类词发展的例证之一。

(2) 教导、提醒、使振作。

德明起禀："数日侍行，极蒙教诲。若得师友常提撕警省，自见有益。"(7，113，2741)

涵泳于其间，然后可以自得。今且要收敛此心，常提撕省察。且如坐间说时事，逐人说几件，若只管说，有甚是处！(7，113，2740)

先生问："近日所见如何？"某对："间断处颇知提撕。"曰："更宜加意。"(7，118，2842)

程子教人，每于己分上提撕，然后有以见流行之妙。(7，118，

2857）

当静坐涵养时，正要体察思绎道理，只此便是涵养，不是说唤醒提撕，将道理去却那邪思妄念。（1，12，217）

今人却块坐了，相似昏倦，要须提撕着。提撕便敬；昏倦便是肆，肆便不敬。（1，14，269）

只一个持敬，也易得做病。若只持敬，不时时提撕着，亦易以昏困。（2，18，402）

才觉得，又便在面前，不是难收拾。自去提撕，便见得是如此。（7，104，2617）

2. 其他文献例证。

南北朝《颜氏家训》卷一：吾今所以复为此者，非敢轨物范世也，业以整齐门内，提撕子孙。

唐《大唐西域记》卷六：阿难闻已感慕增怀。徐诣其所提撕指授。

清张宗法《三农纪》卷二十四：做事毋顷俄放宽，若放宽则涵养之功间断，才觉间断，即便相续，只要常自提撕，久久接续，打成一片。

清李光地《榕村语录》卷二十三：精神大于身，极是要紧。每见人之神周于体者，必加精警。然志立则神日生，要在提撕之力。

二　心理认知义语义范畴

由"用手提"的手作动作义引申为"提醒、点拨、教导"义。

（一）【提省】

1. 《语类》中的语义：使觉悟、醒悟。

学者常用提省此心，使如日之升，则群邪自息。（1，12，201）

若看未透，且看后面去，却时时将此章来提省，不要忘却，久当自明矣。（2，26，669）

常常惺地提省在这里，若有顷刻放倒，便不得。（3，42，1088）

只如"明明德"一句，若理会得，自提省人多少。明德不是外面将来，安在身上，自是本来固有底物事。（7，106，2655）

切须勤勤提省，察之于纤微毫忽之间，不得放过。（7，113，2750）

这物事本自在，但自家略加提省，则便得。（7，115，2775）

凡人之心，不存则亡，而无不存不亡之时；故一息之顷不加提省之力，则沦于亡而不自觉。（7，117，2810）

按：《说文》释："省（xǐng），视也。从眉省，从中（cǎo）。臣铉等曰：'中，通识也。'所景切。省，古文从少，从囧。"

2. 其他文献例证。

《元朝秘史》卷七："我如今提省你，若不提防，恐来夺你弓箭。"

元王子一《误入桃源》第三折："则这句话可将我提省了也。"

《王明阳集》卷二语录二："孟氏'尧舜之道孝弟而已'者，是就人之良知发见得最真切笃厚、不容蔽昧处提省人。"

（二）【提醒】

1. 《语类》中的语义：使人清醒、觉悟。与"提省"一词同义。

且如看《大学》"在明明德"一句，须常常提醒在这里。他日长进，亦只在这里。(1，11，178)

不若眼下于求放心处有功，则尤省力也。但此事甚易，只如此提醒，莫令昏昧，一二日便可见效，且易而省力。(1，12，209)

若难理会底便理会不得，是此心尚昏未明，便用提醒他。(1，15，293)

问："曾子何必待孔子提醒？"曰："他只见得一事一理，不知只是一理。"(2，27，673)

却恐未知一底道理在，遂来这里提醒他。然曾子却是已有这本领，便能承当。(2，27，684)

此用力甚不多，但只要常知提醒尔。醒则自然光明，不假把捉。(4，59，1407)

盖人心之灵，天理所在，用之则愈明。只提醒精神，终日着意，看得多少文字！(7，104，2612)

又读"回也三月不违仁"一段，曰："工夫既能向里，只要常提醒此心。心才在这里，外面许多病痛，自然不见。"(7，114，2761)

"一贯"之说，夫子只是谩提醒他。纵未便晓得，且放缓亦未紧要，待别日更一提之。(7，117，2829)

2. 词义分析。

从以上可以看出，《语类》中的"提醒"用例很多，虽然"提省"也同时并存使用，可后来"提醒"就取代了"提省"。到现代汉语里，"提省"消失，只保留了"提醒"，且成为习见词语。

三 言说义语义范畴

（一）【提警】

1.《语类》中的语义：提醒、警戒。

只为人心有散缓时，故立许多规矩来维持之。但常常提警，教身入规矩内，则此心不放逸，而炯然在矣。（1，12，200）

此来如"尊德性、致广大、极高明"上一截，数数蒙提警，此意是如何？（7，114，2760）

按：《说文段注》："警，廾（gǒng）部曰，戒警也，小雅徒御不警毛曰不警，警也。大雅以敬为之。常武既敬既戒，笺云，敬之言警也。亦作儆。从言敬，敬亦声。"

2. 其他文献例证：

宋李焘《续资治通鉴长编》卷一百二十二：尤通释氏学，将死，与浮屠楚圆以偈颂相提警，遗戒无置金玉椁中。

清《杂缀兼诗话》卷六：虽为读书缀文之士，反多故犯，则尤前训之所切切提警者也。

（二）【提策】

1.《语类》中的语义：启发、勉励、督促。

廖复对曰："学者之病，多在悠悠，极荷提策。"（7，116，2793）

2. 其他文献中例证也甚少，仅此一例。

《五灯会元》卷二十，天童昙花禅师："（昙花）遍历江湖，与诸老激扬，无不契者。至云居礼圆悟禅师，悟一见，痛与提策。"

（三）【提耳】

1.《语类》中的语义：恳切教导。

他见当时庸君暗主战斗不息，愤闷恻怛，深欲提耳而诲之，故作此篇。（8，137，3255）

2. 其他文献中例证也甚少，仅三例。

《后汉书》循吏列传第六十六："民有争讼，矩常引之于前，提耳训告，以为忿恚可忍，县官不可入，使归更寻思。"

《续资治通鉴长编拾补》卷二："伏蒙圣恩，曲赐手诏，过加奖待，谕以至意，温密纤悉，提耳谆谆。"

清钱谦益《牧斋初学集》第 8 部分："生而有气谊可见，殁而有风骨可诒，式谷之似，有深于提耳者与!"

（四）【提诲】

1. 《语类》中的语义：启发、教诲。

古人自小皆以乐教之，乃是人执手提诲。到得大来涵养已成，稍能自立便可。(1，7，127)

半年得侍洒扫，曲蒙提诲，自此得免小人之归。(7，116，2789)

侍教半年，仰蒙提诲。自正月间看《论语》，觉得略得入头处。(7，116，2789)

淳问曰："己分上事已理会，但应变处更望提诲。"(7，117，2830)

按：《说文》释"诲，晓教也。从言，每声。"《说文段注》"诲，晓教也。晓教者明晓而教之也。训以柔克。诲以刚克。周书无逸胥训告，胥教诲是也。晓之以破其晦是曰诲。"

2. 其他文献例证。

《五灯会元》卷二十：参政李邴居士："重念始得入门，而大法未明，应机接物，触事未能无碍。更望有以提诲，使卒有所至，庶无玷于法席矣。"

明人杂剧·六十种曲（汲古阁本）

不过鼓屠刀于小试。定当奏鸿业于方来。许久倚参戎。昔时承提诲。今日分袂。忽忽若有所失。足下反加浮誉。使凤益增愧赧。

四 "提×"组词群小结

《语类》中的"提"及"提"组在语义上大致经历了如下过程：

提拉（手作动作义）——→提升、提拔（手作义的比喻义）——→提携、扶持（心理认知义）——→提醒、教诲（言说义）

在这个过程中，隐喻起了主要作用，先从空间域上的具体的提拉、上升义到抽象义上的"提拔"义，再到一般的"提携、扶持"义，再进一步抽象出"提醒、教诲"义，最后，由心理认知域语义范畴引申到言说义语义范畴。抽象程度步步渐深。

"提"组的第一个词"提拔"，"提"本义为"悬持、拎起"，"提"的本义包含以下几个义素，[空间域] + [使物体位移] + [方向上：由低向高]。同是手部的"拔"字本义是"抽出"，同样也含有和"提"一样的义素成分。故"提、拔"同义连文构成并列式合成词后，就会有共同的义素成分，[空间域]＋[使物体位移]＋[方向为：向上]，后来，这里的"空间域"就抽象成为"社会的某一群体范围"，这是典型的词义抽象引申，由具体到一般，"使物体位移"就抽象为指"人的职位、身份或低位"的变化，方向还是向上，这样就有了"提拔"一词的"推举、提升"义了。

"提×"组词群的第一组里还有"提挈、提掇、提撕"这三个词，这三个词除了仍然具有本义手作动作义外，还有引申义，即"提携、扶持"义。"挈"本义为"悬持、提起"，"撕"本义为"拉扯、提醒"，"掇"本义为"拾也"。这个三次词分别和"提"构成合成词后，都有"提携、扶持"义。其中"提挈"表达最典型的"提携、扶持"义，"提掇"语义经历了从比喻义的"提携、扶持"义到心理认知域上的"使人警醒提升"义，"提撕"还含有"教导、提醒"的义项，这些说明，"提"和不同的词语组合就会产生不同的词义。但这三个词的核心词义为"提携、扶持"义，和"提拔"一词的"推举、提升"义相比，"提携"义更具有了一般性，抽象性程度更深了。

"提×"组词群的第二组有三个词，分别为"提警、提省、提醒"等，这是因为"提"和表达"警策、醒悟"义的"警、省、醒"三个词相组合的结果，这三个词已经没有了"手作"义，在"思想认知"的意识域里对他人进行"教导、指点"，使其"警醒、进步"，这属于典型的心理认知行为，因此，把这组归入心理认识义语义范畴内。

"提×"组词群的第三组有三个词，分别为"提策、提耳、提诲"等这三个词语。这组是言说行为词语，这使"提"的向前发展迈出了一大步。尤其是"策、诲"都是典型的"心智"类词语，"诲"属于"言部"词语，"提"和"言部"词语的组合，让"提×"具有了"言说"行为。所以，把这组词归入言说义语义范畴阶层。

后来，"提"可以直接具有言说义，比如"提说、提出、提起"等词，这时的"提×"完全进入的"言说"义语义范畴了。

第三节 "指×"组词群

在《语类》选取"指×"组共十二个词，分别为：指向、指数、指画、指教、指授、指明、指拨、指点、指言、指说、指斥、指摘等。

这组词以"指"为中心词素,其词义也和"指"的意义紧密相关,这组词中,"指"的相关义项,由本义开始,一直到引申义,如下所列。

下文将讲详细分析这组词的语义及语义层级。

一 "用手指"及相关的手作动作义语义范畴

这个词群组里有两个词,指向、指数。

(一)【指向】

1. 《语类》中的语义:用手指向或指过去。

富民中有识叶铁者,即厚劳之,勿令执兵;只令执长枪,上悬白旗,令见叶铁,即以白旗指向之。(7,101,2570)

按:"指"有"用手指指着;对着"义。如:《诗·墉风·蝃蝀》:"蝃蝀在东,莫之敢指。"孔颖达疏:"虹气见于东方,为夫妇过礼之戒,君子之人尚莫之敢指而视之。"唐韩愈《柳子厚墓志铭》:"指天日涕泣,誓生死不相背负。"故"指"的语义中就暗含有方向性。

"向"义为:"面对;朝着"。

那么,这里"指""向"近义连文,构成并列式合成词。《语类》中仅有此例,例中"指向"作谓语动词,后接代词宾语。

2. 其他文献例证。

唐张祜《邠娘羯鼓》:冬儿指向贞贞说,一曲干鸣两杖轻。(《全唐诗》卷511—84)

宋《云笈七签》卷三十六:以左手指向天,五息;以右手指拄地,左足伸,右足展,极伸,五息止。

明《喻世明言》第三十二卷:约行十余里,只见天色渐明,朱衣吏指向迪道:"日出之处,即君家也。"

清《五美缘》第六回:指向南山拜友朋,朝着北海结盟昆。

现代汉语中,"指向"仍为一个常用词,词义为"朝着、对着",例证如下:

王跃文《国画》第十二章:果然有人想把矛头指向皮市长。

王凤麟《野狼出没的山谷》五:沉默许久,所有的猎手们把枪口都指向了天空。

(二)【指数】

1. 《语类》中的语义:用手指来屈指计数。引申为筹算。

又问:"'十年乃字',十年只是指数穷理极而言耶?"(5,70,1744)

夫理者,寓于至有之中,而不可以目击而指数也。(1,13,232)

这里"指"用其本义,指"用手指"义。

"指""数"构成偏正结构,为偏正式合成词。《语类》中仅有一例,例中"指数"为动词,作谓语成分,其义为"用手指计算"或"心里筹算",该义为"指数"的本义。

2. 其他文献例证。

宋苏辙《苏辙集》栾城集卷二十四:"渔夫樵父之舍,皆可指数。"

清方苞《望溪集》卷一:"夫自周以来,著书而各自名家者,其人可指数也。"

现代汉语中,"指数"的该义消失。

二 心理认知域:精神或心理上的"指点、教导、传授"义

这组有五个词,指教、指授、指拨、指画、指点。

(一)【指授】

1. 《语类》中的语义:指导;传授。

德明问:"编丧、祭礼,当依先生指授,以《仪礼》为经,《戴记》为传,《周礼》作旁证。"(7,113,2739)

按:"授"义为"传授,教"。如:东汉班固《东都赋》:"主人曰:'复位,今将授子以五篇之诗。'宾既卒业,乃称曰:'美哉乎斯诗!'"南朝梁刘勰《文心雕龙·风骨》:"然文术多门,各适所好,明者弗授,学者弗师。"《儿女英雄传》第三十回:"据父亲授我的这点学业,我看着那入金马步玉堂如同拾芥。"鲁迅《且介亭杂文·河南卢氏曹先生教泽碑文》:"躬居山曲,设校授徒。"

这里"指""授"近义连文,构成并列式合成词。《语类》中仅有一例,例中"指授"为动词,作谓语,其后宾语为一个复杂的句子。

2. 其他文献例证。

东汉班固《白虎通·三教》:"立三教以相指授。"

唐韩愈《韩愈集》卷二十一·序三:"相原隰之宜,指授方法,故连二岁大熟。"

五代《祖堂集》卷第四:先圣相传相指授,信此珠人世稀有。

宋《五灯会元》卷第二:今蒙指授入处,如人饮水,冷暖自知。

明《喻世明言》卷十三："真人见升长二人道心坚固，乃将生平所得秘诀，细细指授。"

清《儒林外史》第四十回：便将带来驻防的二三千多兵内，拣那认得字多的兵选了十个，托沈先生每日指授他些书理。

从文献例证可以看出，"指授"一词并不是宋代产生的新词，"指授"一词最早出现在汉代文献中，在汉代就已成词。历代文献中较习见。

3. 现代汉语中的使用情况。

现代汉语中，"指授"一词仍有使用，但不习见。

鲁迅《呐喊·阿Q正传》："阿Q本来也是正人，我们虽然不知道他曾蒙什么明师指授过，但对于'男女之大防'却历来非常严。"

钱锺书《围城》：他国文曾得老子指授，大中学会考考过第二，所以这信文绉绉，没把之乎者也用错。

（二）【指教】

1.《语类》中的语义：指点教导。

禀云："先生所以指教，待归子细讲求。"（7，115，2781）

问："平日自己不知病痛，今日得蒙点破，却望指教，如何医治？"（7，118，2862）

曰："此意固然。志不立后，如何持得！"曰："更愿指教。"曰："'大学之道，在明明德，在新民'，是立志处。"（7，118，2865）

按："教"义为"教导；指点。"《说文·攴部》："教，上所施下所效也。"《广韵·效韵》："教，教训也。"唐玄应《一切经音义》卷二引《三苍》曰："教，诲也。"如：西汉司马迁《报任少卿书》："教以顺于接物，推贤进士为务。"北宋王安石《答司马谏议书》："昨日蒙教，窃以为与君实游处相好之日久，而议事每不合，所操之术多异故也。"清蒲松龄《聊斋志异·促织》："成反复自念：'得无教我猎虫所耶？'"

这里"指""教"近义连文，构成并列式合成词。《语类》中有三例，三例中的"指教"都为动词，后均未带宾语。

2. 其他文献例证。

唐韩愈《与孟尚书书》："籍湜辈虽屡指教，不知果能不叛去否？"

宋《五灯会元》卷第九：问："学人创入丛林，一夏将末，未蒙和尚指教，愿垂提拯。"

元秦简夫《剪发待宾》第三折："此人依母指教，苦志攻书。"

元《南村辍耕录》卷七：幼时获侍赵魏公，故多得公指教，所以传色特妙。

明《三国演义》第三十五回：琦曰："继母蔡氏，常怀谋害之心；侄无计免祸，幸叔父指教。"

清《老残游记》第三回："倘有见到的所在，能指教一二，那就受赐得多了。"

从以上文献例证可以看出，"指教"一词较"指授"成词晚，一直到唐代才成词，但从唐代始，文献例证较多，显然使用频繁，以致后来渐渐取代了"指授"一词。

3. 现代汉语中的使用情况。

现代汉语中，"指教"一词为常用词语，其义保持不变，见以下用例：

柳青《创业史》第一部第十七章："看人家稻地里梁三老汉指教出来的子弟吧！"

钱锺书《围城》：那站长说："那也是张好报纸，我常看。我们这车站管理有未善之处，希望李先生指教。"

池莉《太阳出世》：李小兰说多谢父母大人指教。结婚时不说过期作废。现在和过去不同，不一回事了。

（三）【指拨】

1.《语类》中的语义：指点；指导。

曾子随事上做，细微曲折，做得极烂熟了，才得圣人指拨，一悟即了当。（3，40，1035）

按："指拨"本义为：以指弹拨乐器的弦。用左手扣弦、揉弦是指法，用右手顺手下拨或反手回拨是拨法，合称"指拨"。如：唐元稹《琵琶歌》："自后流传指拨衰，昆仑善才徒尔为。"宋欧阳修《于刘功曹家见杨直讲女奴弹琵琶》诗："娇儿身小指拨硬，功曹厅冷弦索鸣。"元马致远《青衫泪》第三折："这琵琶不是野调，好似裴兴奴指拨。"

后由具体的用手弹拨乐器义引申出比喻义，比喻义的"弹拨"的受事者主要是人，当"弹拨"对象由物换为人时，表达具体动作义的"弹拨"就抽象为对人的"指点、指导"义了。

2. 其他文献例证。

宋《五灯会元》卷第六：问："不辨中言，如何指拨？"师曰："剑去远矣，尔方刻舟。"

明《初刻拍案惊奇》卷十七："知观又指拨把台桌搭成一桥，恰好把孝堂路径塞住。"

清《醒世姻缘传》第九十八回：谁知他被那浓袋指拨了透心明白，心里又寻思，越害怕起来，再三的央寄姐替他收救。

从以上例证可以看出，"指拨"一词最早出现于宋代文献中，是宋代产生的新词。

3. "指拨"的贬义用法。

有时又会用作贬义，偏指"教唆、唆使"义，但并不常用。例证如下：

明《水浒传》第三十三回：城上众人明明地见你指拨红头子杀人放火，你如何赖得过！

4. 现代汉语中的使用情况。

现代汉语中，"指拨"为常用词，词义和近代一样，仍为"指点、指导"义。但感情色彩上多用作褒义。

张爱玲《沉香屑第一炉香》：薇龙果然认真地练习起来，因为她一心向学的缘故，又有梁太太在旁随时地指拨帮衬，居然成绩斐然。

茅盾《子夜》第四章："你也不用发忧，还有你老子是识途老马，慢慢地来指拨你罢！"

（四）【指画】

1.《语类》中的语义：指点，规划。

或于君前有所指画，不敢用手，故以笏指画，今世遂用以为常执之物。(6，87，2246)

且说无坐位，也须有个案子，令开展在上，指画利害，上亦知得子细。(8，128，3068)

按："指画"本义为"用手指示意"。后引申为"指点，规划"义。这一过程是由具体到抽象的过程。

2. 其他文献例证。

《礼记·玉藻》第十三："凡有指画于君前，用笏造。"

《墨子·明鬼下》卷八："昔夏王桀，贵为天子，富有天下，有勇力之人，推哆大戏，生列兕虎，指画杀人。"

六朝《汉魏南北朝墓志汇编·东魏》：弃置书剑，宿有英豪之志；指画山泽，早怀将率□心。

南宋陆游《老学庵笔记》卷六："王性之记问该洽，尤长于国朝故事，莫不能记。对客指画诵说，动数百千言。"

明《警世通言》第十五卷："天将又蘸着酒在桌上写出秀童二字；又向空中指画，详其字势，亦此二字。"

清《红楼梦》第一〇二回："法师下坛……洒了法水，将剑指画了一回。"

"指画"一词成词较早，在上古汉语中就已成词，见以上文献例证，且历代文献中的例证较多。到现代汉语中，"指画"一词消失。

（五）【指点】

1.《语类》中的语义：

（1）指示；点拨；指导。

又云："圣人于微处一一指点出来教人。他人看此二章，也只道定（yǎ）似闲。"（2，29，738）

雄壮底只有力，四五分底却识相打法，对副雄壮底便不费力，只指点将去。（8，136，3240）

按："指点"的本义为"以手指或其他物点示"。如：唐李白《相逢行》："金鞭遥指点，玉勒近迟回。"宋姜夔《虞美人》词："而今指点来时路，却是冥蒙处。"明杨巍《早秋登龙门城楼》诗："指点云州地，真为汉北门。"

后引申为抽象义的"指示、点拨"义。如：唐白居易《小童薛阳陶吹觱篥歌》："指点之下师授声，含嚼之间天与气。"明李介《天香阁随笔》卷一："不经指点，虽得其弓无用也。"《儒林外史》第十回："小子无知妄作，要求表叔指点。"郭沫若《卓文君》第二景："爹爹，我想我们学琴，从来不曾得过名师的指点。"

《语类》中有两例，这两例中的"指点"都为抽象义上的"指示"义，还含有"点拨"之义。

从文献例证可以看出，"指点"在唐代就已经成词，"指示、点拨"义最早也在唐代文献中出现。"指点"自成词后，就一直习见于历代文献中，一直沿用至今。现代汉语中仍为常用词。

（2）"评说、指责"义。

下文所谓："好而知其恶，恶而知其美者，天下鲜矣。"此是指点人

偏处，最切当。(2，16，350)

此义是从"指示、点拨、指导"义进一步引申而来，为典型的言说义。现代汉语中，此义不常使用，只是偶尔出现。

三 言说义语义范畴

(一)【指言】

1.《语类》中的语义：犹指陈。即指明并陈述。

如曰"仁者安仁，知者利仁"，及所谓"好仁者，恶不仁者"，皆是指言两人。(3，32，826)

"急亲贤也，急先务也"，治天下莫过于亲贤，知却随时因事为之，故不指言。(4，60，1455)

又问："'生爻'指言重卦否？"(5，77，1967)

"里仁为美"，是指言仁厚之俗；"观过斯知仁"，是指言慈爱底仁。其他则皆就心德上说。(2，26，641)

按：这里的"指言"义同"指陈"。

2."指陈"的使用情况。

"指陈"一词产生较早，在汉代就已成词，如，汉《后汉书·桓帝纪》："又命列侯……郎官各上封事，指陈得失。"在汉代以后文献中较习见，使用较频繁。例证如下：

六朝《三国志》卷六：殿下即位，留心万机，苟有毫毛之善，必有赏录，臣伏缘圣旨，指陈其事。

唐白居易《三教论衡·问道士》："谁为此经？谁得此道？将明事验，幸为指陈！"

宋苏轼《上神宗皇帝书》："方今政令得失安在，虽朕过失，指陈可也。"

明《贤弈编》卷二：陈司寇公寿字本仁，在谏垣，指陈时政，得失无隐，惟不喜弹劾。

清《醒世姻缘传》第十七回：听蠢子晁源为明杖，凡事指陈，尽快是非之案。

孙中山《上李鸿章书》："每欲以管见所知，指陈时事，上诸当道，以备刍荛之采。"

3."指言"其他文献例证情况。

"指言"一词出现较"指陈"晚，一直到唐代才出现，"指言"与

"指陈"同义,自唐代出现后,与"指陈"一起在历代文献中并存使用。例证如下:

唐元稹《〈白氏长庆集〉序》:"比比上书言得失,因为《贺雨诗》《秦中吟》等数十章,指言天下事,时人比之《风》《骚》焉。"

唐白居易《与元九书》:"启奏之外,有可以救济人病,裨补时阙,而难于指言者,辄咏歌之,欲稍稍递进闻于上。"

《宋史·哲宗纪二》:"侍从中书舍人以上各举所知二人,权侍郎以上举一人,仍指言所堪任职。"

明《三国演义》第二十一回:玄德久历四方,必知当世英雄。请试指言之。

《李敖全集》:今日为第二次教室值日,指导员当众为我扣领扣,我昂首做痒之状,众一再哄堂不止,下课时指谓我为第九队偶像,人人都学我,结果画虎不成反类犬,我说他们根本就是狗,指言我见解头脑之过人,我说我不敢赞成他的话,恐其心战也。

到现代汉语中,两个词都不再常用。

(二)【指说】

1. 《语类》中的语义:犹解说或说。

这只反复形容后妃之德,而不可指说道甚么是德。只恁地浑沦说,这便见后妃德盛难言处。(6,81,2096)

《语类》中只有一例"指说",例中"指说"作动词,其后紧跟言说义动词"道",加强了"指说"的言说义。

2. 其他文献例证。

"指说"一词最早出现在唐代文献中,例证如下:

唐《根本说一切有部毗奈耶》卷第四十九:指说悔法。广说如前。此中犯者。若苾刍食在上阁。复有食在中阁。于上阁处有苾刍尼指授其食。

唐李绰《尚书故实》:"绛州《碧落碑》文,乃高祖子韩王元嘉四男为先妃所制,陈惟玉书。今不知者,妄有指说,非也。"

唐以后文献中,用例颇多,例证如下:

《元典章·刑部》卷十五:其纠弹之官纠察官吏取受,必须察听(听),凭准他人传闻,指说显迹,以为察目,而后纠问。

明《水浒传》第五回:智深见指说了,便提着禅杖,随后跟去。

清张惠言《江安甫葬铭》:"比余书成,而安甫悉能指说,益为余校其不合者数十事。"

叶圣陶《倪焕之》第三章:"他并不这般那般多所指说,只是与学生混在一起,同他们呼笑,同他们奔跑。"

现代汉语中,"指说"一词用例渐少,只偶尔出现。

(三)【指斥】

1. 《语类》中的语义:指责、斥责。

况厉王无道,谤讪者必不容,武公如何恁地指斥曰"小子"?《国语》以为武公自警之诗,却是可信。(6,80,2076)

琼谓,郑之诗人果若指斥其君,目以"狡童",其疵大矣,孔子自应删去。(6,81,2108)

臣某"奏疏尚书",犹今言"殿下""陛下"之类,虽是不敢指斥而言,亦足以见其居要地而秉重权矣。(7,112,2727)

按:《广雅·释言》:"指,斥也。""斥"义为"指责;责骂"。如:宋秦观《春日杂兴》诗之十:"儿曹独何事?诋斥几覆酱。"牧惠《湖滨拾翠·这梁山泊便是你的?》:"杀他之前,林冲怒斥了王伦一通,其中有一句话是:'这梁山泊便是你的?'"

这里"指""斥"同义连文,构成并列式合成词。《语类》中有三个用例。

2. 其他文献例证。

东汉《风俗通义》第二卷:三皇禅于绎绎,明己功成而去,德者居之。绎绎者,无所指斥也。

晋葛洪《抱朴子·黄白》卷十六:"古人秘重其道,不欲指斥,故隐之云尔。"

六朝《晋书》列传第四十五章:"宁指斥朝士,直言无讳。"

唐杨乘《甲子岁书事》:蛊毒久萌牙,狼顾非日夕。礼貌忽骄狂,疏奏遂指斥。(《全唐诗》卷517—17)

宋《河南程氏遗书》卷十二:如古人责其罪,皆不深指斥其恶,如责以不廉,则曰俎豆不修。

明《醒世恒言·独孤生归途闹梦》第二十五卷:"元来德宗皇帝心性最是猜忌,说他指斥朝廷,讥讪时政。"

清《官场现形记》第五十七回:为的旁边的人太多,他做属员的人,如何可以指斥上宪之过，倘或被旁边人传到抚台耳朵里去，如何使得！

此义的"指斥"一词在现代汉语中为常用词，词义仍为"指责、斥责"。如下例证：

郭沫若《沸羹集·戏剧与民众》："我们对于有害无益的作品曾加以不容情的指斥。"

张胜利《八舅》：那阵，一些先前领受过八舅不少好处的亲戚、本家似乎得了健忘症，常常指斥八舅"手大"，败了家业，愧对先祖。

（四）【指摘】

1. 《语类》中的语义：亦作"指谪"。挑出错误，加以批评。

因说，永嘉之学，只是要立新巧之说，少间指摘东西，鬭凑零碎，便立说去。纵说得是，也只无益，莫道又未是。（6，80，2086）

曰："东坡文说得透，南丰亦说得透，如人会相论底，一齐指摘说尽了。欧公不尽说，含蓄无尽，意又好。"（8，139，3310）

温清定省，这四事亦须实行方得；只指摘一二事，亦岂能尽？若一言可尽，则圣人言语岂止一事？圣人言语明白，载之书者，不过孝悌忠信。（7，115，2774）

书不曾读，不见义理，乘虚接渺，指摘一二句来问人，又有涨开其说来问，又有牵甲证乙来问，皆是不曾有志朴实头读书。（8，121，2940）

《说文·手部》："摘，指近之也。"王筠句读："近，疑当作斥，指斥即指摘也。"《广韵·锡韵》："摘，发也。"故，"摘"有"指斥；揭发"义。后引申出"指摘，责备"义。如：《文选·傅毅〈舞赋〉》："摘齐行列，经营切拟。"李善注："指摘行列，使之齐整。"北宋曾巩《寄王介甫》诗："群儿困不酬，吽嚟聚讥摘。"明王世贞《艺苑卮言》卷一："诗不能无疵，虽《三百篇》亦有之，人自不敢摘耳。"

这里"指""摘"同义连文，构成并列式合成词。《语类》中有四例，四例中"指摘"义都为"指责、批评"。此义属于典型的言说义。

2. 其他文献例证。

《三国志·蜀志·孟光传》："延熙九年秋，大赦。光于众中责大将军费祎……光之指摘痛痒，多如是类。"

六朝《抱朴子外篇》崇教卷第四：唯在于新声艳色，轻体妙手，评歌讴之清浊，理管弦之长短，相狗马之剿駑，议遨游之处所，比错途之好恶，方雕琢之精粗，校弹棋樗蒲之巧拙，计渔猎相捔之胜负，品藻妓妾之妍蚩，指摘衣服之鄙野，争骑乘之善否，论弓剑之疏密。

唐韩愈《县斋有怀》：指摘两憎嫌，睢盱互猜讶。只缘恩未报，岂谓生足藉。（《全唐诗》卷337—12）

北宋司马光《涑水记闻》卷十六："自信甚明，独立不惧。面折廷争，则或贻同列之怒；指谪时病，则或异大臣之为。"

元《传习录》卷下：凡文过揜慝，此是恶人常态；若要指摘他是非，反去激忾恶性。

明《烈皇小识》卷五：后镇夷访模在任，廉谨无可指摘，乃讦其与真定同知凌必正营私等情。

清薛福成《书汉阳叶相广州之变》："主和议者，例受人指摘。"

茅盾《手的故事》六："他们竟敢指摘我们贩运私货么？"

从以上例证可以看出，"指摘"成词于中古时期，一直沿用至现代汉语中。后来，现代汉语中多用"指责"一词，"指摘"渐渐为"指责"所替代。

四 "指×"组小结

"指"作为中心词素，构词能力较强，本书从《语类》中共选取了十二个词，这十二个词按语义可分为三个语义层级。

第一层级为手作义语义范畴，成员有"指向、指数、指画"这三个词，"指"用其本义，"用手指"。其中"指画"已经有了引申义，用作"指点"义。

第二层级为心理认知域，义为"教导、指点"等。由手作义语义范畴进入了心理认知域。这组有五个词，"指授、指教、指明、指拨、指点"。

第三层级为言说义语义范畴，义为"用言语指点及教导"，有"指言、指说、指斥、指摘"四个词，"指"的这一层级语义也是来源于"指"的本义，"用手指着"后就含有了"指示"义，《尔雅·释言》："指，示也。"有了"指示"就有了"指点、教导"义。凡"指点、教导"肯定离不开语言，即口部的言说动作，这一语义范畴的直接来源是心理认知域范畴，从心理上的认知，很自然地发展到用言语进行"指点、教导"活动。另，这和"指×"中的"×"也有很紧密的关系，这组中的五个词中的"×"都是言说义动词，故也就带动和感染了"指"，从而让

"指×"进入了言说义语义范畴。

第四节 "推×"组词群研究

"推"的构词能力较强，本组共 38 个词条，这些词在语义上大致可以分属三个不同的语义范畴，分别为"手作动作义语义范畴、言说义语义范畴、认知论断义语义范畴"。每个语义范畴的划分主要以中心词素"推"的语义为主，由"推"不同的义项而决定了不同的语义范畴。详见下文分析：

一 手作动作义及抽象比喻义语义范畴

在这个语义范畴内，"推×"组词以手作义及其比喻义为主。成员有五个，分别为"推动、推荡、推排、推广、推行"等。其中"推动、推荡、推排"中"推"用手作义本义，"推广、推行"中的"推"都使用抽象比喻义。

这组词群里，"推"主要使用本义及比喻义，为：

①推：向外用力使物体移动。《说文·手部》："推，排也。"唐玄应《一切经音义》卷六引《仓颉篇》云："推，前也。"《左传·襄公十四年》："夫二子者，或挽之，或推之，欲无入，得乎？"唐韩愈《南山诗》："褰衣步推马，颠蹶退且后。"元乔吉《折桂令·宴支园桂轩》曲："碧云窗户推开，便敲竹催茶。"

②推：推广；推行。《礼记·祭义》："推而放诸东海而准。"孙希旦集解："推，谓其进不已。"《淮南子·主术训》："夫推而不可为之势，而不修道理之数，虽神圣人不能以成其功。"高诱注："推，行。"唐韩愈《顺宗实录二》："至即位，遂推而行之，人情大悦。"宋王安石《上仁宗皇帝书》："宣王能用仲山甫，推其类以新美天下之士，而后人才复众。"

（一）【推动】

1.《语类》中的语义：向前用力使物体前进或摇动。

如推车子相似，才着手推动轮子了，自然运转不停。（3，31，788）

按："推"义为"向外用力使物体移动"。《说文·手部》："推，排也。"唐玄应《一切经音义》卷六引《仓颉篇》云："推，前也。"如：

《左传·襄公十四年》:"夫二子者,或挽之,或推之,欲无入,得乎?"唐韩愈《南山诗》:"襄衣步推马,颠蹶退且复。"元乔吉《折桂令·宴支园桂轩》曲:"碧云窗户推开,便敲竹催茶。"

《语类》中只有一个"推动"的用例。句中"推动"为动词,典型的手作动作义,作谓语成分。

2. 其他文献例证。

"推动"一词较习见,文献例证很多,如下:

明《元朝秘史》第四卷:成吉思被札木合推动,退着于斡难河哲列捏地面狭处屯札了。

明《西游记》第六十五回:他就爬上高楼看时,窗牖皆关,欲要下去,又恐怕窗棂儿响,不敢推动。

清《老残游记》第六回:一面车夫将车子推动,向南大路进发。

王西彦《古屋》第四部第七:受着水流的推动,侧旁的水草,微微颤抖。

3. 现代汉语中的使用情况。

现代汉语中,"推动"一词仍为常用词,有时还用为抽象比喻义。如下例证:

老舍《四世同堂》第二十三章:什么团体都不易推动与召集,他们看准了学生——决定利用全城的中学生和小学生来使游行成功。

霍达《穆斯林的葬礼》第四章:"不,让我们用想象来推动它吧!"罗秀竹说,情不自禁地摆出渔家女的娴熟姿势,"客人坐稳,开船啰!"

(二)【推荡】

1. 《语类》中的语义:推动摇荡;振荡。亦可用作比喻义。

盖这物事才私,便不去,只管在胸中推荡,终不消释。(2,16,345)

如今人磨子相似,下面一片不动,上面一片只管摩旋推荡不曾住。(5,74,1878)

"荡",是有那八卦了,团旋推荡那六十四卦出来。(5,74,1878)

意诚后,推荡得渣滓灵利,心尽是义理。(1,15,304)

"摩",是那两个物事相摩?"荡",则是圆转推荡将出来。(5,74,1878)

按：推：推动。荡（dàng）：移动；摇动。如：《易·系辞下》："刚柔相摩，八卦相荡。"韩康伯注："相推荡也，言运之推移。"南朝江淹《悼室人》诗之二："帐里春风荡，檐前还燕拂。"清龚自珍《汉朝儒生行》："声名自震大荒西，饮马昆仑荡海水。"

"推""荡"近义连文，构成并列式合成词。在《语类》中以上三例中义为"推动摇荡"。

2. 其他文献例证。

《周易正义·系辞上》卷七：刚柔两体，是阴阳二爻，相杂而成八卦，递相推荡。

《周易正义·系辞上》卷七：八卦既相推荡，各有功之所用也。

宋王曾《有物混成赋》：纵阴阳之推荡，我质难移。

宋《太平广记》卷一一〇引南朝齐王琰《冥祥记》：观其鐷械，如觉缓解，有异于常，聊试推荡，摧然离体。

清黄宗羲《钱坫轩七十寿序》：近颇矜慎，而文亦波澜推荡。

清陈其元《庸闲斋笔记·游泰西花园记》：于疏篁密棘中，插秋千一架，上贯双緪，挽棠木小舟，中坐一少年客，洋人推荡以为戏。

以上文献例证可以看出，"推荡"成词较早，上古汉语中就已成词，后代文献中用例颇多，一直到清代文献中还有用例，到现代汉语中消失。

（三）【推排】

1. 《语类》中的语义：排列推算；推算。

若他也恁地逐一推排，便不是伏羲天然意思。《史记》曰："伏羲至淳厚，作易八卦。"那里恁地巧推排！（65，1609）

六五"金铉"，只为上已当玉铉了，却下取九二之应来当金铉。盖推排到这里，无去处了。（1849）

曰："想且是以大小推排匹配去。"（2548）

故，"推排"义为"排列推算"。《语类》中共有四例，四例中的"推排"一词后均不带宾语，但可接补语。

2. 其他文献例证情况。

唐方干《贼退后赠刘将军》诗："非唯吴起与穰苴，今古推排尽不如。"

清《全齐文》卷八：吾在世虽乏德业，要复推排人间数十许年，故是一旧物，人或以比数汝等耳。

清袁枚《子不语》卷二：喜为人算命，写八字与之，其推排悉合世上五行之说，亦不甚验也。

清姚椿《题〈剑南集〉后五首柬书田》诗之四："陆杨名字共推排，雅俗如何好共侪？"

"推排"一词最早出现在唐代文献中，后代其他文献中用例并不多见，现代汉语中消失。

（四）【推广】【推行】

"推广""推行"两词属于近义词，故放在一起分析。

1.《语类》中的语义：推衍扩大；推广施行。

仁是根，恻隐是萌芽。亲亲、仁民、爱物，便是推广到枝叶处。（1，6，118）

如此，只是推广得自家意思，如何见得古人意思！（1，11，180）

若讲论文字，应接事物，各各体验，渐渐推广，地步自然宽阔。如曾子三省，只管如此体验去。（1，15，284）

只是推行仁爱以及物，不是就这上求仁。如谢氏说"就良心生来"，便是求仁。（2，20，478）

敬自是存养底事，义自是推行底事。（2，24，585）

略说四件事做一个准则，则余事皆可依仿此而推行之耳。（3，45，1158）

按：推：推广；推行。《礼记·祭义》："推而放诸东海而准。"孙希旦集解："推，谓其进不已。"《淮南子·主术训》："夫推而不可为之势，而不修道理之数，虽神圣人不能以成其功。"高诱注："推，行。"唐韩愈《顺宗实录二》："至即位，遂推而行之，人情大悦。"宋王安石《上仁宗皇帝书》："宣王能用仲山甫，推其类以新美天下之士，而后人才复众。"

广：扩大。《易·系辞上》："夫《易》，圣人所以崇德而广业也。"《后汉书·朱景王杜等传论》："至公均被，必广招贤之路。"元辛文房《唐才子传·卢鸿》："鸿到山中，广精舍，从学者五百人。"《镜花缘》第十八回："请大贤略述一二，以广见闻。"

行：做；从事某种活动；施行。如：《尚书·汤誓》："非台小子，敢行称乱，有夏多罪，天命殛之。"元汤式《一枝花·题白梅深处》套曲：

"意会神交,想得到行得到,一逢春一遇着。"

这里,"推"和"广","推"和"行"都是近义连文,构成并列式合成词。《语类》中"推广"的用例共32例,"推行"的用例23例。从《语类》中的用例可以看出,表"推衍扩大"义时,着重强调推衍扩大"恩泽、仁德、体验、思想意思"等表达抽象的思想领域或精神世界的概念,且这些概念表达正面的、积极向上的一种情感或思想意识。"推行"与之近义,强调"推行"一种道德规范或法则、准则等。

2. 其他文献例证。

两个词均为常用词,故文献用例较多,所不同的是成词年代不同。

(1) "推行"成词很早,在先秦两汉上古汉语时期就已成词,见如下文献例证:

《尚书大传》卷五:"'舜'者,推也,循也。言其推行道德,循尧绪也。"

东汉《论衡》卷十九宣汉篇第五十七:儒者论曰:"王者推行道德,受命于天。"

(2) "推广"一词最早出现在近代文献中,见如下例证:

《新唐书》列传第四十八:"禁网上疏,法象宜简……今所察按,准汉六条而推广之,则无不包矣,乌在多张事目也?"

宋代及以后文献中,两词均习见,一直到现代汉语中也习见,只是有各自不同的使用环境,"推广"主要强调对一种思想理念或主题思想的"推广"施行,"推行"主要指对政令法规的"推行"。

二 认知论断义语义范畴

这组词群又可以分出三个小类:"推测、推算、推见、推知、推想、推度"这六个为一个小类;"推演、推求、推寻、推索、推考、推察、推究、推勘、推明"这九个为一个小类;"推本、推原"这两个为一个小类。共计十七个词。

(一)【推测】【推算】【推见】【推知】【推想】【推度】

1. 《语类》中的语义:推算;揣测

而今须是也会布算,也学得似他了,把去推测,方见得他是与不是。(1,2,26)

而今只据我恁地推测,不知是与不是,亦须逐一去看。然到极处,不

过只是这个。(1，3，33)

然明道尝说胸中不可有一事，如在试院推算康节数，明日问之，便已忘了。(7，97，2501)

遂如其语为之，比成推算，比前所计之费减十之三四。(8，132，3168)

《汉书》："《易》本隐以之显，《春秋》推见至隐。《易》与《春秋》，天人之道也。"(5，67，1673)

某后刻意经学，推见实理，始信前日诸人之误也。(2617)

《诗序》多是后人妄意推想诗人之美刺，非古人之所作也。(6，80，2077)

伊川谓"雷自起处起"。何必推知其所起处？(7，100，2554)

夫子以寅月人可施功，故从其时，此亦是后来自推度如此。(3，45，1154)

按：推：推算，计算。《淮南子·本经训》："星月之行，可以历推得也。"唐韩愈《论佛骨表》："汤孙太戊在位七十五年，武丁在位五十九年，书史不言其年寿所极，推其年数，盖亦俱不减百岁。"明冯梦龙《挂枝儿·求签》："求得条上上的签在手，道人与我细细推。"《初刻拍案惊奇》卷三四："这多是命中带来的，请把姑娘八字与小尼推一推看。"

测：猜度。如：《易·系辞上》："阴阳不测之谓神。"《礼记·少仪》："毋测未至。"郑玄注："测，意度也。"算：推测；料想。宋姜夔《扬州慢》词："杜郎俊赏，算而今、重到须惊。"见(xiàn)："现"的古字。显示；表示。如：《汉书·张骞传》："令外国客遍观各仓库府臧之积，欲以见汉广大，倾骇之。"颜师古注："见，显示。"度(duó)：推测；估计。如：《诗·小雅·巧言》："他人有心，予忖度之。"《史记·项羽本纪》："项王自度不能脱。"

故"推测、推算、推见、推知、推想、推度"六个词都是近义连文，且六个词义近，可以互用。从《语类》中例证可以看出，"推测、推算、推见"用例较多，"推想、推知、推度"在《语类》中均为孤例。

2. 其他文献例证情况。

(1)【推测】

六朝《水经注疏》卷一：全、董之推测，皆臆说也。

《宋书·律历志下》：三精数微，五纬会始，自非深推测，穷识晷变，岂能刊古革今，转正圭宿。

宋苏辙《春后望雪》诗：老农强推测，妄谓春当改。

（2）【推算】

唐张鷟《朝野金载》卷一：梁州道士梁虚州，以九宫推算张鷟云："五鬼加年，天罡临命，一生之大厄。"

宋陈鹄《耆旧续闻》卷七：日者曰："吾每日只推算一命。"

明《警世通言·钝秀才一朝交泰》：先生问了八字，将五行生克之数，五星虚实之理，推算了一回。

清《醒世姻缘传》第六十一回：这既是江右的高人，我烦他与我推算一推算。若是命宫注定如此，我只得顺受罢了，连背地里抱怨也是不该的了。

周立波《山乡巨变》上卷—入乡：瞎子推算了一阵，就睁开眼白，对我婆婆说："恭喜老太爷，好命，真是难得的好命。"

（3）【推见】

宋《梦溪笔谈》卷二：予尝考之，可以推见天地胎育之理。干纳甲壬，坤纳乙癸者，上下包之也。

明《青溪暇笔》卷下：颜延之《五君咏》，足以推见当时诸人之风致，岂独为诗，诚小传也。

梁启超《开明专制论》：若欲建设与英国、美国同程度之立宪政治，则所需期限更倍蓰，亦可推见矣。

鲁迅《汉文学史纲要》第二篇：《国风》又以所尊之周室始，次乃旁及于各国，则大致尚可推见而已。

（4）【推知】

先秦《似顺论》第二十五：或湿而干，或燔而淖，类固不必，可推知也。

（5）【推想】

清《醒世姻缘传》第二十四回：推想这一片山河大地，通前彻后，成了一个粉妆玉琢的乾坤。

俞平伯《我的道德谈》：推想茹毛饮血的时候，与动物生活差得不远，决不懂得什么道德。宋储泳《袪疑说》：（覆射）立法简妙，不可得以智识推度。

（6）【推度】

王西彦《福元佬和他戴白帽子的牛》：福元佬推度到对方的心情，也就不再向他询问什么。

从以上文献例证可以看出,其中"推知"成词最早,先秦成词,可成词后在后代其他文献中却找不到例证。"推测"最早出现在中古文献中,应该是中古时期成词,自成词后历代文献例证较多,一直到现代汉语都很习见。"推算"最早出现在唐代文献中,是唐代产生的一个新词,一直沿用到现代汉语在中,且很习见。"推见、推想、推度"都是宋代才产生的新词,文献例证并不多见,只有"推想"一直沿用至现代汉语中。

(二)【推演】【推求】【推寻】【推索】【推考】【推察】【推究】【推勘】【推明】

这组九个词,分别为"推演、推求、推寻、推索、推考、推察、推究、推勘、推明",这九个词近义,可以互用。

1. 《语类》中的语义:推求研究;推求考查。

最苦是世间所谓聪明之人,却去推演其说,说到神妙处。如王介甫苏东坡,一世所尊尚,且为之推波助澜多矣。(4,47,1179)

公晦云:"曾闻先生说,庄子说得更广阔似佛,后若有人推演出来,其为害更大在!"(8,126,3011)

他所以有象底意思不可见,却只就他那象上推求道理。(4,66,1641)

若欲推求一字之间,以为圣人褒善贬恶专在于是,窃恐不是圣人之意。(6,83,2145)

居敬是个收敛执持底道理,穷理是个推寻究竟底道理。(1,9,150)

凡遇一事,即当且就此事反复推寻以究其极。(2,18,422)

虽然如此,其间大体义理固可推索。但于不可晓处阙之,而意义深远处,自当推究玩索之也。(5,78,1979)

凡读书到冷淡无味处,尤当着力推考。(7,103,2611)

此说不可不知。然细与推考,其言亦无害,此说亦不可不知。(3,37,995)

陈奏云:"臣生平于《周官》粗尝用心推考。今《周官》数篇已属藁,容臣退,缮写进呈。"(6,86,2206)

敬是守门户之人,克己则是拒盗,致知却是去推察自家与外来底事。(1,9,151)

试问乡邻,自家平日是甚么样人!官司推究亦自可见。(2,17,385)

皆不可得而推究。然以意度之，则疑此气是依傍这理行。(1，1，3)

若以理推之，则无有盈阙也。毕竟古人推究事物，似亦不甚子细。(1，2，20)

看文字，须是如猛将用兵，直是鏖战一阵；如酷吏治狱，直是推勘到底，决是不恕他，方得。(1，10，164)

孟子将孺子将入井处来明这道理。盖赤子入井，人所共见，能于此发端处推明，便是明。(1，14，264)

若见得一边，不见一边，便不该通。穷之未得，更须欹曲推明。盖天理在人，终有明处。(1，15，289)

演：推演；阐发。《后汉书·孔融传》："融闻人之善，若出诸己，言有可采，必演而成之。"晋干宝《〈搜神记〉序》："今粗取足以演八略之旨，成其微说而已。"

求：探索，探求。《论语·述而》："我非生而知之者，好古敏以求之者也。""寻、索"与"求"同义。

究：追究；查问。唐韩愈《原毁》："取其一不责其二，即其新不究其旧，恐恐然惟惧其人之不得为善之利。""勘""明"与"究"同义。

考：研求。唐韩愈《送温处士赴河阳军序》："小子后生，于何考德而问业焉？""察"与"考"同义。

故"推演、推求、推寻、推索、推究、推勘、推考、推察"均为近义连文，且八个词近义，在使用中可以互通有无。其中"推索、推勘、推察"三个词在《语类》中均为孤例，其他词用例甚多。

2. 其他文献例证。

（1）【推演】

汉陆贾《新语·明诫》卷下第十一：观天之化，推演万事之类。

六朝《三国志·蜀志·诸葛亮传》：推演兵法，作八阵图，咸得其要云。

《路遥全集》：双水村这盘棋他是熟悉的；他推演这盘棋的智慧足可以和诡诈的古拜占庭人相比！

"推演"一词最早出现在汉代文献中，在汉代就已成词，汉代以后的文献中例证较多，一直沿用至今，在现代汉语中成为常用词。语义也一直沿用至今。

（2）【推求】

东汉《风俗通义》第十卷：冀州曰泰陆，在巨鹿县西北；并州曰昭余祈，在邬县北；其一薮推求未得其处。

汉《后汉书》卷八十一独行列传第七十一："后有老父遗剑于路，行道一人见而守之，至暮，老父还，寻得剑，怪而问其姓名，以事告烈。烈使推求，乃先盗牛者也。"

"推求"最早在汉代文献中出现，成词于汉代，后代文献中用例颇多，一直沿用至现代汉语中，只是现代汉语中不再是常用词。

（3）【推寻】

汉《全后汉文》卷七十六：率慕《黄鸟》之哀，推寻《雅》意，彷徨旧之。

唐刘知几《史通·杂说中》第八：斯并因地而变，随时而革，布在方册，无假推寻。

唐《敦煌变文》四十五：此唱经文是喜见菩萨求得三昧已，欢喜无量。推寻三昧，何人所致乃云是如来及法花经力。

宋《五灯会元》卷十五：若未切，不得掠虚，却须退步向自己根脚下推寻，看是个甚么道理？

宋《禅源诸诠集都序》卷上之二：今推寻分析。色有地水火风之四类。

"推寻"一词最早见于汉代文献中，虽成词于汉代，但在汉代并不习见，自唐代始，才习见于文献中，明代以后文献中，使用渐少，到现代汉语中不再是常用词。

（4）【推索】

后汉《中本起经》卷上：长者怖悸。即遣马骑。四出推索。父乘子车。速出而求。

"推索"一词最早出现在汉代文献中，但仅此孤例，在近代汉语中，并不习见于其他文献中，不是常用词，现代汉语中消失。

（5）【推考】

《后汉书》方术列传第七十二：韬含六籍，推考星度。

东汉《新论》卷下：通历数家算法，推考其纪，从上古天元以来，讫十一月甲子夜半朔冬至，日月若连璧。

六朝《水经注》卷二十五：增尔慕范蠡之举，而自绝于斯，可谓编矣。推考书事，墓近于此也。

宋苏轼《苏轼集》卷五十七："朝廷德泽，十不行一，何也？推考其故，盖提举盐事司执文害意。"

宋《梦溪笔谈》补笔谈卷二：皆奇数而无偶数，莫知何义，都不可推考。

鲁迅《书信集·致曹白》：但细心的人（知道那一案件的），还可以推考出所记的是那一件公案的。

"推考"一词成词于上古，习见于汉代文献中，宋代文献中也较常见，后一直沿用至现代汉语中。

（6）【推察】

六朝《汉魏南北朝墓志汇编·东魏》：入管衡石，出参舆辇，抑扬独行，推察众善。

"推察"成词明显晚于"推考"，"推察"一词成词于中古，最早见于六朝文献中，检索文献，发现"推察"并不习见于各代文献中，到现代汉语中消失。

（7）【推究】

《全后魏文》卷十七："请以见事付廷尉推究，验其为劫之状，察其栲杀之理。"

《旧唐书》卷九十八，列传第四十八："时梁州都督李行褒为部人诬告，云有逆谋，则天令大敏就州推究。"

宋《欧阳修集》卷九十三：臣昨日曾有奏陈，为台官蒋之奇诬奏臣以家私事，乞以之奇所奏出付外庭，公行推究，以辨虚实，未蒙降出施行。

"推究"一词成词较晚，最早见于中古文献中，中古成词，宋代文献中"推究"一词习见，清代文献中并不习见，现代汉语中消失。

（8）【推勘】

唐《贞观政要》君臣鉴戒第六：乃有六七人，盗发之日，先禁他所，被放才出，亦遭推勘，不胜苦痛，自诬行盗。

唐《朝野佥载》卷二：公夫人柱杀婢，投于厕。今见推勘，公试问之。

"推勘"一词最早见于唐代文献，比"推究"成词稍晚，宋代及以后文献中未见用例，现代汉语中消失。

（9）【推明】

宋《新唐书》卷一百三十二，列传第五十七："自以久疏斥，又性躁狷，不能无恨，乃上表乞代，且推明朝觐之意。"

《湛南遗老集》湛南王先生文体卷这四十三：即是佛说，亦何必持乎诫律，推明罪业。

清《宋元学案》卷四庐陵学集：着《仁义》《礼乐》《扶中》《截流》等篇，推明圣人之道。

清恽敬《〈古今人表〉读后》：读之者委曲推明，尚不能得其十五。

"推明"一词最早出现在唐代文献中，唐以后的文献中用例不多，现代汉语中，该词消失。

总之，这组词群中，只有"推察、推究、推勘、推明"成词较晚，前两个都是中古六朝时期成词，后两个唐代成词，且这四个词均不习见于历代文献中，现代汉语中消失。其他五个词都是汉代就已成词，其中只有"推求"习见于现代汉语中。

(三)【推本】【推原】

1. 《语类》中语义：探究、寻究根源。

此是推本"上老老而民兴孝，上长长而民兴弟，上恤孤而民不倍"。(2, 16, 363)

又问："恐《诗》是推本得天下之由如此。"(3, 35, 908)

此一段多推本先生意，非全语。(4, 55, 1319)

抑天无心，只是推原其理如此？(1, 1, 5)

孟子不曾推原原头，不曾说上面一截，只是说"成之者性"也。(1, 4, 70)

据本文，只大纲论上中下，初未尝推原其所以然也。若推原其所以然，则二者皆有之。(3, 32, 816)

按：本：探究，推原。《管子·正世》："古之欲正世调天下者，必先观国政，料事务，察民俗，本治乱之所生，知得失之所在，然后从事。""原"与"本"同义。

故"推本""推原"同义，且均为近义连文，义为"探究本源；推原"。"推本"和"推原"在《语类》中都有七例。句中均用作动词。

2. 其他文献例证情况。

(1)【推本】

《史记·历书》：推本天元，顺承厥意。司马贞索隐："言王者易姓而兴，必当推本天之元气行运所在，以定正朔，以承天意，故云承顺厥意。"

《汉书》卷三十六楚元王传第六：刘氏《洪范论》发明《大传》，着天人之应；《七略》剖判艺文，总百家之绪；《三统历谱》考步日月五星之度。有意其推本之也。颜师古注："言其究极根本，深有意也。"

宋《河南程氏遗书》卷十八：此固是礼乐之大用也，然推本而言，礼只是一个序，乐只是一个和。

宋王安石《敕修南郊式表》：推本知变，实有考于将来。

明《王守仁全集》卷七：然而推本吾子之意，则其所以为是语者，尚有未明也。

清恽敬《得姓述附说》："恽氏得姓，推本平通，无可依据。"

"推本"成词较早，在上古就已成词，汉代文献中习见，宋代文献中"推本"一词仍然习见，明清文献中用例渐少，现代汉语中消失。

（2）【推原】

《汉书》卷八十宣元六王传第五十/《全汉文》卷七：推原厥本，不祥自博。

南宋陆游《草堂》诗：浩歌陌上君无怪，世谱推原自楚狂。

宋《大宋宣和遗事·元集》：那时道教之行，莫盛于此时，推原其由，皆自徐知；常有以诱惑圣听也。

明宋濂《文宪集》第2部分：予欲为推原本始，分别流派。

明《闲情偶记·颐养部》行乐第一：予尝推原其故，皆自一人始之，赵清献公是也。

清《官场现形记》第十九回：推原其故，实由于仕途之杂；仕途之杂，实由于捐纳之繁。

清陈天华《中国革命史论》第二章第二节："推原其实，则由于苦秦已久，见有反抗者，则惊喜出于望外，皆走而从之。"

"推原"一词最早见于汉代文献，成词较早，汉代就已成词，宋代及以后文献中习见，一直沿用至今。从《语类》中的例证来看，"推本""推原"都有七例，都属于常用词，但从后代例证来看，"推原"的使用频率慢慢高起来了，一直沿用至现代汉语中，而"推本"到现代汉语中逐渐消失。

三　言说义语义范畴

这组词群又可以分为两个小类，分别为："推言、推说"这两个词；

"推诚、推逊、推许、推尊、推服、推托"这六个词。共计八个词。

（一）【推言】【推说】

1. 《语类》中的语义：推断论说。

士毅录作"以不能推言之"。（1，4，58）

伊川第三说似未须说到如此深远，正以其推言之耳。（3，32，821）

如唐之陆淳，本朝孙明复之徒，他虽未能深于圣经，然观其推言治道，凛凛然可畏，终是得圣人个意思。（6，83，2174）

蜚卿问："安卿问目，以孝弟推说君臣等事，不须如此得否？"（1，13，234）

贺孙遂就明德上推说，曰："须是更仔细，将心体验。不然，皆是闲说。"（1，14，266）

圣人为学者难晓，故推说许多节目。（1，15，308）

按：言：谓论，谈论。如：《商君书·更法》："拘礼之人不足与言事。"《淮南子·齐俗训》："故不通于物者，难与言化。""说"与"言"同义。

"推言、推说"同义，且均为近义连文，构成并列式合成词，其义为"推断论说"。"推言"在《语类》中有四例，"推说"在《语类》中有二十六例。

2. 其他文献例证情况。

汉司马迁《报任少卿书》：适会召问，即以此指推言陵之功。

宋《东轩笔录》卷一：太宗始悟让者之意，许之。故铉之为碑，但推言历数有尽，天命有归而已。

宋《苏辙集·栾城集》卷三十：尔推言往古，以及当世，挺然不回，朕甚嘉之。

明《玉堂丛语》卷七：有齐琦者，得传邵子先天数，推言天人兴衰甚验，见王公，叹曰："子充异代人物也。"

清包世臣《与杨季子论文书》：马班纪载旧文，多非原本。故《史记》善贾生推言之论，而班氏《典引》直指以为司马。

《汉书》卷五十六董仲舒传第二十六：先是辽东高庙、长陵高园殿灾，仲舒居家推说其意。

宋《容斋续笔》卷七：汉武帝建元六年，辽东高庙、长陵高园殿灾，董仲舒居家推说其意，草稿未上，主父偃窃其书奏之。

从以上文献例证可以看出，"推言""推说"均成词于上古，最早见于汉代文献中，且后代文献中较习见，到现代汉语中"推言"消失，"推说"仍为常用词。

（二）【推尊】【推服】【推许】【推逊】【推诚】

这组词群都有言说义，且带有了感情色彩，浓郁的褒义感情色彩。

1. 《语类》中的语义：推崇赞许；谦逊；以诚相待。

曰："当令逐处乡村举众所推服底人为保头。又不然，则行某漳州教军之法，以戢盗心。这是已试之效。"（7，106，2647）

比见浙间朋友，或自谓能通《左传》，或自谓能通《史记》；将孔子置在一壁，却将左氏司马迁驳杂之文钻研推尊，谓这个是盛衰之由，这个是成败之端。（7，114，2757）

故圣贤之所推尊，学者之所师慕，亦以其心显白而无暗暧之患耳。（7，115，2773）

曰："当令逐处乡村举众所推服底人为保头。又不然，则行某漳州教军之法，以戢盗心。这是已试之效。"（7，106，2647）

欧公大段推许梅圣俞所注《孙子》，看得来如何得似杜牧注底好？（8，139，3313）

有士大夫来谒，各以坐次推逊不已。先生曰："吾人年至五十后，莫论官、休。"（6，91，2335）

若长人，则是诚敬之心发自于中，推诚而敬之，所以谓内也。（4，59，1379）

下既同德顺附，当推诚委任，尽众人之才，通天下之志，勿复自任其明，恤其失得。（5，72，1826）

按：尊：尊重；尊奉。《论语·子张》："君子尊贤而容众，嘉善而矜不能。"邢昺疏："言君子之人见彼贤则尊重之。""服、许"与之同义。

逊：辞让；退让。《尚书·尧典》："昔在帝尧，聪明文思，光宅天下，将逊于位，让于虞舜。"《后汉书·光武十王传论》："东海恭王逊而知废，'为吴太伯，不亦可乎！'"

诚：诚实；真诚；忠诚。如：《易·干》："闲邪存其诚。"孔颖达疏："言防闲邪恶，当自存其诚实也。"《礼记·学记》："今之教者，呻其占毕，多其讯，言及于数，进而不顾其安，使人不由其诚，教人不尽其材。"孔颖达疏："诚，忠诚。"

故"推尊、推服、推许"近义连文,且同义,"推逊""推诚"也与之近义。

《语类》中"推尊"有十例,"推诚"有两例,其他均为孤例。

2. 其他文献例证情况。

(1)【推尊】

隋唐五代《大唐西域记》卷第四:慈父云亡重兹酷罚。仁兄见害自顾寡德。国人推尊令袭大位。光父之业愚昧无知。敢希圣旨。

宋《五灯会元》卷第四:黄檗,古灵诸大士皆推尊之,唐文人黄武翊撰其碑甚详。

金麻九畴《跋范宽秦川图》诗:山水人传范家笔,《画史》推尊为第一。

明罗贯中《三遂平妖传》第十七回:个喏道:"王则为因张大尹没道理,我杀了他替百姓除害,众人推尊我暂领贝州一隅之地,朝廷何必兴兵到此?"

明方孝孺《明文海》第7部分:惟韩退之偶然一言,推尊二子,至今人诵退之之文而知李杜之不可及。

清《儿女英雄传》第三十九回:在冉子,虽未尝一定推尊公西华为君子;在公西华,自问却正是个素娴礼乐的人,因之一时也难于开口。

"推尊"一词成词较晚,是近代汉语中产生的新词,最早见于唐五代文献中,近代汉语中,"推尊"一词习见,到现代汉语中,该词消失。

(2)【推服】

六朝《世说新语》赏誉第八:王平子迈世有俊才,少所推服。每闻卫玠言,辄叹息绝倒。

六朝《陶渊明集》卷五:逊从弟立,亦有才志,与君同时齐誉,每推服焉。由是名冠州里,声流京邑。

唐《唐阙史》卷下:丞相兰陵崔公,清誉俭德,时所推服。

唐张鷟《朝野佥载》卷六:绰乃定一土堪葬,操笔作历,言其四方形势,与恭仁历无尺寸之差,诸生雅相推服。

宋《五灯会元》卷第十二:求道后出世苏台、天峰、龙华、白云,府帅请居志公道场,提纲宗要,机锋迅敏,解行相应,诸方推服。

宋《河南程氏遗书》卷第二十五:盖当时台谏官王岩叟、朱光庭、贾易皆素推服颐之经行,故不知者指以为颐党。

宋《靖康纪闻》序：勋业耆旧素为众所推服，长于治民者，虽无众善，有一于此，亦合荐举，当依圣旨备礼册命。

明方孝孺《逊志斋集》第 2 部分：与足下处时，虽知爱敬推服，然未知足下之不可遇也。

明《松窗梦语》卷七：督抚张公荐云："精神健而德望崇隆，行止端而乡评推服。进退有大臣风节，清贞为士类典型。"

清《东周列国志》第二十回：却说楚熊襄熊浑兄弟，虽同是文夫人所生，熊浑才智胜于其兄，为文夫人所爱，国人亦推服之。

清《老残游记》第十六回：白子寿的人品学问，为众所推服，他还不敢藐视，舍此更无能制伏他的人了。

钱锺书《猫》：此外只有写食谱了。在这一点上自己无疑的是个权威，太太请客非自己提调不可，朋友们的推服更不必说。

"推服"一词成词于中古时期，最早见于六朝文献中，从以上文献用例可以看出，"推服"一词自唐代始，就是一个常用词语，一直沿用至现代汉语中。

(3)【推许】

《南齐书·王俭传》卷二十三列传第四：少有宰相之志，物议咸相推许。

唐五代《桂苑丛谈·崔、张自称侠》：以此人多设酒馔待之，得以互相推许。

宋《五灯会元》卷第十九：时张无尽寓荆南，以道学自居，少见推许。

宋《简帖和尚》：官人道："寻常交关钱物东西，何尝推许多日！讨得时，千万送来！"

明袁宏道《家报》：三哥颇为同侪所推许，近日学问益觉长进。

清吴伟业《题河渚图送胡彦远南归》诗：读书尚感激，平生慎推许。

清《欧阳修集》附录二·先公事迹：天下之士知其立朝有本末，质行正直，众颇推许。

秦牧《古讽刺诗今读》："鲁迅会一再抄录郑思肖的作品，可见对他的诗作是相当推许的。"

"推许"一词成词于中古时期，最早见于《南齐书》中，但仅有孤例。

从历代文献用例来看,"推许"一词虽成词于中古时期,但一直到近代汉语中才成为常用词语,后一直沿用至今。

(4)【推逊】

《三国志·魏志·王昶传》:乐安任昭先,淳粹履道,内敏外恕,推逊恭让,处不避洿,怯而义勇,在朝忘身。

宋陆游《南唐书·李建勋传》:宋齐丘当国,深忌同列,少所推逊。

宋《虚堂和尚语录》卷之二:当此良夜众星推逊之时。可怜不见华亭叟。冷照海涛空渺弥。

明《二刻拍案惊奇》卷十八:尽打点动手,先向老翁推逊。

明《喻世明言》卷十:推逊了多时,又道:"既承尊命恳切,晚生勉领,便给批照与次公子收执。"

清《龙图耳录》第二十九回:那武生也不十分推逊,不过略为谦让,即便坐了。

"推逊"一词成词于中古时期,最早见于《三国志》中,但仅有一例,宋代及以后文献中,用例渐多,使用频繁,成为一个常用词语。但现代汉语中消失,"推逊"一词为"谦逊"所替代。

(5)【推诚】

西汉《淮南子》卷九主术训:块然保真,抱德推诚,天下从之,如响之应声,景之象形。

东汉《风俗通义》第五回:臣诚惧史官畏忌,不敢极言,惟陛下深留圣思,按图书之文,鉴古今之戒,召见方直,极言而靡讳,亲贤纳忠,推诚应人,犹影响也。

六朝《魏书》帝纪第七下高祖纪下:凡为人君,患于不均,不能推诚御物。

六朝《三国志裴注·卷六·蜀书十三》:汉魏春秋曰:文帝诏令发丧,权答曰:"臣与刘、葛推诚相信,明臣本志。疑惑未实,请须后问。"

六朝《古小说钩沈上》广记一百六十一:安乃推诚洁斋,引愆贬己,至诚感神,雹遂为之沉沦,伏而不起,乃无苦雨凄风焉。

唐李白《赠从弟宣州长史昭》:摇笔起风霜。推诚结仁爱。

宋欧阳修《欧阳修集》卷三十五:推诚自信,不为防虑。

宋《云笈七签》卷四十:第九戒者,不得不忠不孝,不仁不信,当尽节君亲，推诚万物。

明《三国演义》第八十五回：权曰："臣与蜀主，推诚相信，知臣本心，必不肯杀臣之家小也。"

清《清史稿》卷二十本纪二十：给事中苏廷魁疏请推诚任贤，慎始图终。

茅盾《虹》七：如果人家能够推诚相与，那她即使受点牺牲，也很甘心。

"推诚"一词最早见于汉代文献中，故"推诚"一词成词于上古时期，但在上古时期并未成为常用词语。一直到中古时期，"推诚"才成了常用词，习见于中古及近代文献中。现代汉语中，使用渐少，不再是常用词。

（三）【推托】【推说】

这两词略带贬义色彩，只是贬义味较轻。

1. 《语类》中的语义：亦作"推托"。托故推脱或拒绝。"推说"的另一义项亦与之同义。

人一向推托道气禀不好，不向前，又不得；一向不察气禀之害，只昏昏地去，又不得。(1，4，69)

曰："莫是要作推托不肯起之意在否？鄙见政谓是酬答之辞。"(6，81，2110) 今人知不得，便推说我行未到，行得不是，便说我知未至，只管相推，没长进。(1，9，148)

终不成两人相推，这人做不是，却推说不干我事，是那人做得如此；那人做不是，推说不干我事，是他做得如此，便不是相为底道理。(3，45，1162)

故说经虽简约，有益学者，但推说不去，不能大发明。(7，101，2576)

按：托：假托；推托。"推""托"近义连文，构成并列式合成词，其义为"托故推脱或故意拒绝"。

2. 其他文献例证情况。

（1）【推托】

宋周密《癸辛杂识》别集卷上：此事我已供了，奈何推托？

宋《大宋宣和遗事·利集》：或谓驾部当收，驾部则为库部当收；彼此互相推托，皆弃之不收，反遗之以与金人用。

元王实甫《西厢记》第三本第一折：夫人失信，推托别词。

明罗贯中《三国演义》第四回：今差人往召，如彼无疑而便来，则是献刀；如推托不来，则必是行刺，便可擒而问也。

清李渔《慎鸾交·谲讽》：那禀告父母的话，大半还是推托之词。

冰心《寄小读者》通讯十六：可恨我一写信要中国书，她们便有百般的阻拦推托。

王安忆《长恨歌》第一部八照片：王琦瑶则说倘若他父亲有兄弟的话，也就是程先生的样，这话是有推托的意思，两个人同样都没往心里去，一个随便说，一个随便听。

"推托"一词成词于近代汉语中，宋代文献中习见，宋代以后文献中使用更为频繁，一直沿用至现代汉语中，仍为常用词。

（2）【推说】

明《水浒传》第十八回："天幸撞在我手里，我只推说知县睡着，且教何观察在县对门茶坊里等我。"

明《型世言》第三十二回：打听得他家开一个典铺，他着一个家人，拿了一条玉带去当，这也是孙监生晦气，管当的不老成，见是玉带，已是推说不当。

明《二刻拍案惊奇》卷三十三：到了这家门内，将骡系在庭柱之下，宾主相见茶毕，推说别故暂出，不牵骡去。

丁玲《过年》：还没有到四更，舅舅推说倦了，要去睡。

作"推托说"之义的"推说"一词，在《语类》中只有三例，可见属于宋代产生的新词，使用并不频繁，还不是常用词。明代始，使用开始频繁，逐渐成为常用词。一直沿用至现代汉语中，是现代汉语中的一个常用词。

张平《抉择》第十八章：这个"青苹果娱乐城"如果确实是你这个市长的内兄在这儿开的，即便是你这个市长不过问、不打招呼，即便是你这个市长假眉三道地推说自己不知道，或者就像你现在一样确实根本就不知道，那这儿的情况也同样会跟别的地方大大不同。

四 "推×"组词群小结

"推×"组词群的语义范畴变化过程和途径大致如下：动作义语义范畴＞认知论断义语义范畴＞言说义语义范畴。其中"动作义语义范畴"

是第一层级,"认知论断义语义范畴"中间的过渡层级,"言说义语义范畴"是最后一层级,也是最高一层级,"推×"组的语义走向最终是"言说语义范畴",而含有义符"扌"的"推×"组的基本语义范畴必然是"手作动作域"。那么,"推×"组词群是如何一步步从"手作义"到"言说义范畴"呢?

首先,义符"扌"的词的本义都与"手"有关,本义都以手作义为主,以这些词为中心词素构成的复音节词仍然具有典型的手作义,这些手作义词群大多都可以从"手作动作义"引申到"认知域",从具体的手部动作引申为抽象的内心动作,即思维领域里的认知论断动作行为,而思维和语言又是紧密相关,继续引申发展,就有了独立的言说义。

促使这些词群的从一个语义范畴到另一个语义范畴发生变化的机制主要是隐喻和思维的关联性,如"推"的语义的引申变化,由具体的动作义,即"用手推移"义先引申出比喻义"动荡",如"推荡"一词,接着是"推广、推行",这时的比喻义到了最高程度,最终由"推广、推行"义引申到了"推论、推断"义,这一发展变化过程中起作用的机制主要是隐喻以及思维的关联性,动因为"推×"中"×"的次类变换,当"推×"中的"×"成为"演、求、究、明"等典型的"推知论断"义动词时,"推×"必然也具有了"推知论断"义,从而从"动作域"发展到了"认知域"。

从"认知域"到"言说域"是最后一次的飞跃。这是因为人的思维认知总是离不开语言,而言说义本身又具有认知义,比如感情色彩,"推尊、推服、推许、推逊、推诚"等词具有浓郁的褒义色彩,而"推托、推说"又略带贬义。这说明言说义往往和主观化紧密联系在一起,这是因为言语行为往往是和思维紧密相连的,即"言为心声"。这一过程遵循了由具体到抽象的认知规律。且这一过程中,用言说来表示主观态度既包含了转喻(言说是思维的载体),也包含了隐喻(思维是一种不出声的言说)。故"认知域"必然会进一步发展到"言说域"。发展变化的动因仍为"×"的次类变换。

最后,"推×"组词群语义范畴的变化还和思维的相似性有关。"推"本指用手推动物体使移动,当到了认知域后,就成了在思维领域中推敲事物以便得出结论和认识。虽是两个不同的范畴,却有着思维上的高度相似性。

第五节 "探×"组词群研究

本组词群共九个词,分别如下:"探取;探看;探索;探知;采探;探报;探伺;察探;探讨。"从语义范畴上看,分为三个层级,分别为手作义、认知义、言说义。下文将详细分析:

一 手作本义,即"摸取"义

(一)【探取】

1.《语类》中的语义:摸取。

又问:"'餂者,探取之意',犹言探试之'探'否?"(4,60,1472)

看公如今只恁地慢慢,要进又不敢进,要取又不敢取,只如将手恁地探摸,只怕物事触了手相似。(7,120,2889)

按:探:取;摸取。《尔雅·释诂下》:"探,取也。"郭璞注:"探者,摸取也。"《说文·手部》:"探,远取之也。"如:《书·多方》:"尔乃惟逸惟颇,大远王命,则惟尔多方探天之威,我则致天之罚。"孔传:"若尔乃为逸豫颇僻,大弃王命,则惟汝众方取天之威,我则致行天罚。"《汉书·宣帝纪》:"毋得以春夏摘巢探卵,弹射飞鸟。"

取:拿;拿出。如:《书·召诰》:"太保乃以庶邦冢君,出取币,乃复入,锡周公。"唐韩愈《元和圣德诗》:"开库咏士,曰随所取。"

"探""取"同义连文,构成并列式合成词。《语类》中有两例。

2. 其他文献例证情况。

东汉《释名》第四卷:贪,探也,探取入他分也。

唐《独异志》卷中:项籍开始皇墓,探取珠宝,其余不尽取者,有金雁飞出墓外,为罗者所获。

宋陈元靓《岁时广记·人日》:"又立春日作此,名探春蠒。馅中置罂签或削木书官品,人自探取,以卜异时官品高下。"

《宋史·李迪传》:"对曰:'臣向在陕西,以方寸小册书兵粮数备调发,今犹置佩囊中。'帝令自探取,目黄门取纸笔,具疏某处当留兵若干,余悉赴塞下。"

明《警世通言》第四十：真君飞升之后，里人与其族孙许简，就其地立祠，以所遗诗一百二十首，写于竹简之上，载之巨筒，令人探取，以决休咎。

清李渔《蜃中楼·义举》："良朋意气真豪放，肯把身投巨浪，直待要探取骊珠返故乡。"

以上例证可以看出，"探取"一词出现较早，汉代就已成词，后代文献中例证较多，是常用词，但现代汉语中"探取"一词使用甚少。

（二）【探看】

1. 《语类》中的语义：用作比喻义，探寻；探试。

他便道此渊只是空底，却不曾将手去探看，自冷而湿，终不知道有水在里面。（5，67，1678）

按：看：用在动词或动词结构后面，表示试试之义。如：北魏贾思勰《齐民要术·作菹藏生菜法》："尝看，若不大涩，杬子汁至一升。"石声汉注："'尝看'是本书常用的一句话，即今日口语中的'尝尝看'。"《敦煌变文集·庐山远公话》："身上有何伎艺？消得五百贯钱。至甚不多，略说身上伎艺看。"《景德传灯录·潭州沩山灵佑禅师》："师忽问仰山：'汝春间有话未圆，今试道看！'"清李渔《比目鱼·冤褫》："是桩甚么事，你且讲一讲看。"

这里"探看"中的"看"就是用在动词"探"之后，义为"探试；探寻"。《语类》中仅有一例，例中"探看"用作比喻义的"探摸"义，是手作义的比喻义，句中仍为动词。

2. 其他文献例证情况。

唐李商隐《无题》："蓬山此去无多路，青鸟殷勤为探看。"其他文献中尚未见例证。现代汉语中"探看"一词消失。

二　认知义语义范畴

"探取"本为典型的手作义动词，后来，"探取"有了同义词"探摸"，且"探取、探摸"都有了"探求"义，这就进入了认知义语义范畴。这是思维的相似性作用，用手摸索探取，到思维域里的摸索探取，这就进入了认知域。

（一）【探索】

1. 《语类》中的语义：探求；研究。

盖孔子大概使人优游餍饫，涵泳玩味；孟子大概是要人探索力讨，反

己自求。(2,19,444)

但程先生剖析毫厘，体用明白；罗先生探索本源，洞见道体。(7,120,2596)

"探赜索隐。"赜处不是奥，是纷乱时；隐是隐奥也，全在探索上。(7,118,2848)

按：探：探究；探求。《易·系辞上》："探赜索隐，钩深致远。"孔颖达疏："探谓窥探求取，赜谓幽深难见，卜筮则能窥探幽昧之理，故云探赜也。"《谷梁传·隐公元年》："已探先君之邪志，而遂以与桓，则是成父之恶也。"唐韩愈《韦侍讲盛山十二诗序》："韦侯读六艺之文，以探周公、孔子之意。"宋秦观《韩愈论》："探道德之理，述性命之情。"

索：寻求；思索。《逸周书·小开》："不索祸招，无日不免。"朱右曾校释："索，思索也。"《管子·心术上》："人皆欲智，而莫索其所以智乎。"三国魏刘劭《人物志·原序》："惟至哲为能以材，观情索性，寻流照原，而善恶之迹判矣。"

这里，"探""索"同义连文，构成并列式合成词。《语类》中有三例。

2. 其他文献例证情况。

宋《汾阳无德禅师歌颂》卷下：学解淹博。周游湖岭。探索筌蹄。效遍参于善财。

明方孝孺《答胡怀秀才》："其用志不专，探索不精，闻见不博，攻习不久而能得圣贤之意者，无有也。"

清侯方域《南省策试一》："夫天下之情伪，盖尝不可以胜防，而人主恒任其独智钩距，而探索其间。"

"探索"一词最早见于宋代文献中，是宋代产生的新词，后代文献中习见，一直沿用至现代汉语中，现代汉语中，"探索"一词仍为常用词语。如下例证：

巴金《春天里的秋天》二：我想用无言的话去探索她的心。

(二)【探知】

1.《语类》中的语义：探测而知、探究而知。

诸公于此，便要等候探知这心，却恐不如此。(2,20,478)

按：这里，"探"和"知"构成连动式合成词。义为"探究而后知"。《语类》中只有一例。

2. 其他文献例证情况。

《韩非子·难言》第三：激急亲近，探知人情，则以为潛而不让。

《汉书》卷三十艺文志第十：故圣王必正历数，以定三统服色之制，又以探知五星日月之会。

《唐太宗李卫公问对》卷上：探知盖苏文自恃知兵，谓中国无能讨，故违命。

从文献例证可以看出，"探知"一词成词较早，在上古就已成词，最早见于《韩非子》中，宋以后的文献中，"探知"一词并不习见，现代汉语中也不是常用词。

三 言说义语义范畴

有五个词"采探；探报；探伺；察探；探讨"。

（一）【采探】

1.《语类》中的语义：采集探问；打听。

上曰："却不闻此。果有时，岂可不理会！卿可子细采探，却来说。"（7，107，2659）

按：采：选取；搜集。如：《后汉书·孔融传》："融闻人之善，若出诸己，言有可采，必演而成之。"北齐颜之推《颜氏家训·省事》："十条之中，一不足采。"唐罗隐《蜂》诗："采得百花成蜜后，为谁辛苦为谁忙。"宋姚宏《题〈战国策〉》："访《春秋后语》，数年方得之，然不为无补，尚觊博采，老得定本，无刘公之遗恨。"

探：探问；打听；侦察。宋曾巩《故翰林侍读学士钱公墓志铭》："公之为判官也，府尝有狱。或探大臣意，谓欲有所附致，公不为动。"《醒世恒言·吴衙内邻舟赴约》："（那医生）相见之后，高谈阔论，也先探了病源，方才诊脉。"

"采""探"近义连文，其义为"采集并探问"。《语类》中仅一例。其他文献也未见例证。

（二）【探报】

1.《语类》中语义：探听报告。

时极暑，探报人至云："虏骑至矣！"信叔令一卒擐甲，立之烈日中。（8，136，3240）

按：探：探问；打听；侦察。报：泛称报告；告知。唐杜甫《秦州杂诗》之十三："船人近相报，但恐失桃花。"宋陈与义《雨晴》诗："尽取微凉供稳睡，急搜奇句报新晴。"

这里，"探""报"构成连动式合成词，义为"探听并做报告"。《语类》中仅有一例，例中的"探报"作定语。

2. 其他文献例证情况。

宋《云笈七笺》卷一百一十三下纪传部·传十二古：其花欲开，探报分数，节度使宾寮官属，继日赏玩。

宋《靖康传信录》卷一：诏遣节度使梁方平将骑七千守州，步军都指挥使何灌将兵二万扼河津，探报虏骑渐逼故也。

清黄六鸿《福惠全书》卷之八：印官宜谕地方探报，随到随兑。

清《花月痕》第四十七回：探报狗头带马队三千、步贼三十万，距于寿州。

从文献例证可以看出，"探报"一词最早出现于宋代文献中，是宋代产生的新词，清代文献中仍有使用，只是例证甚少，现代汉语中消失。

(三)【探伺（sì）】【察探】

1.《语类》中的语义：侦察、窥探。

这一队专探伺他败阙，才闻此句，拱辰即以白上。仁宗大怒，即令中官捕捉，诸公皆已散走逃匿。(8, 129, 3089)

或者谓虚中虽在虏中，乃为朝廷尝探伺虏动静来报这下，多结豪杰，欲为内应，因其子为帅。(8, 130, 3130)

按：探：探问；打听；侦察。伺：窥伺；窥探；观察。如：《荀子·王制》："伺强大之间，承强大之敝，此强大之殆时也。"《周书·文帝纪上》："包藏凶逆，伺我神器。"宋司马光《进士策问》之二："夫圣人之道，正直无隐，岂伺人颜色而言邪！"鲁迅《两地书·致许广平六十》："而有些教授，则惟校长之喜怒是伺。"

这里，"探""伺"近义连文，构成并列式合成词。《语类》中有两例。

2. 另见其他文献例证情况。

宋《苏轼集》卷六十四：弓箭社人户，为与契丹为邻，各自守护骨肉坟墓，晓夜不住巡逻探伺。

宋范仲淹《耀州谢上表》："臣方令韩周守在边上，探伺彼或有进奉之意，即遣深入晓谕。"

清《清会典事例·礼部·贡举》:"其无职事人员,于是日更不应至太和门、左右掖门探伺。"

郭沫若《北伐途次》十三:"那些军事上的指挥官在开始冲锋之前竟没有派遣斥候去探伺敌情。"

"探伺"最早见于宋代文献中,是宋代产生的新词,后来一直到清代仍有使用,现代汉语中也用使用,只是用例甚少。

3.《语类》中的"察探"一词,与"探伺"近义,即为"观察窥探。"

省察固是好,如"三省吾身",只是自省,看这事合恁地,不合恁地,却不似上蔡诸公说道去那上面察探。要见这道理,道理自在那里,何用如此等候察探他。(2,20,477)

4. 另见宋代其他文献用例。

宋苏辙《再乞禁止高丽下节出入札子》:窃缘夷狄之人,怀挟奸诈,情不可知,许令游览都城,大则察探虚实,图写宫阙、仓库、营房、衢道所在曲折,事极不便,小则收买违禁物货、机密文书。

宋周密《齐东野语·端平襄州本末》:赵忽令诸门不许一人一担,而所置缉捕司带行人孙山等察探,变是为非,于是襄人愈侧足矣。

清《杨家将传》第二十一回:八王奏曰:"臣往无佞府察探动静如何?"

黄易《寻秦记》第二十四章:项少龙已心知肚明他要说甚么,更猜到是吕不韦教他说的,一方面可察探自己的反应,另一方面就是扰乱他的心神,使他精神受影响下命丧曹秋道之手。

清代及现代汉语汉语中也有用例,但使用明显甚少,现代汉语中消失。

(四)【探讨】

1.《语类》中的语义:探索研讨、探索讲求。

为学须是切实为己,则安静笃实,承载得许多道理。若轻扬浅露,如何探讨得道理?纵使探讨得,说得去,也承载不住。(1,8,140)

人能操存此心,卓然而不乱,亦自可与入道。况加之学问探讨之功,岂易量耶!(1,14,205)

既探讨得是当,又且放顿宽大田地,待触类自然有会合处。(1,13,223)

长孺谢曰："敢不自此探讨力行!"曰："且着力勉之! 勉之!"长孺起，先生留饭，置酒三行，燕语久之，饭罢辞去，退而记之。(7，118，2862)

按：探：探究；探求。讨：探讨；研究。如：谈论。《商君书·更法》："虑世事之变，讨正法之本，求使民之道。"唐柳宗元《唐故衡州刺史东平吕君诔》："君昔与余，讲德讨儒。时中之奥，希圣为徒。"

这里，"探""讨"近义连文，构成并列式合成词。《语类》中有四例，例中均用为动词。

2. 其他文献例证情况。

唐沈佺期《同工部李侍郎适访司马子微》诗："闻有《参同契》，何时一探讨。"

宋苏轼《江瑶柱传》：闽越素多士人，闻媚川之来，甚喜，朝夕相与探讨。

明《二刻拍案惊奇》卷三十二：把从前毒火多注在一处，朝夜探讨。

清方式济《护菊》诗：八月藏户牖，扶护费探讨。

"探讨"一词最早见于唐代文献中，唐代产生的新词，后代文献中习见，一直沿用至今，现代汉语中，"探讨"一词仍为常用词。

四 "探×"组词群小结

"探×"组词共分三个语义层级，分别为手作义范畴、认知域范畴、言说义范畴。其中手作域范畴又分出两个小组，分别为手作本义和比喻的手作义。比喻的手作义为"探×"组词向言说域发展演变做好了最后一步的准备，如"探看"一词。当手作义抽象为比喻义的手作义时，就成为了一种心理行为上的"试探；探摸"义，把手的动作隐喻到思维领域，在思维领域进行一种类似于手作义的抽象"探摸；探求"义，这就从手作义顺利进入到了认知义范畴。思维领域的东西又总是用语言来表达出来的，思维和语言有着不可分割的关系，这样就又自然而然地进入了言说义语义范畴，有了言说义。言说行为又往往会进一步启发和引导思维，这样言说义就属于最高一层级的语义范畴了。

在"探×"组词义发生层级演变时，首先，比喻的手作义的产生是最重要的一步，在这个演变中起关键作用的是隐喻机制。其次是认知域到言说域的演进，这一层级演变中，是隐喻和转喻共同作用的结果，从而从认知域进入了言说义。

第二章

手作义词群研究（二）

第一节 "抬×"组词群

所谓手作类是以中心词素来说的，中心词素的基本义为表示一种手作动作，如"抬×（×抬）、批×（×批）、挑×（×挑）"等，这组词群里的中心词素"抬、批、挑"本义都表示手作动作，可在使用中，语义范畴慢慢发生变化，从手作义范畴进入言说义范畴，这跟第一章的五组词群情况不同，少了认知义语义范畴阶段。

以"抬"为中心词素，有八个词，抬、抬扛、抬身、抬头、抬起、抬举、抬奖、抬弄等，属于词语较少的一组。其中"抬、抬扛"为典型的手作动词，"抬奖、抬举、抬弄"却成了言说义动词，清代时，"抬扛"后写作"抬杠"，便成了言说义动词，义为"顶牛、争辩"，此义一直沿用至现代汉语中。

一 手部动作语义范畴

这组有两个成员，"抬""抬扛"。其意义为用手托起某物，从而让某物做由低向上的位移运动。其中"抬扛"后来产生出了言说义，即"顶牛；争辩"，只是《语类》中还未出现此义，此义最早出现是在元代，后一直沿用至现代汉语中。

（一）【抬】

1.《语类》中"抬"的语义：指往上托；抬高。

肃拜，"但俯下手，今时抬"，传云"介者不拜"，"敢肃使者"，是也。（6，91，2332）

按：此义为"抬"的基本义，典型的手作动词义。《语类》中仅有此例。《广雅·释诂一》:"抬,动也。"《玉篇·手部》:"抬,动振也。"玄应《一切经音义》卷十七:"抬,举。《通俗文》:举振谓之抬。"《广韵·灰韵》:"抬,抬举。"如:唐周繇《题东林寺虎掊泉》诗:"爪抬山脉断,掌托石心拗。"宋岳飞《满江红》词:"抬望眼,仰天长啸,壮怀激烈。"故,"抬"有"举,往上托"义,可引申为"提高"。

另见宋代其他文献用例:宋岳飞《满江红》:"抬望眼,仰天长啸,壮怀激烈。"《宋史·食货志下》:"中书议陕西盐钞,出多虚钞,而盐益轻,以钞折兑粮草,有虚抬边籴之患。"抬(tái) "抬"的今字。同"抬"。如:《警世通言》:"叫两个当直的轿番,抬一顶轿子。"《西游记》第三回:"猴王渐觉酒醒,忽抬头观看。"《红楼梦》第六十五回:"兴儿道:'就是俗语说的"三人抬不过个理字去"了。'"

2. "两人以上合力扛举"义

此义的"抬"仍为手作动词义。如:唐白居易《马坠强出赠同座》诗:"足伤遭马坠,腰重倩人抬。"《警世通言·王安石三难苏学士》:"荆公命堂候官两员,将水瓮抬进书房。"《儿女英雄传》第四回:"你把咱们的绳杠也带来,这得两个人抬呀!"张天翼《蜜蜂·仇恨》:"那天是他们把他的大妞儿抬回来的。"

(二)【抬扛(káng)】

1. 《语类》中的语义:两人或两人以上共抬一物。

先生举此大笑,云:"以一个人家,一火人扛个棺椁入来哭,岂不可笑!古者大夫入国,以棺随其后,使人抬扛个棺椁随行,死便要用,看古人不讳凶事。"(6,83,2175)

按:扛(káng),亦作"掆"。义为"双手举重物;抬物"。《说文·手部》:"扛,横关对举也。"段玉裁注:"以木横持门户曰关,凡大物而两手对举之曰扛……即无横木而两手举之,亦曰扛。即两人以横木对举一物,亦曰扛。"如:《后汉书·方术传下·费长房》:"长房使人取之,不能胜;又令十人扛之,犹不举。"《水浒传》第一回:"众人只得把石板一齐扛起。"

《语类》中仅有一例"抬扛",在句中义为"两人或两人以上共抬一物"。

该词最早出现于《语类》中,宋代其他文献尚未见到用例。

2. 明代以后的文献例证。

明代始,用例渐多,如下:

明《王端毅凑议》卷三：故通事年老，亦无冠带，火头百姓，承应抬扛，不得安业，俱各逃往别处去了。

明《益部谈资》卷上：长腰鼓即古之蜡鼓也，长七八尺以木为桶腰用，束二三道涂以土泥，两头用皮幪之，三四人横抬扛击之，州郡献春及田间秧种时，农夫皆击此，复杂以巴渝之曲。

明《金瓶梅》第七十回：又问周守备讨了四名巡捕军人，四匹小马，打点驮装轿马，排军抬扛。

清《浙江通志》卷八十八：凡驿递各站设有夫役，以供舁舆抬扛递送文书喂养马匹等事。

二　身体部位自行运动语义范畴

这组也有两个成员："抬身""抬头"。这两个词表运动义已经和手部动作无关，而是身体某个部位的自行运动，身体部位自行由低向上的运动。其中"抬头"也可以用作心理域上的"伸展和仰视"义，此义把"抬×"的具体义向抽象化推进了一步。

已经由最初的手部动作转移到了身体部位运动义上，语义开始泛化，具有了一定的抽象性，身体某部位的向上的运动是由身体的该部位来完成的，即由手部做抬高的动作转移为身体某部位自行抬高的动作了。

（一）【抬身】

1.《语类》中的语义：挪动或直立起身子。

先生略抬身，露开两手，如闪出之状，曰："忽然闪出这光明来，不待磨而后现，但人不自察耳。如孺子将入于井，不拘君子小人，皆有怵惕、恻隐之心，便可见。"（2，17，377）

按："抬"同"抬"。"抬身"义为"直立起身子"。《语类》中仅有一例，这里的"抬身"即为身体自行运动义动词。

2. 该语义在其他文献典籍中的例证。

"抬身"最早出现在晚唐五代文献中，属于近代成词的一个词语，历代文献例证如下：

晚唐五代《敦煌变文》卷六十：是时慈母闻唤数声，抬身强强起来，状似破车无异，于是牛头把捧（棒），狱卒擎叉。

元稹《生春二十首》开眼犹残梦，抬身便恐融。却成双翅蝶，还绕庳花丛。（《全唐诗》卷410-21）

宋楚圆《汾阳无德禅师歌颂》卷下：回首枕须弥。抬身倚北斗。先贤不奈何。唯我独长久。

元《西厢记杂剧》第二折【醉春风】：（红唱）半晌抬身，几回搔耳，一声长叹。

明《初刻拍案惊奇》卷九：伴娘开帘，等待再三，不见抬身。

清《儿女英雄传》第八回：又见那公子跪在地下，把他羞得面起红云，抬身往里间就走。

阿城《棋王》一：说着就抬身从窗钩上取下书包，往里掏着。

"抬身"一词自唐代产生一直沿用至今，在现代汉语中仍为一个常用词。

(二)【抬头】

1. 《语类》中的语义：喻指精神上得到伸展或心理上的因尊敬而仰视。

事体一般，故高祖负愧而不敢明杀世充也。此最好笑！负些子曲了，更抬头不起。(4，47，1181)

吉甫问恭敬。曰："'恭'字软，'敬'字硬。"直卿云："恭似低头，敬似抬头。"(1，6，123)

按：《语类》中有两个此义项的用例。例中"抬头"一词为动宾式合成词。"抬头"一词的基本义为"举首或仰起头"，是一个表达头部由低向上抬高的动作动词，后从表达具体的头部运动义抽象引申为心理域上的向上义。如《语类》中这两例。

2. 该语义在其他文献典籍中的例证。

"抬头"一词用其本义的用例甚多，一直到现代汉语中仍广泛使用。见其他文献例证：

后蜀顾敻《荷叶杯》词："泥人无语不抬头，羞摩羞。"

唐皮日休《病孔雀》诗："烟花虽媚思沈冥，犹自抬头护翠翎。"

明《水浒传》第二回："王进谢罢罪，起来抬头看了，认得是高俅。"

赵树理《地板》："（小刚）笑得合不住口，羞得我不敢抬头。"

3. 【抬头】的比喻义使用情况。

这个比喻义就是"抬头"这一动作义的语义泛化及抽象化，指人的精神面貌上的斗志昂扬，心理上的抬高，向上。

(1) 五代王仁裕《开元天宝遗事·依冰山》："大丈夫有凌云盖世之

志，而拘于下位，若立身于矮屋中，使人抬头不得。"

（2）明《名臣经济录》卷三十一：如立矮屋之下，不敢抬头者，即此时也伏望陛下，"悯臣衙门卑小无人扶持，乞赐御览祖训条章"。诸司职掌并行查本寺。

（3）明《陕西通志》卷九十八：位若立身于矮屋中，使人抬头不得，遂拂衣长往唐卢，藏用始隐于终南山，中宗朝累居要职。道士司马承祯睿宗朝至京，将还藏用，指终南山谓之曰："此中大有佳景处，何必邃承祯。"

（4）清《思辨录辑要》卷二十三：中庸所谓至诚如神也，到得至诚，便是全体太极，大自天地阴阳，细自昆虫草木，罔不具于吾心，抬头举目，无非易理。

（5）老舍《龙须沟》第二幕："解放了，好人抬头。"

在现代汉语中，"抬头"一词多用作比喻义，指心理上的向上，精神上的斗志昂扬。且比喻义成了"抬头"一词的常用义。

三　言说语义范畴

这组的成员分别有：抬、抬扛、抬起、抬举、抬奖、抬弄六个，这五个词已经完全成为了言说义动词。这是由"抬×"的心理域上的"伸展或仰视"义进一步发展而来的，由心理域进一步具体到口部的言说义上，并将言说义固定了下来。

（一）【抬】

1. 《语类》中的语义：抬举、吹捧。

伯恭动劝人看《左传》迁《史》，令子约诸人抬得司马迁不知大小，恰比孔子相似！（8，122，2951）

按：这里"抬"义为"抬举、吹捧"，《语类》中仅此一例。其他文献例证也不多见。

2. 引申义。

后引申为指提高听话人的身份、身价及地位等，强调情绪上极大的照顾听话人。如：老舍《茶馆》第三幕："我？您太高抬我啦！"这里指提高身价。

（二）【抬扛（gāng）】

1. "顶牛；争辩"义。

元代时，"扛"一词产生出"用言语顶撞"义。如：元尚仲贤《气英布》第一折：“你将那舌尖儿扛，咱则将剑刃儿磨。”《金瓶梅词话》第五十二回："教我扛了两句，走出来，不想哥哥这里呼唤。"故，"抬扛"一词也便产生出"顶牛；争辩"义。也作"抬杠"或"抬"。如：《儿女英雄传》第三三回："只看孟子合告子两个人抬了半生的硬杠，抬到后来，也不过一个道得个'食色性也'；一个道得个'乃若其情，则可以为善矣'。"冯金堂《挖塘》："这几年虽有时还抬些谬理，已经好的多了。"

2. 方言中的变通用法。

此义在方言中广泛使用，中原官话、西南官话、吴语中都有。在方言中还有很多变通形式。如："抬死杠"指无原则的争辩，中原官话，(《汉语方言大词典》3300页)。"抬别杠子"指争辩，西南官话，(《汉语方言大词典》3301页)。"抬硬杠子"俗语，比喻承担重任，西南官话。例如：钟鸣《黑队长》："（我们）反正要找一个抬得起硬杠子的人出来。"(《汉语方言大词典》3301页)

3. 现代汉语中的使用情况。

一直到现代汉语中仍有"抬扛"的用例，如下：

(1) 钱锺书《猫》：我当时不好意思跟他抬扛，所以忍住没有讲。

(2) 张石山《镢柄韩宝山》四：姑忙瞅愀对门，摆摆手道："罢！罢！罢！镢柄劲又来了！肩压着担子也忘不了抬扛，快给人家担过去吧！"

但现代汉语中"抬杠"的使用频率明显高于"抬扛"，如下：

(1) 茅盾《春蚕》二："为了那'洋种'问题，她到现在常要和老通宝抬杠。"

(2) 周而复《上海的早晨》第三部二十八："谭招弟随着她进来，一路吵吵嚷嚷和钟佩文抬杠。"

(三)【抬起】

《语类》中的语义：抬举或褒扬某物。

或问："'循物无违谓信'，物是性中之物否？"曰："那个是性外之物！凡言物，皆是面前物。今人要高似圣人了，便嫌圣人说眼前物为太卑，须要抬起了说。如所谓'有物有则'之'物'，亦只是这眼前物。语言，物也；而信，乃则也。君臣，物也；仁与忠，乃则也。"（2，21，492）

问："'尊德性而道问学'，何谓尊？"曰："只是把做一件物事，尊崇

抬起它。"（4，64，1588）

周子康节说太极，和阴阳滚说。易中便抬起说。（5，75，1929）

问："寻常于存养时，若抬起心，则急迫而难久；才放下，则又散缓而不收，不知如何用工方可？"曰："只是君元不曾放得下也。"（7，117，2810）

按："抬起"的本义为"手部用力使物体由低向高升起"，这里抽象化后，喻指心理上或精神认知上"抬举或高看某物"。《语类》中有四例。其他文献中例证尚不多见。

（四）【抬举】

1. 《语类》中的语义：主观性的高看某人或某物并予以赞扬。

只是当时六国如此强盛，各自抬举得个身己如此大了，势均力敌，如何地做！不知孟子奈何得下，奈何不下？想得也须减一两个，方做得。（4，47，1180）

吕居仁家往往自抬举，他人家便是圣贤。（8，132，3172）

按：本义为用手使物体位置升高，即"高举、举起"义，后喻指心理上高看某人或某物并予以赞扬和提拔。

2. 其他文献典籍中的例证。

"抬举"一词最早出现在唐代文献中，例证如下：

唐《元氏长庆集》卷十四：牡丹二首：簇蕊风频坏，裁红雨更新。眼看吹落地，便别一年春。繁绿阴全合，衰红展渐难。风光一抬举，犹得暂时看。

唐《白氏长庆集》卷二十一：如君所言诚有是，君试从容听我语。若求国色始翻传，但恐人间废此舞。妍媸优劣宁相远，大都只在人抬举。李娟张态君莫嫌，亦拟随宜且教取。

宋《太平广记》卷三百二：某初不了其故，倚门惆怅，公主寻出门下，大相责让云："君素贫士，我相抬举，今为贵人，此亦于君不薄，何故使妇家书符相间，以我不能为杀君主也。"

元《元朝秘史》卷七：比及主儿扯歹回话，忽亦勒答儿说："我做先锋，久后将我孤儿抬举。"

明《名臣经济录》卷四：谓咸曰："我等赖老爹抬举，各卫指挥之职至是足矣，三公之位何敢望也。"

清《儒林外史》第五十五回：你家甚么要紧的地方！我这双鞋就不

可以坐在你家？我坐在你家，还要算抬举你。我都希罕你的鞋穿！

一直到现代汉语，此义一直延续使用。

张爱玲《金锁记》七：七巧笑道："我把你这不孝的奴才！支使你，是抬举你！"

老舍《龙须沟》第二幕："那不含糊，大家抬举我，举我当了委员。"

钱锺书《围城》：晓芙，不用理他。他不受抬举，干脆什么都不叫他。

（五）【抬奖】

《语类》中的语义：褒奖夸赞。

或曰："终是他于利欲之场打不透。欲过这边，却舍彼不得；欲倒向那边，又畏朋友之议。又缘顷被某人抬奖得太过。正如个舡阁在沙岸上，要上又不得，要下又推不动。"（8，132，3183）

按：《字汇·大部》："奖，字从犬，见犬部。俗作大。"《广雅·释诂四》："奖，誉也。"《正字通·大部》："奖，崇也，又褒美也。"故，"奖"义为"称赞、夸奖"。如：《三国志·魏志·曹真传附曹爽》："先来由己，得制其轻重也。"南朝宋裴松之注引《魏书》曹爽上表："先帝以臣肺腑遗绪，奖饬拔擢，曲兵禁省。"《资治通鉴·唐顺宗永贞元年》："谋议唱和，日夜汲汲如狂，互相推奖。"

这里"抬""奖"同义连文，构成并列式合成词。《语类》中仅此一例。检索文献，其他文献尚未找到用例。现代汉语中该词消失。

（六）【抬弄】

《语类》中的语义：戏弄且夸大。

横渠将这道理抬弄得来大，后更奈何不下。（6，93，2362）

按：《说文》："弄，玩也。"《尔雅·释言》："弄，玩也。""弄"有"欺骗；戏弄"义。如：《左传·襄公四年》："愚弄其民，而虞羿于田。"杜预注："欺罔之。戏也。"《汉书·东方朔传》："自公卿在位，朔皆敖弄，无所为屈。"唐杨凝《春怨》诗："绿窗孤寝难成寐，紫燕双飞似弄人。"《水浒传》第五十四回："宋江笑道：'我如何肯弄你？你快下去。'"《西游记》第二十五回："三藏道：'这个猴头弄杀我也！你因为嘴，带累我一夜无眠。'"

这里"抬弄"的词义受"弄"义影响，也便感染生成了"戏弄、夸大"义。《语类》中仅有一例，例中"抬弄"一词的意义属贬义色彩。检索文献，也仅有《语类》中这一例，其他文献均未见用例。现代汉语中该词消失。

四 "抬×"组小结

"抬"组词较少，共十个。从发展演变来看，《语类》中的"抬×"类词群的语义范畴大致分为三个阶段：第一类为手部动作类语义范畴；第二类为身体部位自行运动类语义范畴；第三类言说义语义范畴。

在"抬×"发展演变的这三个语义范畴阶段里，使"抬×"最终成为言说义动词的最关键的一步为第二阶段里的"抬头"一词，当"抬头"一词从具体的头部运动义发展为喻指心理域上的"伸展或仰视"义时，就为"抬×"成为言说义动词做好了最充分的准备。当"抬×"里的"×"成为"举、奖、弄"这些言说义动词时，"抬×"就很自然地成为了言说义动词。

在这个过程中，隐喻起了主要的作用，另外，就是"抬×"中"×"的次类变换也是重要机制之一。

"抬×"组词群中"抬奖、抬弄"两词在后代文献中尚未见用例，现代汉语中消失。说明这两个词是宋代产生的新词，却未能延续下去。

第二节 "批×"组词群

本组共有十二个词语。这组词以"批"为中心词素，故构成"批×"类词群。

"批"的本义为"用手击"。《广雅·释诂三》："批，击也。"《说文》："'手击也。'或作批。"如：《左传·庄公十二年》："（宋万）遇仇牧于门，批而杀之。"南朝宋刘义庆《世说新语·德行》："有参军见鼠白日行，以手板批杀之。"宋叶适《徐公墓志铭》："我子欠租，系久不胜饥，大叫。役者批之。"巴人《殉》："他就不再等大嫂的斥骂，或者批他的耳光，便把饭碗交给大嫂。"

下面将详细探讨"批×"组词的词义及词义的层级变化。

一 击打义语义范畴

这类动词保留了"批"的本义，指用手"击"义。这类词在《语类》中并不多见，只有三个词语，一个是俗语"批大郤，导大窾"，一个是成语"批亢捣虚"，还有一个为"批退"。俗语"批大郤，导大窾"后凝缩为成语"批郤导窾"，此成语在明清文献中较常见。成语"批亢捣虚"后凝缩为"批捣"，义为"抨击、冲击"，《语类》中没有"批捣"的用例。但是，从"批亢捣虚"到"批捣"，就是一个由手作义到言说义的过程。"批退"一词在《语类》中尚没有"击"义素成分，但在唐代文献中，"批退"一词有作"击打使后退"义的用例，详见文中例证。这里选用"批退"一词，主要是因为该词在唐代有"击"义素成分，属于手作动作义范畴，故这组中也便选用了"批退"一词。

（一）【批大郤（xì），导大窾（kuǎn）】

《语类》中的语义：从骨头接合处击开，无骨处则就势分解。比喻善于从关键处入手，顺利解决问题。

谓如庖丁解牛，于族处却"批大郤，导大窾"，此是于其筋骨丛聚之所，得其可通之理，故十九年而刃若新发于硎。（5，75，1913）

按："批大郤，导大窾。"语出处《庄子·养生主》。其中，郤：指空隙；窾：指骨节空处。

这里"批"义为"击"。《广雅·释诂三》："批，击也。"《集韵·齐韵》："《说文》：'手击也。'或作捭。"如：《左传·庄公十二年》："（宋万）遇仇牧于门，批而杀之。"南朝宋刘义庆《世说新语·德行》："有参军见鼠白日行，以手板批杀之。"《史记·刺客列传》："奈何以见陵之怨，欲批其逆鳞哉！"司马贞索隐："批，谓触击之。"南朝梁何逊《七召》："手羁铁顶，足批铜头。"唐段成式《酉阳杂俎续集·支诺皋下》："严师忽得病若狂，或自批触，秽詈叫呼，数日不已。"宋叶适《徐公墓志铭》："我子欠租，系久不胜饥，大叫。役者批之。"

"批大郤，导大窾。"后简缩为成语"批郤导窾"。如：章炳麟《今古文辨义》："廖氏之见，欲极崇孔子，而不能批郤导窾，以有此弊。"

现代汉语中，该成语仍有使用。

（二）【批亢捣虚】

1.《语类》中的语义：谓扼其要害而击其空虚。

"批亢捣虚。"亢，音刚，喉咙也。言与人鬭者，不扼其喉，拊其背，未见其能胜也。（8，134，3203）

按：本义为"扼其要害而击其空虚"，"批亢捣虚"亦作"批吭捣虚"。如：元郑光祖《三战吕布》第一折："凡为元帅，须要机谋，批亢捣虚，为头说谎，调皮无赛。"

"批亢捣虚"后还凝缩为"批捣"，义为"抨击、冲击"，当凝缩成为"批捣"一词时，就已经成了言说义动词，故，从"批亢捣虚"到"批捣"就是从手作义到言说义的过程。因《语类》中没有"批捣"的用例，所以，本书尚不考证这一发展变化过程。

2. 其他文献例证。

"批亢捣虚"最早见于汉代文献中，如下：

《史记·孙子吴起列传》："夫解杂乱纷纠者不控卷，救斗者不搏撠，批亢捣虚，形格势禁，则自为解耳。"

宋陈亮《中兴论》："齐秦诚天下之两臂也，奈虏人以为天设之险而固守之乎！故必有批亢捣虚、形格势禁之道。"

中国近代史资料丛刊《中日战争·东方兵事纪略》："我诸军严防中路九连城江面，而倭人乃潜袭上下游，将以全力萃于中路，为批亢捣虚计。"

现代汉语中，该词消失。

（三）【批退】

1. "击退"义。

按：此义项《语类》中无例证，例证最早出现在唐代，例证如下：

唐杜佑《通典》卷一百六十九·刑法七：有功侮文巧法，党逆不忠，批退欲纵反人，每事唯希侥幸，不寻按状，孟浪即批。

按：以上唐代文献中的这例"批退"义为"击退"。其中，"批退"中的"批"。

2. 《语类》中的语义：

（1）放弃交易中的优先权。为宋代交易类活动的专用术语。

如退产相似，甘伏批退，自己不愿要。（1，8，136）

如人交易，情愿批退帐，待别人典买。（8，121，2927）

按：从宋代始，"批退"成为了交易类活动的专用术语。此义一直到明代仍然使用，例证如下：

明宋濂等《元史》卷一百三·志第五十一：诸典卖田宅，须从尊长书押，给据立帐，历问有服房亲及邻人典主，不愿交易者，限十日批退，违限不批退者，笞一十七。

现代汉语中，此义消失。

（2）一般意义上的放弃。

今人情愿批退学问底多。（8，121，2927）

按：此义是从前面的义项中引申而来，前面专指交易中放弃优先权，这里引申为一般意义的放弃，不再专属于交易类的事件，而扩大为所有事件域。

此义为孤例，其他文献尚未见用例。现代汉语中也消失。

二 用手书写义语义范畴

这组中有三个词，分别为"批、特批、批抹"等。这三个词中的"批"都有［+写批语或批示］这一义素成分，很明显，这里的"批"已经没有了直接的［+击］义素成分了。但我们可以仔细做一分析比较，［+击］和［+写批语或批示］这两个义素成分的共同成分为［+用手］，都属于手部动作，不同之处为：［+击］指"直接的攻击对方"，［+写批语或批示］指"用语言表达代表自己看法的意见或见解"，这里其实也就暗含着一种"击"义，只是含蓄了很多，没有了直接"击"的冲突性和气氛紧张义。故［+写批语或批示］义素应该是由［+击］义素直接引申而来，是由思维的相似性而引发的，即隐喻的作用。下面具体分析这三个词的意义和文献使用情况：

（一）【批】

1. 《语类》中的语义：批示；写批语。

先生批云："此一条论得甚分明。昨晚朋友正有讲及此者，亦已略为言之，然不及此之有条理也。"（1，4，59）

且如今做太守，人皆以为不可使吏人批朱。某看来，不批不得。（3，43，1098）

若既如此后，或有人词诉，或自点检一两项，有批得不实，即须痛治，以防其弊。（3，43，1098）

先生批云："'艮其背'，下面《象传》云：'艮其止，止其所也。上下敌应，不相与也。'"（5，73，1858）

太祖就此人姓上点一点，就下批四字云："只教他去。"（8，127，3043）

太祖又批其下云："只带两人去。"（8，127，3043）

按：《广韵·齐韵》："批，示也。"如：唐黄滔《寄献梓橦山侯侍御》诗："赐衣僧脱去，奏表主批还。"宋周辉《清波别志》卷下："圣人出口为敕，批出，谁敢违。"《二十年目睹之怪现状》第七回："那些钱庄帮得了这个批，犹如唤起他的睡梦一般。"故，"批"有"批示；写批语"义。

"批"的此义是从"批"的"击"义引申而来，"击"为用手击打、攻击，"批示或写批语"为用手手写文字。因为同为手作动作义，故"击"义可以引申出"写批语"义，是思维的相似性起了主要作用。

（二）【特批】

1.《语类》中的语义：特别的批示或不同一般的批示。

此事恐奏裁免死，遂于申诸司状上特批了。（1，3，44）

上即位踰月，留揆以一二事忤旨，特批逐之，人方服其英断。先生被召至上饶，闻之，有忧色。（8，127，3062）

按："特"有"不同一般、独特、特殊"义。如：《庄子·齐物论》："罔两问景曰：'曩子行，今子止；曩子坐，今子起；何其无特操与？'"成玄英疏："特，独也。"唐韩愈《答柳柳州食虾蟆》诗："虾蟆虽水居，水特变形貌。"唐柳宗元《始得西山宴游记》："以为凡是州之山水有异态者，皆我有也。而未始知西山之怪特。"

故这里"特批"构成偏正结构，为偏正式合成词。《语类》中有两例，例中"特批"用作动词，仍属手作动词义，义为手写特殊的批示。

2. 其他文献例证。

宋欧阳修《欧阳修集》附录二·先公事迹："时已用王珪等所荐御史孙昌龄、郭源明、黄照，又特批以之奇为御史，论者以此短修。"

宋《玉壶清话》卷三：凡进之例，更无改批，但纸尾画"可"而已。忽特批云："差梁适。"

元《宋史》卷二百八十二·列传第四十一：及追命制入，帝特批曰："敏中淳谨温良，宜益此意。"其恩顾如此。

清《续资治通鉴》卷六十四：等前所举都官员外郎孔宗翰等七名进，而照中选。帝又特批"之奇与御史"。

现代汉语中，"特批"仍为常用词语，如下例证：

陆天明《大雪无痕》二十三：然后你再把这个方雨珠找到，跟她说，冯总特批，决定破例照顾你。

王朔《一点没正经》：但本有俸禄又私写作，谋人钱财，这个就要特批啦，被告，你等之辈有正当职业？

（三）【批抹】

1. 《语类》中的语义：犹言批注校改。

刘枢不好士人，先亦读书，长编从头批抹过。近得书云，尚要诸经史从头为看一遍，顾老病，恐不能。（8，132，3174）

按："批"有"批语或批注"义。前面已做分析。

"抹"有"涂去文字或绘画中的某些部分"义。《增韵·末韵》："抹，涂抹也。乱曰涂，长曰抹。"由此义引申出"校改"义。

这里"批、抹"近义连文，构成并列式合成词。《语类》中只有一例，例中"批抹"作动词，义为给典籍做"批注校改"。

2. 其他文献例证。

宋李焘《续资治通鉴长编》卷四百四十三·哲宗元祐五年：合住支请给所在官司取索券历，限五日批抹，缴申转运使；即在京所给并请他路物者，申户部；有分移者仍报见请，准此缴申。以上违者杖一百。

宋洪迈《夷坚志》夷坚支乙卷第二（十二事）：见首场经义批抹数十条，不可复收，乃携谒本考官，共议将令再誊录。

明唐顺之《与两湖书》："《汉书》批抹约四五十传，亦颇尽之，并奉返以全信。"

清平步青《霞外攟屑·论文下·文章圈点》："栎园评曰：若细论之，无论批抹，即一点亦有难下处。"

现代汉语中，此词消失。

三 言说义语义范畴

这组词群中有四个成员，分别为"批问、批答、批诲、批判"，这四个成员的共同的特点为："批"后接言说义动词，即形成"批+言说义动词"构式。因该构式中本就有言说义动词在内，故这组的这三个词便都已发展成为典型的言说义动词。

有时这些词后都会紧跟"云"这样的言说义动词，来进一步辅助表达言说义。如《语类》中的"批问、批答、批诲"这三个词的用例。但这三个词在其他文献中出现时，是独自承担言说之义，其前其后均无其他言说义动词配合出现，这说明，"批问、批答、批诲"已经是完整意义上的言说义动词了，可以独自表达言说义。

（一）【批问】

1. 《语类》中的语义：批判发问。

卫老疑问中"天行健"一段，先生批问他云："如何见得天之行健？"（5，68，1702）

按：《语类》中仅有这一例。这里"批问"所表达的言说义尚不是典型，"批问"后还有表言说义的"云"字与之配合使用。

2. 其他文献例证。

宋《苏轼集》卷七十四：儿子每蒙批问，适会葬老乳母，今勾当作坟，未暇拜书。

宋《苏轼集补遗附录·与杜道源》：必须作数日聚会于京口，奉羡！奉羡！儿子蒙批问，感感。

宋《宋笔记·宾退录》卷二：丁丑，上批问："茂良昨已面谕，何遽也？"

宋《宋笔记·涑水记闻》卷四：上每读圣书，有不解者，辄令御药院批问，因是得由御药院关说于上，大抵皆诡谀之辞，缘饰以阴阳。

宋《丛林盛事》卷下一日。又批问佛照曰：世尊雪山修道六年，所成者何事？请师明说。

（二）【批答】

1. 《语类》中的语义：批示答复。

批答云："顷以言者如何如何，今闻师傅之臣言之如此，若不尔，几误也！前日指挥，更不施行。"（7，101，2573）

按：《语类》中仅有这一例。例中"批答"后紧跟"云"字来共同表达言说义，故，"批答"尚不能单独表达典型的言说义。

2. 其他文献例证。

宋《梦溪笔谈》补笔谈卷三：前世风俗，卑者致书于所尊，尊者但批纸尾答之曰"反"，故人谓之"批反"，如官司批状、诏书批答之类。

明《二刻拍案惊奇》卷十九：寄华——批答，好的歹的，圈的抹的，发将下去，纷纷争看。

清《醒世姻缘传》第二十三回：醒转来叫那直宿的宫女，要他茶吃，便一字也说不出来，从此就成了一个哑子，便不能坐朝，有甚么章奏都在宫中批答出来。

（三）【批诲】

1. 《语类》中的语义：批评教诲。

向曾问身心性情之德，蒙批诲云云。宋杰窃于自己省验，见得此心未发时，其仁义礼智之体浑然未有区别。(7，120，2909)

按：《语类》中仅有这一例。例中"批诲"后有"云云"与之配合使用，共同表达言说义。

2. 其他文献例证。

唐《唐文拾遗》卷四十二·长启：伏奉批诲，即有敕命，但请收之。某既蒙示允至诚，固且仰遵严旨，立愧形影，坐惊神魂。

唐《唐文拾遗》卷四十三：某启：伏奉手笔批诲，一行人并善将息稳风涛者。俯顾微流，仰窥尊念，望淮海则陂遆自迩，指风波则视险如夷。

除了以上唐代文献中两例外，其他文献尚未见用例。

（四）【批判】

1. 《语类》中的语义：评论；评断。

而今说天有个人在那里批判罪恶，固不可；说道全无主之者，又不可。(1，1，5)

按："判"有"定；评判"义。如：《宋书·谢晦传》："其事已判，岂容复疑。"宋陈亮《酌古论二·诸葛孔明传》："以勇击勇，而胜负之数未可判。"宋周密《癸辛杂识别集·银花》："遇寒暑，本房买些衣着及染物，余判单子，付宅库，正行支破。"

这里"批"和"判"同义连文，构成并列式合成词。《语类》中仅有一例，例中"批判"作动词，后带宾语。

2. 其他文献例证。

"批判"一词最早出现在五代文献中，例证如下：

五代《祖堂集》卷十二：僧云："今日得遇明师批判。"

从宋代始，用例渐多，如下：

宋《五灯会元》卷第十九：白云见杨歧、歧令举茶陵悟道颂公案，请师批判。

金牛本寂《少林寺西堂法和塔铭》："评论先代是非，批判未了公案。"

明《三国演义》第五十七回：统手中批判，口中发落，耳内听词，曲直分明，并无分毫差错。民皆叩首拜伏。

清《清史稿·选举志一》："令诸生有心得或疑义，逐条札记，呈助教批判，按期呈堂。"

现代汉语中，"批判"一词为常用词，使用非常广泛。

《皇城根》十一：他也曾用批判的眼光看待这些好戏，认为封建色彩太浓；却是万没想到，今天他自己也变成了此种"血缘"好戏中的一个角儿。

《编辑部的故事》：咱们虽然是一国吧，却是两制。他们所宣扬的也许正是咱们所批判的，别看了，啊。

《绿化树》七：过去朦胧的理想，在它还没有成形时就被批判得破灭了。

四 "批×"组小结

"批×"类词群在《语类》中使用并不很多，只有十个词，说明"批"的构词能力一般。本书所选《语类》中的"批×"组词均为动词，因本书着重讨论动词"批×"的词义及语义范畴层级，故"批×"类中的三个名词本书未选，分别是"批旨、批文、批书"这三个词。

"批"词义引申的第一步，就是由"击"义引申为"攻击"义。如："批亢捣虚"一词中的"批"。再如：清恽敬《西楚都彭城论》："北收燕赵之卒，南引荆邾之师，关外可厚集其势，关中可迭批其隙。"

然后，"批"由手写"批示或批语"而直接发展为用语言进行"评判、批判"义。如：元姚桐寿《乐郊私语》："〔杨廉夫〕遂运笔批选，止取鲍恂、张翼、顾文煜、金炯四首。"《儒林外史》第十八回："向日马二先生在家兄文海楼，三百篇文章要批两个月，催着还要发怒，不想先生批的恁快！"巴金《随想录·要不要制订"文艺法"？》："我还记得'四害'横行的时候，因为有人说'文艺工作危险'，就大批'文艺工作危险论'。"

《语类》中的"批×"类词群的语义及文献使用情况上文已经做了详细分析，这里不再重复。"批×"组词群的语义范畴层级较为简单，共三个层级，分别为"手击"义、"手写"义和最终的用语言"批判"义。这三个层级之间的引申发展合情合理，脉络清晰。贯穿这三个层级的义素核心为［+攻击或批判］义，无论是"手击""手写""批判"表达的语义核心都一样，都为"攻击或批评对方"义。只是方式由最原始最直接的"用手击打"到最终的也是最高级阶段的"用言语批判"，这一过程不仅符合人类社会的发展过程，也完全符合人类思维的自然发展过程，是由野蛮到文明的一个发展过程。因为人类思维及人类社会有这样一个变化过程，这就使"批×"组词最终成为言说义动词成为可能，也是必然趋势。到"批判"一词时，没有其他任何言说义动词与之配合使用。其义为"评论、评断"，成为最典型的言说义。

在这个发展过程中，其主要作用的是思维的相似性，即隐喻在起主要作用。

"批×"组词群中"批退、批抹，批答、批诲"这四个词，后代文献中尚未见用例，现代汉语中消失。这四个词应该是宋代产生的新词，但未能延续到后代，没有旺盛的生命力。

第三节 "挑×"组词群

"挑"由一个作为动作性较强的手作动词，后语义范畴转移到言说域，如"挑转、挑剔、挑剔揩磨、挑动、挑拨"等。

这组词均为动作性较强的动词，在外力的施事作用下，发出动词所要表达的动作。属于自主动词。

以"挑"为中心词素的词语在《语类》中共有十一个，分别为：挑、挑入、挑载、挑吃、挑开、挑转、挑动、挑拨、挑剔、挑问、挑讲。其中除"挑动、挑拨"两词外，其余均为孤例，这些孤例的词语在近代汉语中首见于《语类》。

一 手作义语义范畴

（一）【挑】

《语类》中的语义：拨动灯芯使灯光明亮。

湖南一派，譬如灯火要明，只管挑，不添油，便明得也即不好。所以气局小，长汲汲然张筋努脉。(7，101，2595)

按：《说文·手部》：挠也，从手兆声。《说文段注》云：挠者，扰也。扰者，烦也。挑者，谓拨动之，左传云挑战是也。土凋切。二部。

《广韵·萧韵》:"挑,挑拨。"玄应《一切经音义》卷二:"《说文》:'挑,抉也。'以手挑出物。"

故"挑"有"用手拨动某物,使物品动"义。

"挑"由本义"以手挑出物"义最早引申出"拣择、挑选"义。章炳麟《新方言释言》:"金人谓简择曰挑,本是洮字。唯洮米作本字耳。"《红楼梦》第二十五回:"你不嫌不好,挑两块去就是了。"

《广雅·释诂三》:"挑,穿也。"《文选·马融〈长笛赋〉》:"匍匐伐取,挑载本末。"李善注引《声类》曰:"挑,决也。"《文选·扬雄〈甘泉赋〉》:"天阃决兮地垠开,八荒协兮万国谐。"李善注:"决,亦开也。"故"挑"有"用手穿破或挑破某物"义。

(二)【挑动】

《语类》中的语义:用手拨动、挑起。

然虽不说,只才挑动那头了时,那个物事自跌落在面前。如张弓十分满而不发箭,虽不发箭,然已知得真个是中这物事了。(4,60,1454)

这里"挑、动"近义连文,构成并列式合成词。《语类》中仅此一例,义为"拨动、挑起",使用了"挑动"一词的基本义,属于典型的手作义范畴。

检索文献,尚未见到其他同类用例,仅有《语类》中这一例,说明"挑动"一词的基本义使用并不广泛。

现代汉语中,"挑动"一词常见,使用广泛,多用本义,有时也用作比喻义,心理认知上的"挑起,撩拨"义,属于抽象义,再无实在的手作义。

(三)【挑载】

《语类》中的语义:挑选。

本来诸先生之意,初不体认得,只各人挑载得些去,自做一家说话,本不曾得诸先生之心。(8,121,2924)

按:"挑"有"用手拣择或挑选出"义。玄应《一切经音义》卷二:"《说文》:'挑,抉也。'以手挑出物。"章炳麟《新方言释言》:"金人谓简择曰挑,本是洮字。唯洮米作本字耳。"《红楼梦》第二十五回:"你不嫌不好,挑两块去就是了。"

这里"载"为词尾,无实义。《语类》中仅此一例。检索文献也仅《语类》中这一例。

后代文献中未见"挑载"一词,现代汉语中消失。

(四)【挑入】

《语类》中的语义:用手穿破而进入。

譬以旧屋破倒,即自挑入新屋。(8,126,3013)

按:《说文·入部》:"入,内也。象从上俱下也。"《玉篇·入部》:"入,进也。"《春秋·隐公二年》:"夏五月,莒人入内。"因此,"入"义为"进入,由外至内"。

"挑"有"穿也"义,指用手穿破而入。"挑、入"近义连文,构成并列式合成词,义为"进入或穿透而入"。《语类》中仅有一例,例中,"挑入"后带宾语。

该词最早出现于宋代文献中,如上面《语类》中用例。是近代汉语才出现的新词,使用频率并不很高,其他文献尚未见到用例。在《金瓶梅》中有一例,如下:《金瓶梅》第一百回:那来旺儿一面把担儿挑入里边院子里来,打开箱子,用篾儿托出几件首饰来:金银镶嵌不等,打造得十分奇巧。

这一例中的"挑入"义当为"以肩担物而入"。其中的"挑"义即为"以肩担物"。

现代汉语中,"挑入"一词词义同《金瓶梅》中"挑入"。"挑入"一词在宋代成词,到现代汉语中仍在使用,只是语义发生了转移。由"进入或穿透而入"义转移为"以肩担物而入"义。

(五)【挑拨】

《语类》中的语义:用手拨物使动。与"挑动"的基本义同。

周贵卿问"动静者,所乘之机"。曰:"机,是关捩子。踏着动底机,便挑拨得那静底;踏着静底机,便挑拨得那动底。"(6,94,2376)

按:《释名·释言语》"拨(bō),使开也"。如:《史记·扁鹊仓公列传》:"医有俞跗,治病不以汤液醴洒,镵石挢引,案扤(抚)毒熨,一拨见病之应。"《礼记·曲礼上》:"将即席,容毋怍,两手抠衣去齐尺,衣毋拨,足毋蹶。"郑玄注:"拨,发扬貌。"孙希旦集解:"趋走则衣易拨开,行易卒遽。毋拨毋蹶,皆为其失容也。"唐白居易《题卢秘书夏日新栽竹》:"撑拨诗人兴,勾牵酒客欢。"

这里"挑、拨"同义连文,构成并列式合成词,其词义重心强调手作动作义。即"用手拨物使动"。《语类》中仅有一例,如上所示。

检索文献，其他文献中尚未见此用例。现代汉语中，"挑拨"一词的基本义也较少使用，而其引申义"用言语离间关系"却成了"挑拨"一词的常用词义。

二 口作义语义范畴，其构式为"挑+口部动作词"

"挑+吃、喝"类合成词，这类词《语类》中仅有一个，即"挑吃"一词。

（一）【挑吃】

《语类》中的语义：一种用汤匙等餐具吃东西的方式。

今福州红糟，即古之所谓醴酒也，用匙挑吃。（8，138，3294）

按：《语类》中仅有这一例。其他文献中尚未见用例。到现代汉语中，有"挑吃"一词的用例，常用在"挑吃挑喝、挑吃挑穿"这样的构式环境里，否定形式往往为"不挑吃挑喝、不挑吃挑穿"。义为"对衣食进行挑选或挑剔"。显然和《语类》中"挑吃"一词意义不同，如下例证：

老舍《火车集·一封家信》：是的，老范不错，不挑吃不挑喝的怪老实，可是，只能挣二百元哟！

老舍《赶集·也是三角》：幸而李先生转了个大弯：咱们弟兄自然是图个会洗衣裳做饭的，不挑吃不挑喝的，不拉舌头扯簸箕的，不偷不摸的，不叫咱们戴绿帽子的，家贫志气高的大姑娘。

"挑吃"并不是一个常用词语，检索文献，也仅《语类》中这一例，其他文献典籍中尚未见用例。

《语类》中虽只有一例"挑吃"，但这一例很重要，"挑"开始和"口部动作"类词语组合成词了，这就使"挑×"类词群的语义泛化为言说义提供了重要的演变条件，让"挑×"进入言说义范畴成为事实。

三 言说义语义范畴

（一）"挑×"+言说动词或名词

这组词群的构式为"'挑×'+言说义词语"，"挑×"已经有了言说义，只是在使用中，还需要其后紧跟言说义词语，或该言说义词语不一定紧跟其后，只在句中出现，是"挑×"动作行为的承受对象。

1．【挑开】

《语类》中的语义：展开或敞开（说）。

若论文王易，本是作"大亨利贞"，只作两字说。孔子见这四字好，便挑开说了。所以某尝说，易难看，便是如此。(1,1,2)

按：《韩非子说难》："贵人有过端，而说者明言礼义以挑其恶，如此者身危。"旧注："挑，谓发扬也。"因此，"挑"有"揭开"义。

《说文·门部》："开，张也。"《玉篇·门部》："开，张也。"故，"开"引申出"展示、展现"义。晋左思《魏都赋》："《河》《洛》开奥，符命用出。"宋苏舜钦《中秋松江新桥对月和柳令之作》："云头艳艳开金饼，水面沉沉卧彩虹。"清龚自珍《乙酉十二月十九日得汉凤纽白玉印一枚喜极赋诗》："小说冤谁雪？灵踪阒忽开。更经千万寿，永不受尘埃。"

这里"挑、开"近义连文，构成并列式合成词，义为"展开或敞开（说）"。

检索文献，"挑开+说"式用法最早见于《语类》中，其他文献中均未见用例。而现代汉语中，使用频繁，如下：

陈建功、赵大年《皇城根》六十二：金枝冷冷一笑，"迟早会有人跟我把这事儿挑开。可我万没料到，扮演这角色的，竟然是你！"

陈建功、赵大年《皇城根》九十：虽说和金秀还算是两口子，可自从把心里话挑开了，他们就不过两口子的日子了。

小楂《客中客》：这点心思终于被老郝捅破了。两人有一天干脆把话挑开了说。

"挑开"一词《语类》中仅有一例，其中"开"为并列成分，"挑开"为并列式合成词，其后紧接言说动词"说"，这里的"挑开"已经进入"言说"义范畴，只是其后还会接"说"来进一步肯定了其"言说"义。

从现代汉语中三例可以看出，"挑开"作"言说"义时，用法较灵活，后可以不接"说"等"言说"动词，这说明"挑开"已经是一个可以独立使用的典型的"言说"义动词了，如《皇城根》六十二中的例证。也可以把宾语"话"之类的词提前，如《皇城根》九十中的例证。还可以在"挑开"和"说"之间加入"了"，如《客中客》里的例证。

2.【挑（diào）转】

《语类》中的语义：调转话题。

如放齐称"胤子朱启明"，而尧知其嚚，尧之明是以知之，是先觉

也。凡"抑"字，皆是挑转言语。旧见南轩用"抑"字，多未安。(3，44，1135)

按：这里的"挑"要读为diào。《说文·车部》"转，还也，从车，专声。"后有"转调"义。如：《淮南子·齐俗训》："其歌乐而无转，其哭哀而无声。"汉桓宽《盐铁论·相刺》："善声而不知转，未可为能歌也。"马非百注："转……即转调的意思。"由"转调"义可引申出"转话题"义。

故这里的"挑、转"近义连文，构成并列式合成词，义为"调转话题"。《语类》中仅有一例，"挑转"一词后紧跟"言语"一词，其构式为"'挑转'+言语"，更加肯定了"挑转"一词的言说义。

该词最早出现在宋代文献中，除《语类》中例证外，另见宋代其他文献例证：

宋葛立方《韵语阳秋》卷二："连绵字不可挑转用，诗人间有挑转用者，非为平侧所牵，则为韵所牵也。"

检索文献，仅有这两例，现代汉语中，该词消失。

(二) 引申为言说义语义范畴

1.【挑剔】

(1)《语类》中的语义：(用语言) 指点或教导。

曰："书亦难点。如大诰语句甚长，今人却都碎读了，所以晓不得。某尝欲作书说，竟不曾成。如制度之属，祇以疏文为本。若其他未稳处，更与挑剔令分明，便得。"(5，78，1981)

按：剔，本为解也。后引申为"剔、拨动"义。如《新唐书哥舒翰传》："翰刺其喉，剔而腾之。"宋范成大《晓枕闻雨》："剔灯寒作伴，添被厚如埋。"《老残游记》第十回："初起不过轻挑漫剔，声响悠柔。"

《汉语方言大词典》："剔拨：动词，指点、指导。冀鲁官话。山东淄博一带。"《醒世姻缘传》第二三回："这两个学生将来是两个大器，正该请一个极好的明师剔拨，方好。"

因此，"剔"可以抽象引申为"指点"义，"挑剔"近义连文，构成并列式合成词，义为"指点、指导"。这个"指点"义中肯定含有"言说"成分，因为"指点"就是用"语言"去"指点"的。如：《五灯会元·黄山轮禅师法嗣·鄂州桐泉禅师》："'请师挑剔。'师曰：'擂鼓转船头，棹穿波里月。'"

《语类》中仅有一例。该词最早出现在宋代文献中,是一个近代产生的新词语。

(2) 其他文献例证。

明《西游记》第五十回:本体常清净,方可论元初。性烛须挑剔,曹溪任吸呼,勿令猿马气声粗。

清代文献中尚未见到用例。

(3) 现代汉语里的语义及例证使用情况。

现代汉语中,"挑剔"一词多用为"过分指责或从细微中挑刺"义。如下例证:

鲁迅《彷徨·孤独者》:寒石山老例,当这些时候,无论如何,母家的亲丁是总要挑剔的;他却只是默默地,遇见怎么挑剔便怎么改,神色也不动。

张爱玲《倾城之恋》四:白四奶奶就说:"这样的人,想必是喜欢存心挑剔。我们七妹是庶出的,只怕人家看不上眼。放着这么一门好亲戚,怪可惜了儿的!"

老舍《四世同堂》第二部第三章:因为满意自己,所以她对别人不能不挑剔。

此义在明代就已有用例,如明《封神演义》第十九回:妲己枕边挑剔,乘机奏曰:"妾身启陛下!夜来伯邑考无心传琴,反起不良之念,将言调戏;甚无人臣礼,妾身不得不奏。"

此义从明代出现一直沿用至现代汉语中,故"挑剔"一词经历了语义转移及感情色彩的转移的一个变化。由"指点"义到"过分指责或挑刺"义,感情色彩从褒义变为贬义。

2.【挑动】

(1)《语类》中的语义:使用为引申义,撩拨逗引。

某自点二州,知常平之弊如此,更不敢理会。看南康自有五六万石,漳州亦六七万石,尽是浮埃空壳,如何敢挑动!这一件事,不知做甚么合杀?某在浙东尝奏云,常平仓与省仓不可相连,须是东西置立,令两仓相去远方可。(7,106,2641)

按:《说文段注》:"挠者,扰也。扰者,烦也。挑者,左传云挑战是也。"《广韵·萧韵》:"挑,挑拨。"《正字通·手部》:"挑,拨也;诱也。"如:《列子·杨朱》:"乡有处子之娥娇者,必贿而招之,媒而挑之。"殷敬顺释文:"《仓颉篇》云:'挑,招呼也。'《说文》作誂,相诱也。"《史记·司马相如列传》:"是时卓王孙有女文君新寡,好音,故相如缪与令相重,而以琴心挑之。"司马贞索隐引张揖曰:"挑,娆也。以琴中娆之。"

从以上字书对"挑"的解释可以看出,"挑"不只是一个动作性很强的手作动词,大多数时候是用来指对别人情绪或情感的一种"撩拨逗引"义,如现代汉语中的:"挑逗、挑是非、挑衅"等词。

故"挑动"不仅只是一个动作性很强的手作动词,大多数时候用来指对人情绪或情感的"撩拨逗引"义。如:《汉书·司马相如传上》:"以琴心挑之。"唐颜师古注:"寄心于琴声,以挑动之也。"《警世通言·金令史美婢酬秀童》卷第十五:"谁知人心不同,倒挑动了家长的一个机栝,险些儿送了秀童的性命。"

(2)其他文献例证。

"挑动"一词最早见于汉代文献中,如上所引例证,先秦就已成词。只是直到宋代以后,文献例证才开始渐多,具体如下:

元《全元曲·〈双调〉忆维扬》第四折:记相逢杨柳楼心,仗托琴心,挑动芳心。咒誓铭心,疼热关心,害死甘心。

明《二刻拍案惊奇》卷二十九:官人将言语挑动他,女子微有羞涩之态,也不恼怒。

清《十二楼》第三回:当不得事势艰难,卒急不能到手,就终日在主人面前窥察动静,心上思量道:"说坏的事要重新说他好来,容易开不得口,毕竟要使旁边的人忽然挑动,然后乘机而入,方才有些头脑。"

(3)现代汉语中,"挑动"一词的使用情况。

现代汉语中使用频繁,例证如下:

周而复《上海的早晨》第一部二十一:"他跨进家里的门槛以前,早打定主意设法和她离婚,提不出啥理由来,就有意挑动她的感情。"

张贤亮《习惯死亡》第三部:眼风比手的抚摸更能挑动起情欲,而你的一瞥正好恰如其分。

"挑动"一词自成词一直到现代汉语中,一直延续使用,表现出了旺盛的生命力,词义也未发生变化。

3.【挑拨】

(1)《语类》中的语义:使用引申义,撩拨逗引。与"挑动"同义。

"克复"二字，只是拖带下面二字，要挑拨出天理人欲。非礼勿视听言动，不是非礼是一个物事，礼又是一个物事，勿又是一个物事。(6，96，2466)

按：后来，"拨"引申出"挑动；逗引"义。如：唐秦韬玉《长安书怀》诗："凉风吹雨滴寒更，乡思欺人拨不平。"《金瓶梅词话》第一回："那妇人时常把些言语来拨他。"

故"挑拨"义为"撩拨逗引"，此义重在指对别人情绪、情感及某种欲望的挑逗或逗引。《语类》中仅有一例，例中"挑拨"后直接跟补语，然后又接宾语，宾语"天理人欲"就指人的一种欲望。

（2）其他文献例证。

该语义最早出现于宋代文献中，除《语类》中的这一例证外，还有其他宋代文献例证，如下：

宋《虚堂和尚语录》卷第一：守得乌薪暖气回。夜深寒重易成灰。因思百丈重挑拨。转使沩山眼不开。

明《水浒传》第二十回：便把宋江衣袖扯住了，发话道："是谁挑拨你？我娘儿两个下半世过活都靠着押司。外人说的闲是非都不要听他，押司自做个主张，我女儿但有差错，都在老身身上。押司胡乱去走一遭。"

明《初刻拍案惊奇》卷三十四：日常有些俗客往来，也有注目看他的，也有言三语四挑拨他的。

清《歧路灯》第十回：目今料朝中必有挑拨人员，兵前听用之举，若说弟有心规避，这效命疆场，弟所不惮，此情固可见信于兄；但行兵自有主将，而必用内臣监军，弟则实难屈膝。

（3）现代汉语中的使用情况。

现代汉语中，"挑拨"一词仍广泛使用，为典型的言说动词，义为"搬弄是非，调唆"等。如下例证：

张爱玲《红玫瑰和白玫瑰》：莫说他和士洪够不上交情，再是割头换颈的朋友，在人家夫妇之间挑拨是非，也是犯不着。

老舍《赵子曰》二十一：他为什么现在告诉你，而以前没求你作过一回事？是不是他和王女士的关系已到成熟的程度，要挑拨你我以便借刀杀人？

钱锺书《围城》：心里咒骂着周太太，今天的事准是她挑拨出来的，周经理那种全听女人作主的丈夫，也够可鄙了！

这一小类里的两个词"挑动、挑拨"同义,"撩拨逗引"是这两个词的引申义,均从基本义"用手拨动物品使其动"引申而来。这类属于抽象意义上的言说义,因为"撩拨逗引"中就含有"言说"义,所以也当归于"言说"义的语义范畴里。

(三) 典型的言说义,其构式为"挑+言说义动词"

这类中有两个词,"挑问、挑讲"。这两个词,是从前一组的"挑剔、挑剔揩磨"这两个词进一步引申发展而来,"指点和教导"中也会含有"启发"等义。

另外,"挑"后直接跟典型的言说动词"问"和"讲",这就使"挑问"和"挑讲"这两个合成词,也便进入了典型的言说义语义范畴。

1.【挑问】

《语类》中的语义:提问。

向时尚有《开宝通礼》科,令其熟读此书,试时挑问。后来又做出《通礼》,如注释一般。(6,90,2295)

此词最早出现于《语类》中,且仅有一例,其他文献尚不多见,一直到明代,有一个用例,如下:

明《醒世恒言》第二十八:朝饭已后,终是放心不下,又进去探觑,把远话挑问。

2.【挑讲】

《语类》中的语义:启发式的讲解。

或问:"今日挑讲,诸生所请何事?"曰:"萍乡一士人问性无复。其说虽未是,其意却可进。"(7,108,2864)

检索文献,仅有《语类》中这一例。现代汉语中,也未见此词。

四 "挑×"组小结

"挑"经历了一个由动作性很强的手部动作动词到言说义动词的发展演变过程,先是和表言说义的动词或名词搭配使用,然后慢慢成为一个抽象意义上的言说动词,最后完全进入典型的言说义语义范畴。其过程具体如下:第一层次:作典型的手作动词,其成员有"挑、挑动(基本义)、挑拨(基本义)、挑载、挑入"共五个;第二层次:和口部动作动词组合使用,成员只有一个,"挑吃",这为向"言说"义发展迈出了第一步;第三层次:后接言说义动词或名词,成员有"挑开、挑转"两个,这两个词已经开始带有了言说义，但还不属于典型的言说义动词；第四层次：抽象义上的言说义，成员有"挑剔、挑动（引申义）、挑拨（引申义）"，这义层次为"挑×"成为典型的言说动词做好了最充分的准备；第五层次：做完整的言说义，进入到了典型的言说义语义范畴中，成员有两个，"挑问、挑讲"。

  导致这个过程的发生的机制之一为隐喻，隐喻在这一变化过程中起着关键性的作用。另外，这一过程中还有一个机制也很重要，就是动词的次类变换，具体来说，就是"挑×"中"×"的变换，及"挑×"的后接成分的变换。故促使"挑×"从手作动词成为言说动词的机制分别为隐喻和动词的次类变换。

第三章

手作义词群研究（三）

第一节 "摸×"组词群

"摸"，《广雅·释言》："摸，抚也。"王念孙《广雅疏证》："《方言》：'摸，抚也。'郭璞注云：'谓抚循也。'"由此可知，"摸"本义指"用手触碰或轻轻抚摸"，如《三国志·魏志·华佗传》："使人摸知所在，在左则男，在右则女。"由手部动作义"触碰或抚摸"的具体动作而引申出"探求；获取；了解"义，如《五灯会元·太阳玄禅师法嗣·白马归喜禅师》："师曰：'半句也摸不着？'"这里的"摸"带有猜测、揣测的语义倾向。

《语类》中，表"揣摩"义的"×摸/摸×"组词群共有六个词，分别为"捉摸""著摸/着摸""揣摩""描摸、摸索、探摸"等，它们构成一个以"摸"为中心词素的词群，构成了同一个语义范畴。因"摸"有"猜测；揣测"义，所以这组词群都可表"猜测；揣测"义。下面分别讨论。

一 【捉摸】

1.《语类》中的语义：揣测；摸索。

凡人便是生知之资，也须下困学、勉行底工夫，方得。盖道理缜密，去那里捉摸！(1，8，135)

圣人言语，皆天理自然，本坦易明白在那里。只被人不虚心去看，只管外面捉摸。及看不得，便将自己身上一般意思说出，把做圣人意思。(1，11，179)

凡看文字，端坐熟读，久久于正文边自有细字注脚迸出来，方是自家见得亲切。若只于外面捉摸个影子说，终不济事。(2，19，440)

寻常祭祀，犹有捉摸。到禘时，则甚渺茫。盖推始祖之所自出者，而祭之于始祖之庙，以始祖配之，其所禘者无庙无主，便见圣人追远报本之意，无有穷已。若非诚敬之至，何以及此！（2，25，617）

才就这边来，便是自工夫。这正是为己为人处。公今且要理会志趣是要如何。若不见得自家身己道理分明，看圣贤言语，那里去捉摸！（7，114，2758）

按：捉，本义为"持，握"。《说文·手部》："捉，搤也。一曰握也。"《广雅·释诂三》："捉，持也。"《左传·僖公二十八年》："叔武将沐，闻君至，喜，捉发走出。"

"持、握"为具体的动作，典型的手作动作义，后由具体的手作动作义"持、握"而引申为思维认知域上的"把握，捉摸"义。如宋陈亮《朱晦庵画像赞》："置之画台捺不住，写之云台捉不定。"《警世恒言·薛录事鱼服证仙》："也有闻召即住的，也有请杀不去的，甚是捉他不定，大抵只要心诚他便肯来。"

"捉""摸"同义连文，构成并列式复合词。据"捉"之"把握；捉摸"义知，"捉摸"就是"把握"义，即为"揣测；猜测"之义。《语类》中出现26例，且多用作否定形式，"无捉摸、无可捉摸、难捉摸、没捉摸，捉摸不着，捉摸不定"等。《语类》为文人讲学的口语文献，以上各种否定形式的"捉摸"，义为"不能把握、不能揣测"等，也就是说不明白、不理解之义，体现了浓郁的讲学色彩。

2. 其他文献例证情况。

唐杨益《撼龙经·葬法倒杖·倍八卦》："突象既彰，阴脉单现，渺茫无际，恍惚无栖。无际则居止难定，无栖则捉摸难依。"

五代奇邱邱《玉管照神局》卷下：夫鹰形者，头方顶圆侧目，鼻曲眉薄口小，行急耳卓，常怀嫉妒，性难捉摸，为事猛浪。

宋赵长卿《满江红》："人心险，天又怎生捉摸？"

明徐渭《电》诗：灭明难捉摸，搜索愈逃遁。

明徐上达《印法参同》卷一：化而为神，犹可仿佛模拟，必其玄妙莫测，捉摸不定，恍如水月，斯进与技而神与俱也。

明《水浒传》第二回：休说众人欢喜饮酒，却说朱武、杨春两个，正在寨里猜疑，捉摸不定。

清赵翼《瓯北诗话·七言律》：东坡出，又参以议论纵横变化，不可捉摸。

清吴趼人《劫馀灰》第十四回：叔父说话，每每是指东说西的，令人捉摸不定。

从文献例证可以看出，"捉摸"一词最早出现在唐代文献中，但宋元时期其他文献中的"捉摸"用例并不多，可《语类》中使用频率较高。《朱子语类》中"捉摸"有二十六例，多作"揣测；猜测；摸索"义，既可以作动词也可以用作名词，那么，既可以用作谓语也可以用作宾语。

宋元以后，明清文献中开始大量使用"捉摸"，习见于明清文献中，后"捉摸"一直沿用至现代汉语中，且意义没有发生改变，这反映了"捉摸"一词词义发展的稳定性。

二　【著摸】

1. 《语类》中语义：犹"捉摸"。

"其体则谓之易，其理则谓之道，其功用则谓之鬼神。"易是阴阳屈伸，随时变易。大抵古今只是大阖辟，小阖辟，今人说易，都无著摸。（6，95，2423）

敬夫高明，他将谓人都似他，才一说时，便更不问人晓会与否，且要说尽他个。故他门人，敏底秪学得他说话，若资质不逮，依旧无著摸。（7，103，2605）

此亦只是为公孙丑不识"浩然之气"，故教之养气工夫缓急云，不必太急，不要忘了，亦非教人于无著摸处用工也。（7，104，2617）

按："摸"引申义为"探求；了解；获取。"宋《五灯会元·太阳玄禅师法嗣·白马归喜禅师》："师曰：'半句也摸不着。'"《红楼梦》第一一九回："可不是，亏了姥姥这样一办！不然，姑娘也摸不着那好时候。"

这两个例句中"摸不着"为"著摸"的否定式，义为"不能把握；不了解；不明白"义，也就是"揣测"义。跟今口语常说的"摸不着头脑"同义。

2. 其他文献例证情况。

《二程遗书》卷二上："凡学之杂者，终只是未有所止，内不自足也。譬之一物，悬在空中，苟无所倚着，则不之东则之西，故须著摸佗别道理，只为自家不内足也。"

除《朱子语类》和《二程遗书》中"著摸"的用例外,《全宋词》共使用4次。后代元明清文献中用例也极少。

3. 辞书中的"著摸"。

《宋语言词典》收有"著摸"一词,释为:"切实地把握,准确地理解。"列举例证为《语类》中例证,即《朱子语类》卷九五:"今人说易,都无著摸。"

《汉语大词典》也收有"著摸",亦云:"捉摸。"所举例证与《宋语言词典》同,即《朱子语类》卷九五:"今人说易,都无著摸。"可知,"著摸"与"捉摸"同义。

根据《宋语言词典》和《汉语大词典》所释"著摸"义,《朱子语类》中的"著摸",全书出现三例,全部用"著摸"的否定形式"无著摸",如上例证中,前两例作谓语,最后一例作定语,义即没有准确把握,没有正确理解。现代汉语中无"著摸"一词,偶尔有"着摸"一词。

三 【揣摸】【揣摩】

1. 《语类》中的语义:推测;揣测。

今之学者不曾亲切见得,而臆度揣摸为说,皆助长之病也。(1,9,158)

密,分毫间便相争。如不曾下工夫,一时去旋揣摸他,只是疏阔。真个下工夫见得底人,说出来自是胶粘。旋揣摸得,是亦何补!士毅。广同。(1,9,159)

若白地将自家所见揣摸他本来意思不如此,也不济事。(6,84,2186)

按:揣,本义为"揣"本指量度、衡量(高低)。典型的手作动作义。如《孟子·告子下》:"不揣其本,而齐其末,方寸之木可使高于岑楼。"《说文·手部》:"揣,量也。度高曰揣。"《方言》卷十二:"度高曰揣。"《广韵·纸韵》:"揣,度也;量也。"《广韵·纸韵》:"揣,度也。"

揣,引申义"忖度;估量"。如《韩非子·八说》:"尽思虑,揣得失,智者之所难也。"又《史记·郦生陆贾列传》:"陆生曰:'何念之深也?'陈平曰:'生揣我何念?'"裴骃《集解》引孟康曰:"揣,度也。"

"揣摸"近义连用,组合成并列式复合词"揣摸",表示"猜测;推测"。《语类》中有四例,《朱熹文集》又见七例。

2. 其他文献例证情况。

唐徐坚《初学记》卷二十三《道释部》:"门下,凝觉澄冲,事超俗外,揣摸莞赜,理寄忘言。"

明王阳明《王阳明集》卷二语录二:"讲之以口耳,揣摸测哽,求之影响者也。"又明顿锐《恶峪行》:"岂似人心更险巇?机穽窕深难揣摸。"

3. 《语类》中"揣摸"的同义词"揣摩"。

《语类》中"揣摩"同"揣摸"。

且如"逆诈、亿不信"与"先觉"之辨:逆诈,是那人不曾诈我,先去揣摩道,那人必是诈我;亿不信,是那人未有不信底意,便道那人必是不信;先觉,则分明见得那人已诈我,不信我。(1,11,184)

又况自家一布衣,天下事那里便教自家做?知他临事做出时如何?却无故平日将此心去扭揘揣摩,先弄坏了!(5,73,1848)

徐问文中子好处与不好处。曰:"见得道理透后,从高视下,一目了然。今要去揣摩,不得。"(8,137,3267)

按:摩,本义为"摩擦"。手作动作义。《说文·手部》:"摩,研也。"《广韵·戈韵》:"摩,研摩。"南北朝时期,"摩"义为"抚摸",这里仍为手作动作义。如《陈书·徐陵传》:"宝志手摩其顶,曰:'天上石麒麟也。'"因"摩"与"摸"音同而相通,故"揣摩"通"揣摸"。

4. 其他文献例证情况。

《战国策·秦策一》:(苏秦)乃夜发书,陈箧数十,得太公《阴符》之谋,伏而诵之,简练以为揣摩。

唐宋代时,"揣摩"引申出"估量;忖度"义。

唐高适《封丘作》:揣摩惭黠吏,栖隐谢愚公。

宋陆游《老学庵笔记》卷八:吕吉甫问客:"苏子瞻文辞似何人?"客揣摩其意答之曰:"似苏秦张仪。"

宋李焘《续资治通鉴长编》卷三百六十七:由滋章狱事,至大任用,揣摩人意为履业。

明孟称舜《桃花人面》第二出:思他念他,这泪脸儿没处躲。咱将痴心儿自揣摩,未必他心似我。

明黄宗羲《明儒学案》卷十七《江右王门学案》二:而世之揣摩测度、依傍假借为体认,而反害之者多矣。

以上例证可以看出，"揣摩"成词很早，在先秦文献中就有了例证。可"揣摩"一词的"估量；忖度"义在唐宋时期才出现，例证见上面。

从例证还可以看出"揣摩"比"揣摸"成词时间早，"揣摩"因成词较早，故为上古旧词，"揣摸"成词较晚，是唐宋时期产生的新词，从"揣摸"产生后，也即从唐宋开始，"揣摩"与"揣摸"都可以表示"捉摸；揣测"义，故可以共存于《朱子语类》中表达同一语义。现代汉语中"揣摸"消失，只保留了"揣摩"一词。《现代汉语词典》（第七版）释"揣摩"为"反复思考推求；揣度"。

四 【描摸】

1. 《语类》中语义：捉摸；揣测。

看文字如捉贼，须知道盗发处，自一文以上赃罪情节，都要勘出。若只描摸个大纲，纵使知道此人是贼，却不知何处做贼。（1，10，164）

"言性与天道"，是所见直恁地高，人自描摸他不着，差见得是聪明。（4，50，1214）

曰："最难看。须是轻轻地挨傍它，描摸它意思，方得。若将来解，解不得。须是看得道理大段熟，方可看。"（7，97，2480）

人合是疑了问，公今却是拣难处来问，教人如何描摸？若说得，公又如何便晓得？（8，121，2930）

按："描"，有"摹写"义。典型的手作动作义。《广韵·宵韵》："描，描画也。"《正字通·手部》："描，摹画。《六书故》：描摹声相近，描轻而摹重。"唐白居易《小童薛阳陶吹觱篥歌》："缓声展引长有条，有条直直如笔描。"

"摸"有"探求；摸索"义，探求摸索表示的是一个思维过程，这个过程中必定包含可否揣测或不确定的因素，故"描摸"引申有"揣测；捉摸"义。

2. 其他文献例证情况。

宋刘克庄《忆秦娥·感旧》：古来成败难描摸，而今却悔当时错。

宋吴潜《履斋先生诗余》：正使百年能几许，看来万事难描摸。问吴王、池馆复何如，霜枫落。

宋周密《杏花天·昭君》：丹青自是难描摸，不是当时画错。

宋俞文豹《吹剑录外集》：犹之传神，面目易描写，容止气象难描摸。

从文献例证可以看出,"描摸"为近代汉语新词,主要见于宋代文献典籍中,通过文献检索,后代文献中尚未见用例。现代汉语中消失。

五 【摸索】

1. 《语类》中的语义:探求;寻求。

仁义礼智,性也。性无形影可以摸索,只是有这理耳。(1,6,108)

若只管去摸索,费尽心力,只是摸索不见。(1,8,131)

"心"字卒难摸索。心譬如水:水之体本澄湛,却为风涛不停,故水亦摇动。(1,15,306)

且其为说,吃紧是不肯教人读书,只恁地摸索悟处。(2,27,684)

世间有两种:有一种全不知者,固全无摸索处;又有一种知得仁之道如此大,而不肯以身任之者。(3,35,929)

颜子钻仰前后,只得摸索不着意思。(3,36,964)

只是说难学,要学圣人之道,都摸索不着。(3,36,969)

禅学后来学者摸索一上,无可摸索,自会转去。若功利,则学者习之,便可见效,此意甚可忧!(8,123,2967)

按:"索",《小尔雅·广言二》:"索,求也。"《玉篇·索部》:"索,求索也。""索"在先秦时有"探求"义,如《易·系辞上》:"探赜索隐,钩深致远。"孔颖达疏:"索,谓求索。"

"摸"与"索"都有"探求"义,故二者同义连文,构成并列式复合词"摸索",义为"探求;寻求"。《语类》中"摸索"有十三例。《朱熹文集》见两例"摸索",如卷五十二:"若添着一'求仁'字,即转见支离,无摸索处矣。"《文集》中用例义同《语类》。

2. 其他文献例证情况。

唐刘𬛭《隋唐嘉话》卷中:许敬宗性轻傲,见人多忘之。或谓其不聪。曰:"卿自难记。若遇何、刘、沈、谢,暗中摸索着,亦可识之。"

宋刘克庄《沁园春·答九华叶贤良》:英雄埋没蓬蒿,谁摸索当年刘与曹。

宋吴潜《履斋先生诗余·续集》:每怀天下士,要与共艰危。谁知暗里摸索,得此世间奇。

元李道纯《中和集》卷六:若一味谈空,如何摸索?

明徐弘祖《徐霞客游记·粤西游日记一》：其半崖坪中有石如犀角，独耸无依，四旁多磨剔成碑，但无字如泰山，令人无从摸索耳。

清黄宗羲《黄梨洲文集》卷八《寿序类》：其出而架漏牵补乎天地者，又非意中摸索之人物。

从以上文献例证可以看出，"摸索"一词最早出现在唐代文献中，属于近代汉语中产生的一个新词，且习见于元明清文献，经过元明清时期的习用，沿用至现代汉语中，"摸索"一词在现代汉语中仍为常用词。保存下来。《现代汉语词典》（第八版）释"摸索"为（1）试探着（进行）；（2）寻找（方法、方向、经验等）。

六 【探摸】

1. 《语类》中语义：探寻；探求。

若旧时看文字，有一段理会未得，须是要理会得，直是辛苦！近日却看得平易。旧时须要勉强说教得，方了，要知初间也着如此着力。看公如今只恁地慢慢，要进又不敢进，要取又不敢取，只如将手恁地探摸，只怕物事触了手相似。若恁地看文字，终不见得道理，终不济事，徒然费了时光。（7，120，2888）

按：探，《说文·手部》："探，远取也。"《尔雅·释诂上》："探，取也。"郭璞注："探者，摸取也。"后"探"引申出"探求；探究"义。从手作义进入了认知义。《谷梁传·隐公元年》："已探先君之邪志，而遂以与桓，则是成父之恶也。"故"探摸"为同义连文的复合词。《语类》中一例。《语类》中"探摸"语义上较为抽象化，用在对文字的探究、理会语境中有据"探摸"出现的语境，故应释为"探寻；探求"义。

2. 其他文献例证。

《南无诸佛要集经》卷五：或于精舍院宇行不净行共相探摸。

清袁枚《续子不语》卷七：忽探摸其枕惊曰："我暗藏银四锭在内，无一人知道，如何失去？"

检索文献，"探摸"的例证不多，在《语类》中为孤例，其他文献中也只有这两例，可见，"探摸"并不是一个常用词，现代汉语中"探摸"消亡。

七 "×摸/摸×"组词群小节

这组词群数量较少，此处只选出六个词语做讨论。不再把"×摸/摸

×"做典型手作动作义的词罗列出来，只选取这组词群用作认知义的六个词。

但从上文词义分析中明显可以看出，"摸"组词群的认知义确实是从手作动作义直接进入到认知域语义范畴了，到了认知域后再也没有新的发展，不像第一章的"提×、批×、挑×、探×"等五组词群一样，首先从手作义到认知义，最后还进入了言说义语义范畴。所以，这组词群情况就简单多了。

这组词群在语义发展演变途径上情况较简单。下面我们从其他方面对这组词群做一小结。

总之，《语类》中的这组词都表示"揣测；猜测"语义范畴。这一语义本是指对某种东西的抽象地探求、寻求，这与宋儒文人严谨治学精神以及理学思想密切相关，体现理学色彩。

这组词语另一个最显著特点即都是近代汉语中产生的新词新语，主要习见于宋代文献中，具有明显的口语化倾向，属于宋代古白话词汇，"揣摸""描摸"还有声近而义通词，分别为"揣摩""描摹"，这在一定程度上反映了唐宋时期近代汉语词汇的丰富与成熟程度，同时，也反映了宋代文人驾驭口语词汇的熟练技巧。

从汉语史的角度看，汉语发展到宋代时口语化倾向已经非常明显，也是中古汉语向近代汉语过度的中间状态，即将完全进入古白话时期，由古语旧词向新词发展的过程，因此，其中出现许多因声近而义通的口语词。《语类》中这组词群即反映了这个特征。

第二节 "寻×"组词群

一 【寻】《语类》中的语义：探求；考索

而今讲学用心着力，却是用这气去寻个道理。（1，4，72）
读书，须是看着他缝罅处，方寻得道理透彻。（1，10，162）
按：《说文·寸部》："寻，绎理也。"本为古代长度单位，八尺为寻。如《诗经·鲁讼·閟国》："是断是度，是寻是尺。"郑玄注："八尺曰寻。或云七尺、六尺。"《正字通·寸部》："寻，探求也。"

清朱骏声《说文通训定声》："寻所以度物，故揣度以求物谓之寻。"

度量事物是个具体的手作动作，一旦进入思维领域，这个手作动作概念就成了抽象性的动作概念了，可理解为人对某一事物或现象所进行的抽象的揣度、考索，这样"寻"就引申出了"探求；考索"义。在《语类》中"寻"的这个语义的用例非常丰富。

二 "寻"的构词能力

《语类》中动词"寻"作为中心词素可以分别与词素"求""索""究""讨"等组合成词，构成"寻求""寻索""寻究""寻讨"等复合词，它们构成一个以"寻"为中心词素的词群。因"寻"有"探求；考索"义，且本组词均由中心词素"寻"字作联系，故语义上都表示探求、寻求。本组词是以"寻"为中心词素构成的同素词，故在构词、语义和语用等方面皆有相同之处。下面分别讨论。

三 "寻×"组词群

（一）【寻求】

1. 《语类》中的语义：寻找；探求。

须借它做阶梯去寻求，将来自见道理。(2, 19, 442)

看《易》，不当更去卦爻中寻求道理当如何处置这个。(5, 73, 1842)

依他说，为臣子也须尽心寻求，那知不有如此样？(7, 107, 2668)

按：《玉篇·裘部》："求，索也。"先秦时已有"探索；探求"义。如《论语·述而》："我非生而知之者，好古敏以求之者也。"故"寻求"为并列式合成词，表示"寻找；探求"义。

《语类》中"寻求"的用例有十七例，在句中均为动词，作谓语，表示的是思维认知域上的"探求"义，后面宾语往往为抽象事物，如义理、前人学说等。从这一用法中可以看出朱熹在讲学中对学问或义理等的探求能够体现出宋儒治学的严谨态度。

又《朱熹文集》中见8例"寻求"，如卷四十二："但今人着个'察识'字，便有个寻求捕捉之意。"

2. 其他文献例证情况。

东晋干宝《搜神记》卷十一：医人疏方，须蚺蛇胆，而寻求备至，无由得之。又东晋葛洪《神仙传》卷五："闻有马鸣生得度世之道，乃寻求,遂与相见。"

以上两例中"寻求"的语义是具体的手作动作义,即实际的"寻找"义,其所指对象也较为明确,即找东西或物品。

宋李昉《太平广记》卷十三:吾亦少更勤苦,寻求道术,无所不至,遂不能得神丹八石登天之法。

明王阳明《传习录》卷上:若解向里寻求,见得自己心体,即无时无处不是此道。

清黄宗羲《明儒学案》卷十九:诚知本体无容用其力,则凡从前着意寻求,要皆敲门瓦砾耳,门开则瓦砾诚无所施。

魏晋时,"寻求"就表示"探求"语义。从宋代始,使用频率一直都较高,习见于历代文献中。现代汉语中"寻求"保存下来,仍为常用词。

(二)【寻索】追寻;探求。

读书,须从文义上寻,次则看注解。今人却于文义外寻索。(1,11,193)

大抵《彖辞》解得《易》极分明,子细寻索,尽有条理。(5,71,1780)

若只于文字上寻索,不就自家心里下工夫,如何贯通?(7,119,2871)

按:《玉篇·索部》:"索,求索也。"先秦已有"寻求;探求"义。从构词方式看,"寻索"也为并列式合成词,表示"追寻;探求"义。《语类》中有五例。

2. 其他文献例证情况。

东晋葛洪《神仙传》卷五:阴君已服神丹,虽未升天,然以类聚,同声相应,便自与仙人相寻索闻见,故知此近世诸仙人之数尔。

东晋干宝《搜神记》卷九:充帐下都督周勤时昼寝,梦见百余人录充,引入一径。勤惊觉,闻失充,乃出寻索。

以上两个例句中,"寻索"的语义指向很明确,具体的手作动作义。从文献例证来看,"寻索"一词首见于魏晋文献中,也是中古时期产生的词语。结合上文从文献例证,得知"寻求"与"寻索"都同时出现在《神仙传》和《搜神记》这两部中古文献中,故"寻求"与"寻索"为出现在同一时期的中古词语。

"寻索"最初的文献用例表示"寻找搜索"义,动作很具体,明显的手作义，语义指向具体明确。通过检索文献，发现"寻索"一词在南北朝至隋唐五代的文献典籍中尚不多见，文献例证远远少于"寻求"。宋代时，"寻索"语义开始趋向抽象化，即由原来具体的手作动作义开始向较为抽象的语义发展，其所指对象也由具体到抽象，表示"探求"语义，即为"探求；追寻"义。如宋苏轼《苏轼集》卷九十五："纵复学之能粗通，操笔欲下仰寻索。"

从词语出现的句子语境看，"寻索"与"寻求"都用在表示对文字、义理等进行追寻和探求的语境中，体现了浓郁的理学色彩及讲学特色。

(三)【寻究】探究；探求。

1.《语类》中的语义：探究；探求。

若子细下工夫，子细寻究，自然见得。(1,5,92)

若是寻究得这个道理，自然头头有个着落，贯通浃洽，各有条理。(1,8,130)

须逐一令记得，反复寻究，待他浃洽。(1,14,257)

按：究，"探求；钻研；研究"义。《说文·穴部》："究，穷也。"《玉篇·穴部》："究，深也。"《字汇·穴部》："究，推寻也。"故"寻究"为同义复合词，表示"探究；探求"义。《语类》中有"寻究"八例，从用例可以看出，书中"寻究"主要用于对古书注解、学问或义理的探求的语境中。

2. 其他文献例证情况。

汉张苍《九章算术》卷一：然于算数差繁，必欲有所寻究也。

宋张世南《游宦记闻》卷一：然其间有常用之药，而载以异名，卒难寻究。

明徐光启《农政全书》卷十三：《史记正义》《吴地记》所载三江，并难寻究。

检索文献得知，"寻究"一词在汉代就已成词，是一个上古汉语旧词，"寻究"在汉代一产生就有"探求"的语义，但直至宋代才开始较多地使用。现代汉语中"寻究"一词消失。

(四)【寻讨】寻究；探求。

1.《语类》中的语义：寻究；探求。

所谓穷理，亦只是自此推之，不是从外面去寻讨。(4,59,1403)

儒家则须是就这上寻讨个道理方是道。(4,62,1497)

自古来圣贤讲学，只是要寻讨这个物事。（4，63，1521）

按：《说文·言部》："讨，治也。"《类篇·言部》："讨，求也。"即"研究；探讨"义。如《论语·宪问》："为命，裨谌草创之，世叔讨论之，行人子羽修饰之，东里子产润色之。"故"寻讨"为并列式复合词，表示"寻究；探求"义。"寻讨"一词在《语类》中用例较多，有三十九例。且"寻讨"所出现的语境也与"寻求""寻索"和"寻究"出现的语境相同，也是用于古代圣贤、学者等在读书讲学过程中对学问或义理等进行追求、探究的语义环境中。

2. 其他文献例证情况。

西汉东方朔《海内十洲三岛记》卷一："遣四出寻讨，不知所止到。"

此例中"寻讨"语义为"寻找"，具体的手作动作义，所指对象为具体事物。

又东汉袁绍《与公孙瓒书》："足下曾不寻讨祸源，克心罪己。"

此例语义为抽象的"探求；寻究"义。据此用例知"寻讨"的所指对象即可为具体事物也可为抽象事物，便进入表示"探求"语义的思维认识义语义范畴了。

宋程颢、程颐《二程遗书》卷十二：问有鬼神否？明道先生曰："待向你道无来，你怎生信得及？待向你道有来，你且去寻讨看。"

明王守仁《王阳明集》卷三：世儒教人事事物物上去寻讨，却是无根本的学问。

清黄宗羲《明儒学案》卷二十六：请且无求静味，只于无静味中寻讨，毋必闭关，只于开门应酬时寻讨。

现代汉语中"寻讨"一词消失。

（五）【寻摸】寻找；探求。

1. 《语类》中的语义：寻找；探求。

某说，若如此，则前面方推这心去事亲，随手又便去背后寻摸取这个仁；前面方推此心去事兄，随手又便着一心去寻摸取这个义，是二心矣。（3，35，936）

按："寻摸"是因同义复合而凝固成的并列式合成词，表示"寻找；探求"义。《语类》中只有两例。

2. 其他文献例证情况。

段成式《酉阳杂俎·诺皋记下》：三日后知无人至，乃于草中寻摸，忽得一草茎，折之长尺许，窥树上有鸟集，指之，随指而堕，因取食之。

例中语义的指向性较为具体，即具体的手作动作义，就是指具体意义上的"寻找"。这是"寻摸"最早的文献例证了，说明"寻摸"一词也是近代产生的一个新词，且起初的语义就是指手作动作义。

《语类》中的"寻摸"在语义上已经抽象化了，指认知域上的"探究"义。从例句语境可以看出是指对义理等的探求。

"寻摸"一词在近代汉语其他文献中尚不多见。现代汉语中"寻摸"保存下来，只是使用频率极低，不是常用词。可参看《现代汉语词典》（第八版）。

第三节 "索×"组词群

一 【索】《语类》中的语义：探求；寻求

巽离兑，干之所索乎坤者；震坎艮，坤之所索乎干者。（4，66，1638）

明道之学，从容涵泳之味洽；横渠之学，苦心力索之功深。（6，93，2363）

按：《说文》："索，艸有茎叶可作绳索。"《小尔雅·广器七》："大者谓之索，小者谓之绳。"本指大绳子，后可泛指各种绳索或像绳索一样的东西。《小尔雅·广言二》："索，求也。"《玉篇·索部》："索，求索也。"

据此，索，义为"探求；寻求"，如《易·系辞上》："探赜索隐，钩深致远。"孔颖达疏："索，谓求索。""索"用作"探求；寻求"义在《朱子语类》中用例非常丰富。

二 "索"的构词能力

《语类》中动词"索"作为中心词素分别与词素"究""穷""极""玩""推"等组合，构成"究索""穷索""极索""玩索""推索"等复合词，它们构成一个以"索"为中心词素的词群。因"索"有"探求；寻求"义，故语义上都可表示探求。本组词是以"索"为中心词素构成的同素词，故在构词、语义和语用等方面皆有相同之处。

三 "索×"词群

(一)【究索】

1. 《语类》中的语义:探究;探求。

不若虚心静看,即涵养、究索之功,一举而两得之也。(1,11,179)

书用你自去读,道理用你自去究索。(1,13,223)

按:"究索"为同义复合词,表示"探究;探求"义,并列式合成词。

2. 语义解析。

《语类》中有两例,从例句中可以看出,"究索"指朱熹在讲学中表现出来的对古代圣贤的文字、义理等的探求、探究的姿态,反映了以朱熹为代表的宋儒学者的严谨治学态度。第一例中"究索"与"涵养"并用,"涵养"是宋代理学家所倡导的一种修身养性要求,也就是涵泳心性、修养性情之义,体现了宋儒对自我修养心性的一种追求。"究索"指的是宋儒对学问或义理等的一种探索、探究与追求,体现出了宋儒治学的严谨与执着,因此"究索"具有浓郁的理学色彩,是《朱子语类》中的理学特色词。又《朱熹文集》中见8例"究索",如卷四十六:"示喻读史曲折,鄙意以为看此等文字,但欲通知古今之变,又以观其所处义理之得失耳,初不必于玩味究索以求变化气质之功也。"现代汉语中"究索"也不再使用。

"究索"一词在近代汉语文献中,只集中出现在有关朱子的文献中,其他文献中用例尚不多见。后代文献中也未见用例,现代汉语中消失。

(二)【穷索】

1. 《语类》中的语义:推求;探求。

涵养、穷索,二者不可废一,如车两轮,如鸟两翼。(1,9,150)

但舜是生知,不待穷索。如今须着穷索教尽。(4,58,1358)

按:《说文·穴部》:"穷,极也。""穷"引申有"彻底推求;深入钻研"义。如北齐颜之推《颜氏家训·书证》:"大抵服其为书,隐括有条例,剖析穷根源。"故"穷索"也为同义复合词,表示"推求;探求"义。《语类》中有三例。

2. 语义解析。

《语类》中"穷索"同上一词"究索"一样,也是用来表示对文字、义理等的探求、研究。第一例中"穷索"也还是与"涵养"连用，体现的也是理学家对道德、心性的修养追求。此例中用了一个生动形象的比喻说明"穷索"与"涵养"的二者的同等重要性，二者缺一不可，如同车的两个轮子，如同鸟的两个翅膀，一样重要。因此，从语义角度来看，"穷索"也是《朱子语类》中的理学特色词。

3. 其他文献例证情况。

宋程颢、程颐《二程遗书》卷二：议得仁体，以诚敬存之而已，不须防检，不须穷索。

宋陆九渊《象山语录》卷四：读书不必穷索，平易读之，识其可识者，久将自明。

明王阳明《传习录》卷下：熹近只就此处见得向来未见底意思，乃知存久自明，何待穷索之语，是真实不诳语。

清李光地《榕村语录》卷十八：然此所言，皆是庶几于中心安仁之事，学利以下，则防检穷索又乌可已？

"穷索"一词多见于宋代有关理学的文献中。通过检索文献发现，在明清文献中也有用例，也多与儒学、理学有关。现代汉语中"穷索"已不再使用。

(三)【极索】

1. 《语类》中的语义：穷究；探求。

真知得如何是天理，如何是人欲。几微间极索理会。(1，13，226)

按：《说文·木部》："极，栋也。"汉代引申有"探究，穷究"义。如汉王充《论衡·问孔》："圣人之言，不能尽解，说道陈义，不能辄形。不能辄形，宜问以发之；不能尽解，宜难以极之。"故"极索"为同义复合词，表示"穷究；探求"义。《语类》中只有一个用例。《语类》中"极索"与"理会"连用，说的是要知道什么是天理，什么是人欲，要对天理与人欲的关系进行探求、穷究。因而，也具有浓郁的理学色彩，可视为《语类》中的理学特色词。因"极索"一词所具有的理学色彩，故极少出现在其他文献中。

2. 其他文献例证情况。

宋程颢、程颐《二程遗书》卷十八：《中庸》之书，其味无穷，极索玩味。

明陈献章《陈白沙集·与董子仁》：只平生问学一事，极索理会，不可悠悠。

检索历代文献，宋代始见"极索"用例，例句的意思是说《中庸》这部书的意义很深远，应该仔细、认真地研究、探求其中的意义。后代文献中用例不多，现代汉语中"极索"也不再使用。

（四）【玩索】22例

1.《语类》中的语义：玩味；探求。

要之，未可遽论。且涵泳玩索，久之当自有见。（1，5，98）

不过熟读精思，自首至尾，章章推究，字字玩索，以求圣人作易之意，庶几其可。（5，69，1677）

但于不可晓处阙之，而意义深远处，自当推究玩索之也。（5，78，1979）

按：《说文·玉部》："玩，弄也。"先秦已有"研习；玩味"义。如《易·系辞上》："是故君子居则观其象而玩其辞，动则观其变而玩其占。"孔颖达疏："言君子爱乐而习玩者，是六爻之辞也。"故"玩索"为同义复合词，表示"玩味；探求"义。《语类》中"玩索"相对于"索"字类词群的其他词语而言，使用频率相对较高，有二十二例。因"玩索"所出现的语言环境带有理学色彩，故也可视为《朱子语类》中的理学特色词。

2. 其他文献例证情况。

宋罗大经《鹤林玉露》卷二：只把做景物看亦可，把做道理看，其中亦尽有可玩索处。

宋程颢、程颐《二程遗书》卷十八：《孟子》养气一篇，诸君宜潜心玩索。

宋代理学繁盛，"玩索"为"玩味、探求"义，表示对学说、文字或义理等的玩味、探究，带有理学色彩，故"玩索"在宋代多用在有关理学的文献中。

检索历代文献，"玩索"首见于宋代文献，在明清文献中也较为常见。

明王守仁《王阳明集》卷三：以此方知汉儒可谓善说经者，不过只说训诂，使人以此训诂玩索经文。

清黄宗羲《宋元学案》卷三十：李道传，字贯之，子思先生中子也。先生少长，读河南程氏书，玩索义理，至忘寝食。

现代汉语中"玩索"不再使用。

(五)【推索】1 例

1.《语类》中的语义：寻求；探求。

虽然如此，其间大体义理固可推索。但于不可晓处阙之，而意义深远处，自当推究玩索之也。(5，78，1979)

按：《说文·手部》："推，排也。"引申有"推究；寻求"义。如《文选·谢灵运〈石壁精舍还湖中作一首〉》："寄言摄生客，试用此道推。"李善注："为推排以求也。""推索"为并列式合成词，表示"寻求；探求"义。在《语类》中只有一个用例，《语类》中"推索"是对古书中所表现出的深远义理的一种探求、探究，具有浓郁的理学色彩。

2. 其他文献例证。

晋干宝《搜神记》卷十七：家人怪马独归，即行推索，乃于道边得之。

明佚名《六壬大全》卷四：如是则推索幽微之旨，惟详探深浅之辞。

检索文献可知，"推索"一词在中古文献中已见，在明清文献中也有用例，只是甚少。现代汉语中"推索"也不再使用。

第四节　本章小结

探求指人对陌生事物或新鲜事物的探索，并试图寻找到答案的行为。《语类》中这三组词群都有"探求"义，这些词语都表示对文字、学问或义理等的探索和研究，能够体现宋儒治学的严谨态度。理学是儒学在宋代的新发展，是新儒学，朱熹是宋代理学的集大成者，故其讲学过程具有理学色彩，他再讲学中运用的"探求"语义的这三组词群中的所有词语都属于《语类》中的理学特色词。

综上所述，《语类》中这三组词群的语义特点如下：

一　在《语类》中的使用情况

首先，《语类》中表示"探求"语义的这三组词群"摸×""寻×""索×"分别由中心词素"摸""寻"和"索"构成，都表示"探求"义，中心词素与其他构词词素都有同义关系，故词素和词语可聚合在同一个聚合群内，构成《朱子语类》中表示"探求"语义的词语聚合群。

其次，本语义词群的成员在《朱子语类》中所出现的用例频率各有不同，但所出现的语境基本相同，都用在朱熹讲学中对文字、义理等进行探求的语境中，故都可视为《朱子语类》中的理学词。其中，部分词语如"推索""究索""穷索"和"极索"等在历代文献中的使用频率都极低，且主要见于与宋代理学有关的文献中，这能够体现宋代理学的发展。

最后，这三组词群作"探求"义时都同处于认知义语义范畴内，都是从具体的手作动作义引申抽象为认知义的。体现出了词群语义发展演变的层次感。这个过程里，思维的相似性，即隐喻是促进发展的主要因素，跟词语出现的语境也有密切的关系，大量的理学语境，给词群的语义发展演变创造了良好的语言土壤，诸多因素影响下，才有了这三组词群从手作动作义语义范畴到认知域范畴的演变。

二　构词能力角度

"寻×"组词群成员的构词词素"求""索""究"和"讨"都有"探求"义，在字书中常有互训。如《小尔雅·广言二》："索，求也。"《玉篇·索部》："索，求索也。"《类篇·言部》："讨，求也。"故在表示"探求"语义上可视为一组同义词素，因"寻"也有"探求"义，故"寻"可与这组同义词素分别组合成并列式合成词，表示"探求"语义。此外，"寻"字类的词语同中有异，"寻求"与"寻索"为中古词语，"求"与"索"同义，在语义上倾向于相似性，语义既可表示具体的"寻找"，也可表示抽象的"探求"，《朱子语类》中表示抽象的"探求"义。"寻究"与"寻讨"为汉代词语，"究"与"讨"同义，在语义上也倾向于相似性，语义从产生时就直接表示抽象的"探求"义，《朱子语类》中即为此义。

"索"字类词群成员的构词词素"究""极"和"穷"都有"穷尽；终极"语义倾向，在古代字书中也常有互训。如《说文·穴部》："究，穷也。"《尔雅·释言》："究，穷也。"《玉篇·木部》："极，尽也。"《广韵·职韵》："极，穷也。"《说文·穴部》："穷，极也。"故三者在表示"穷尽；终极"义上可视为一组同义词素，并都引申有"探求"义。因"索"也有"探求"义，故这组词素都可与"索"分别组合成并列式合成词，表示"探求"语义。"究索""极索"和"穷索"三者之间语义相同,只是构词形式上存在着差别。

"摸"字类词语都为唐宋新词,具有口语色彩。检索历代文献知其在文献中的用例极少,语义上既可表示具体的"寻找",又可表示抽象的"探求",但据它们在《语类》中出现的语境都可释为抽象的"探求"义。

三　历时考察角度

《语类》中这三组词群的成员分别成词于不同的历史时期。"寻究、寻讨"在汉代成词,"寻求、寻索、推索"在中古时期成词,"究索、穷索、摸索、极索、玩索、寻摸、探摸"是唐宋时期产生的新词。这些来源于不同历史时期的新旧词语,在"探求"语义这一认知层面上聚到了一起。

从汉语词汇史角度来看,这三组词群虽然以产生较晚的唐宋新词为主,但发展到现代汉语中,它们各自的存留情况却各不相同。"寻究、寻讨、究索、穷索、寻摸、探摸、寻索、玩索、推索"都已不再使用,而"寻求、摸索、极索"都保存下来,除"极索"外,另外两词一直是现代汉语常用词。因此,通过这样三组词语的考释,可以窥见唐宋时期的语言面貌以及汉语词汇系统的发展状况。

第四章

口部动作类词群

本章研究口部动作类词群，口部动作这个概念是以中心词素的基本义来说的，比如"诡×"组，是以"诡"为中心词素的，"诡"的本义是谩也，指用言语进行欺诈行为，这是典型的口部言说义，因此把这组词群叫作口部动作类词群，"诈×""讨×"与"诡×"同类，因为"诈"和"讨"最早的语义就是口部言说义。后来，这三组词群都由口部言说义语义范畴进入到了思维认知义语义范畴。

第一节 "诡×"组词群

这组词群共八个词，分为三个小类：（1）诡诈；（2）诡异、诡怪、诡秘、诡僻、诡谲；（3）诡遇、诡计。

中心词素"诡"义为"欺诈；虚假"。《玉篇·言部》："诡，欺也，谩也。"《吕氏春秋·勿躬》："人主知能、不能之可以君民也，则幽诡愚险之言无不职矣，百官有司之事毕力竭智矣。"《新唐书·戴胄传》："时选者盛集，有诡资荫冒牒取调者，诏许自首。"清周亮工《书影》卷九："此质儿者，诡不义以行义，厚矣。"

一 典型的言说义语义范畴

这个小类中只有一个词，即"诡诈"。

（一）【诡诈】

1.《语类》中的语义：狡诈；欺诈。

扬录此下云："今却诡诈玩弄，未有醒时。非积乱之甚五六十年，即定气息未苏了，是大可忧也！"（1，1，9）

问:"南轩尝对上论韩信诸葛之兵异。"曰:"韩都是诡诈无状。"(8,135,3224)

按:诈:欺骗。《说文·言部》:"诈,欺也。"《洪武正韵·祃韵》:"诈,诡谲也。"《左传·宣公十五年》:"我无尔诈,尔无我虞。"晋潘岳《西征赋》:"苏张喜而诈骋,虞芮愧而讼息。"宋陈亮《酌古论·孙权》:"而公(曹操)之为人,智而多诈。"洪深《申屠氏》第三本:"方蛟在旁看见,疑有诈。"

"诡""诈"同义连文,构成并列式合成词。《语类》中有两例,句中"诡诈"用来指人的性情或心理行为活动。

2. 其他文献例证情况。

汉荀悦《前汉孝武皇帝纪卷》第十五:彭祖巧佞,足恭心刻,好法律,常以诡诈求相二千石,语言微短。

从这个例证可以看出,"诡诈"成词较早,最早出现在汉代文献典籍中,是一个上古汉语旧词。

汉代以后文献中,"诡诈"一词仍较习见,见如下例证:

六朝《华阳国志校补图注原附士女目录》一卷:大道既隐,诡诈竞设。并以豪特,力争当世。

唐《大唐西域记》卷一:风俗浇讹。多行诡诈。大抵贪求。父子计利。财多为贵。良贱无差。

宋陈亮《酌古论三·诸葛孔明上》:去诡诈而示之以大义,置术略而临之以正兵,此英雄之事,而智者之所不能为矣。

元《元典章·刑部》卷十五:中间情弊多端,若不禁止,使奸狡诡诈日增,善良枉遭诬妄,深为未便。

明《水浒传》第二十二回:武松看了笑道:"这是酒家诡诈,惊吓那等客人,便去那厮家里歇宿。你却怕甚么鸟!"

清《三侠五义》第八十二回:包公冷笑道:"我看你虽是年幼顽童,眼光却甚诡诈。你可晓得本阁的规矩么?"

现代汉语中,"诡诈"一词仍较常用,见如下例证:

曹禺等《胆剑篇》第一幕:太宰伯嚭,年约四十岁,是个诡诈贪佞、顺君之过的大臣。

老舍《四世同堂》九:北平为老鼠们净了街。老鼠是诡诈而怕人的。

梁晓声《表弟》一:仿佛我是一个极其诡诈之人,而他糊里胡涂地被我绑架到了我家里,猜不透我的企图。

从以上文献例证可以看出,"诡诈"一词习见于历代文献典籍中,现代汉语中也习用。

二 形容词性的义类范畴

这组词群里有五个词"诡异、诡秘、诡怪、诡僻、诡谲"。这组词都是性质形容词,指人的性情,人格特点等,属于认识义语义范畴。这是由言说义发展演变而来的,单纯的口部言语的欺诈活动转入到人的内心世界里,这就进入了认知义语义范畴,并成为了描述人性格特征的性质形容词。

(一)【诡异】

1. 《语类》中的语义:怪异;奇特。

今人为经义者,全不顾经文,务自立说,心粗胆大,敢为新奇诡异之论。(7,109,2693)

按:诡:怪异;奇特。《玉篇·言部》:"诡,怪也。"《管子·法禁》:"诡俗异礼,大言法行。"汉班固《西都赋》:"殊形诡制,每各异观。"晋郭璞《山海经图赞》:"象实魁梧,体巨貌诡。"

异:奇特的;不平常的。《释名·释天》:"异者,异于常也。"《玉篇·异部》:"异,尤也。"《诗·邶风·静女》:"自牧归荑,洵美且异。"高亨注:"异,出奇。"唐韩愈《龊龊》诗:"大贤事业异,远抱非俗观。"清梁章巨《归田琐记·曼云先兄家传》:"公幼颖异,见解多出人意表。"

这里"诡""异"同义连文,构成并列式合成词。《语类》中仅有一例。

2. 其他文献例证情况。

先秦《文子·符言》:老子曰:圣人无屈奇之服,诡异之行。

东汉《论衡》卷十九宣汉篇第五十七:金玉神宝,故出诡异。

六朝《洛阳伽蓝记》卷二:其日,寺门外有石象无故自动,低头复举,竟日乃止。帝躬来礼拜,怪其诡异。

唐封演《封氏闻见记》卷四:天宝中,升平既久,上书言事者,多为诡异,以希进用。

《文心雕龙义证》卷四:故大手之文不为诡异之体而自然宏富,不为险怪之辞而自然典丽。

元陶宗仪《南村辍耕录》卷十六：乌清本良于医，药数百品，各以角贴。所题名字诡异，余大骇。

明《北窗琐语》秉礼者痛之，建言于朝，遂有章服诡异之禁。

清《儒林外史》第五十六回：其生也，或为佯狂，或为迂怪，甚而为幽僻诡异之行；……

从以上文献例证可以看出，"诡异"一词产生较早，在上古就已成词。最早出现在先秦文献中，一直到中古及近代汉语文献中，"诡异"一词仍习见。现代汉语中，"诡异"仍为常用词语，见如下例证：

曹禺《原野》序幕：在乱峰怪石一般的黑云里，点染成万千诡异艳丽的色彩。

古龙《楚留香》第二十六章：顾名思义，这掌力已非以力见长，而是以巧取胜，掌势诡异飘忽，竟是虚多于实。

（二）【诡怪】

1. 《语类》中的语义：与"诡异"同义，即"怪异；奇特"。

曰："渠是变其诡怪。但此等事，亦须平日先有服人，方可。"（7，109，2698）

若细微处不研穷，所谓远者、大者，只是揣作一头诡怪之语，果何益？（7，118，2839）

盖曹平日诡怪，家习之也。（8，131，3160）

2. 其他文献例证情况。

晋葛洪《抱朴子·杂应》：但在人间，无故而为此，则致诡怪之声，不足妄行也。

唐沈佺期《过蜀龙门》：龙门非禹凿，诡怪乃天功。西南出巴峡，不与众山同。

宋沈括《梦溪笔谈·讥谑》：曼卿（石曼卿）诡怪不羁。

明归有光《赠医士张云厓序》：自司马子长传扁鹊、仓公，自后为史者，概取神奇诡怪之说，以附于正史。

以上文献例证可以看出，"诡怪"一词最早见于中古文献中，中古成词，后代文献中习见，一直沿用至现代汉语中。例证如下：

金庸《天龙八部》第十三回：姚伯当见包三先生武功高强，行事诡怪，颇想结识这位江湖奇人，兼之对王语嫣胸中包罗万有的武学，觊觎之心也是未肯便收,当下站起身来,便欲开言。

(三)【诡秘】

1.《语类》中的语义:义同"诡异""诡怪"。

近世儒者不将圣贤言语为切己之事,必于上面求新奇可喜之论,屈曲缠绕,诡秘变怪,不知圣贤之心本不如此。(7,114,2757)

按:秘:稀奇;新奇。《文选·张衡〈西京赋〉》:"秘舞更奏,妙材骋伎。"薛综注:"秘,稀见为奇也。"秘,一本作"秘"。宋王安石《晏元献挽辞》诗之二:"抗论辞多秘,赓歌迹已陈。"

故"诡""秘"同义连文,义为"怪异;奇特。"《语类》中用此词是讲学的这一语境中,指对圣贤言语的理解及感悟状态。

2. 其他文献例证。

清《平山冷燕》第五回:难道朕一个穆穆天子,为此诡秘之事!蔑圣污君,当得何罪!

"诡秘"的此义文献例证并不多见,除《语类》中用例外,另见清代文献中的这一用例,其他文献典籍例证尚未见,现代汉语中消失。

(四)【诡僻】

1.《语类》中的语义:新奇险怪。

而江西一种学问,又自善鼓扇学者,其于圣贤精义皆不暇深考;学者乐于简易,甘于诡僻,和之者亦众,然终不可与入尧舜之道。(8,121,2940)

按:诡:怪异;奇特。《玉篇·言部》:"诡,怪也。"《管子·法禁》:"诡俗异礼,大言法行。"汉班固《西都赋》:"殊形诡制,每各异观。"晋郭璞《山海经图赞》:"象实魁梧,体巨貌诡。"

僻:冷僻。宋洪迈《容斋随笔·薛能诗》:"〔刘白〕能赋《杨柳枝词》,世多传唱,虽有才语,但文字太僻,宫商不高耳。"夏衍《论肚子问题》:"举马丁·路德的例子也许太僻,那么举眼前的例子吧。"

这里"诡""僻"近义连文,构成并列式合成词。《语类》中仅有一例,使用语境还是跟讲学有关,指学者们对学问的一种感知状态。

2. 其他文献例证情况。

宋《欧阳修集》卷一一二·奏议卷十六:然其所载既博,所择不精,多引谶纬之书,以相杂乱,怪奇诡僻,所谓非圣之书,异乎正义之名也。

金王若虚《〈新唐书〉辨》：宋子京不识文章正理，而惟异之求，肆意雕镌，无所顾忌，以至字语诡僻，殆不可读。

明方孝孺《赠郭士渊序》：欧阳修、苏轼亦以是变诡僻险怪之文。

清顾嗣立《寒厅诗话》：钟谭《诗归》，尖新诡僻，又似鬼窟中作活计。

从文献例证可以看出，"诡僻"一词最早出现在宋代文献中，是宋代产生的一个新词。宋以后文献中虽也有用例，但使用甚少，不是常用词，现代汉语中消失。

（五）【诡谲】

1. 《语类》中的语义：狡诈。

若不得那些清高之意来缘饰遮盖，则其从衡诡谲，殆与陈平辈一律耳。（8，135，3222）

晋文公诡谲，如侵曹，伐卫，皆是当时出时不礼之私，却只名谓"治其从楚"。（6，83，2164）

尝思古今智士之谋略诡谲，固不可及。（8，134，3214）

按：谲：诡诈；欺诳。《论语·宪问》："晋文公谲而不正，齐桓公正而不谲。"何晏集解引郑玄曰："谲者，诈也。"《后汉书·吴汉传》："汉乃辞出，止外亭，念所以谲众，未知所出。"李贤注："谲，诈也。"宋苏洵《权书下·孙武》："勾践不颊旧冢而吴服；田单谲燕掘墓而齐奋。""诡""谲"同义连文，构成复合词，在句中用作形容词。《语类》中只有两例，用来描写人的性格特征的。

2. 其他文献例证情况。

六朝《洛阳伽蓝记》卷一：吞刀吐火，腾骧一面；彩幢上索，诡谲不常。

唐韩愈《嘲鼾睡》：鸿蒙总合杂，诡谲骋戾很。乍如斗呹呹，忽若怨恳恳。

唐《北史·隋纪下·炀帝》：性多诡谲，所幸之处，不欲人知，每幸之所，辄数道置顿。

宋《宋朝事实》卷十七：昭义军节度、检校太师兼中书令李筠出于贱隶，骤列通侯，诡谲多端，包藏有素。朕以皇天眷命，历数在躬。

明《醒世恒言·灌园叟晚逢仙女》第四卷：为人奸狡诡谲，残忍刻薄。

清《杨家将传》第四十四回：业曰："汝岂知萧后诡谲之事？延朗自知，汝今便可详细问之。"

从文献例证可以看出，"诡谲"一词最早出现于六朝文献中，中古成词。后代文献中仍有用例，但并不常用，现代汉语中消失。

这组的六个词种，"诡诈、诡异、诡怪"一直沿用至现代汉语中，且为常用词，常常用作性质形容词。

三　名词性义类范畴

这组词群有两个词"诡遇、诡计"。

（一）【诡遇】

1.《语类》中的语义：欺诈行为。

"诡遇"，是做人不当做底；"行险"，是做人不敢做底。（4，56，1314）

不送其葬亦得，为之诡遇。（8，135，3231）

按：遇：求得；得到。《左传·僖公二十五年》："使卜偃卜之，曰：吉，遇黄帝战于阪泉之兆。"《淮南子·精神训》："故事有求之于四海之外而不能遇，或守之于形骸之内而不见也。"高诱注："遇；得。"唐韩愈《归彭城》诗："遇酒即酩酊，君知我为谁。"

故这里的"诡""遇"组成偏正式合成词。《语类》中有两例，用来描写人的心性及外在行为的。

2. 其他文献例证情况。

三国魏刘劭《人物志·释争》：是故孟之反以不伐获圣人之誉，管叔以辞赏受嘉重之赐，夫岂诡遇以求之哉，乃纯德自然之所合也。

唐白居易《适意》诗之二：直道速我尤，诡遇非吾志。

明《七修续稿》卷二：继而或诱其降，或绐以毒，相机诡遇，陆续歼决。

晚清景耀月《古诗》：诡遇谋人国，隘者或见丑。

"诡遇"一词最早出现在中古文献中，唐代以后文献中也有"诡遇"一词的用例，但使用甚少，现代汉语中消失。

（二）【诡计】

1.《语类》中的语义：奇妙之计谋。

然他入去后，又尚要设许多诡计，诱那秦将之属，后方入得。（6，

92，2301）

按：诡：怪异；奇特。《玉篇·言部》："诡，怪也。"《管子·法禁》："诡俗异礼，大言法行。"汉班固《西都赋》："殊形诡制，每各异观。"晋郭璞《山海经图赞》："象实魁梧，体巨貌诡。"

计：计策；谋略。《海篇类编·人事类·言部》："计，谋谟也。"如：《孙子·计》："将听吾计，用之必胜，留之；将不听吾计，用之必败，去之。"《荀子·哀公》："故明主任计不信怒，闇主信怒不任计；计胜怒则强，怒胜计则亡。"宋郑思肖《张子房遇黄石公图》诗："不知蹑足此一计，还出书中第几篇。"

这里"诡""计"构成偏正式结构，"诡"修饰限定中心语"计"。《语类》中仅有一例，用作名词。

2. 其他文献例证情况。

唐《晋书·羊祜传》：吴石城守去襄阳七百余里，每为边害，祜患之，竟以诡计令吴罢守。

唐韩偓《无题》：香辣更衣后，钗梁拢鬓新。吉音闻诡计，醉语近天真。

宋《五灯会元》卷七：廷望乃设诡计，遣吏以茶盐诬之，言犯禁法，取师入州。

金《金史·乌古论镐传》：复求入见，言有诡计可以退敌。

明《水浒传》第一○六回：倪慑道："城中必有准备。我每当速退兵，勿中他诡计。"

清《儒林外史》第五十一回：只因这一番，有分教：拔山扛鼎之人士，再显神通；深谋诡计之奸徒，急偿夙债，不知凤四老爹来寻甚么人，且听下回分解。

"诡计"一词产生较晚，最早出现在近代时期的文献中，是一个近代新词。历代文献中，"诡计"一词习见，一直到现代汉语中，"诡计"一词仍为常用词语，例证如下：

沙汀《呼嚎》：乡长穿着时新，是个满身肥肉，满腹诡计的狡诈家伙。

余华《在细雨中呼喊》：我小小的诡计一下子就得逞了，路旁的成年人都吃惊地大张着嘴。

四 本组词小结

这组词群分为三个小类，第一小类就一个词，是典型的言说义语义范畴词，指用言语进行欺诈行为。欺诈行为不是什么光彩的事情，所以渐渐就脱离很直白的言说义，进入到人的内心世界里，表面上看不见听不见的思维认知域的事物。这就形成了第二小类的词群里，这组里的五个词全部属于认知语义范畴，在语境中用作性质形容词，用来指人的性情。这五个词有浓郁的宋儒理学色彩。第三小类为名词性的小类，两个词在句中多用作名词，也有浓厚的理学色彩。

第二节 "×诈/诈×"组词群

这组词群以"诈"为中心词素。诈：欺骗。《说文·言部》："诈，欺也。"《洪武正韵·祃韵》："诈，诡谲也。"如：《左传·宣公十五年》："我无尔诈，尔无我虞。"晋潘岳《西征赋》："苏张喜而诈骋，虞芮愧而讼息。"宋陈亮《酌古论·孙权》："而公（曹操）之为人，智而多诈。"洪深《申屠氏》第三本："方蛟在旁看见，疑有诈。"

故这组词群都有"欺诈"这一中心语义。这组共有八个词，可分为三个小类：（1）欺诈、逆诈；（2）奸诈、诈伪、谲诈、鄙诈、险诈；（3）变诈。

一 动词性的词群

（一）【欺诈】

1. 《语类》中的语义：用狡猾奸诈的手段骗人。

妄诞欺诈为不诚，怠惰放肆为不敬，此诚敬之别。（1，6，103）

欺：欺骗；欺诈。如：《论语·子罕》："吾谁欺？欺天乎？"《礼记·大学》："所谓诚其意者，毋自欺也。"晋葛洪《抱朴子·吴失》："主昏于上，臣欺于下。"宋司马光《廉颇论》："相如抗节不挠，视死如归，卒欺秦王而归璧于赵。"

这里"欺""诈"同义连文，构成并列式合成词。《语类》中仅有一例，用为动词，指用手段去欺骗别人。这应该是由最初单纯的言语行为引申发展而来，欺骗或欺诈行为并不是一件光彩的事情，所以逐渐隐藏起直白的言语行为，只突出非言语的行为，不管怎么说，总是从最初的言说语义范畴引申发展而来。《语类》中这一词出现的语境，体现了宋儒理学对人的行为规范等的要求，"欺诈"行为为不诚不敬的行为，是宋儒理学所痛斥的。

"欺诈"有时也可用在四字格中，如"相欺相诈"。《语类》中有一例证：

曰："有信则相守而死。无信，则相欺相诈，臣弃其君，子弃其父，各自求生路去。"（3，42，1084）

2. 其他文献例证。

先秦《吕氏春秋·仲春纪》第二卷：民人怨谤，又树大仇；意气易动，蹶然不固；矜势好智，胸中欺诈；德义之缓，邪利之急。

东汉《太平经》卷四十四：今使人不内附，反欺诈，其大咎在此。

东汉《太平经》卷九十七：今五霸其臣悉无真道德，皆能作巧伪猾，所以相欺诈者，其臣多如邪猾佞伪巧，所以相惊动惑之道，或乃过其君。

南朝裴松之《三国志裴注》卷六：捕得云降，庶以欺诈，用全首领，得尔与不，具以状对。

唐元结《系乐府十二首·陇上叹》：父子忍猜害，君臣敢欺诈。所适今若斯，悠悠欲安舍。

宋《洛阳缙绅旧闻记》第三卷：思亦自古欺诈之尤者。君子志之，抑铸鼎之类也。

元《南村辍耕录》卷十九：妄称官清民泰，欺诈百端，昏蔽主听。

明《二刻拍案惊奇》卷十六：可见欺诈之财，没有得与你入己受用的。

清《官场现形记》第八回：可见上海地方人心欺诈，是要刻刻留心的，当下便谢过魏翩仞，两人拱手作别。

从文献例证可以看出，"欺诈"一词最早出现在先秦文献中，说明早在上古时期就已成词，且习见于历代文献中。中古和近代文献中，"欺诈"一词仍然习见，一直到现代汉语中也仍为常用词语，见如下例证：

老舍《四世同堂》第三部九：欺诈是最危险的事，因为它会翻过头来骗你自己。

(二)【逆诈】

1. 《语类》中的语义：揣测别人怀有欺诈之意。

且如"逆诈、亿不信"与"先觉"之辨：逆诈，是那人不曾诈我，先去揣摩道，那人必是诈我；亿不信，是那人未有不信底意，便道那人必是不信；先觉，则分明见得那人已诈我，不信我。（1，11，184）

君子虽不逆诈，而事之是非晓然者未尝不先见也。（3，33，832）

杨氏谓宰我疑君子之不逆诈，故问。（3，33，832）

非谓疑其不逆诈也。尹氏用伊川说，故不录。（3，33，832）

按：逆：预测；揣度。《玉篇·辵部》："逆，度也。"如："逆志"。《易·说卦》："数往者顺；知来者逆，是故《易》，逆数也。"韩康伯注："作《易》以逆观来事，以前民用。"《三国志·蜀志·诸葛亮传》南朝裴松之注引《后出师表》："凡事如此，难可逆见。"晋袁宏《后汉纪·明帝纪下》："〔班超〕曰：'明者观于未萌，况兆已见。此必有北虏使来，故令其疑耳。'乃召侍胡逆问曰：'匈奴使到日，何故不白？'"金王若虚《〈论语〉辨惑四》："盖此乃甚之辞，非真语师对也，学者当以意逆之。"

这里，"逆""诈"构成连动式结构，为连动式合成词，其义为"事先揣测别人有欺诈之意"。《语类》中有四例，这一词在《语类》中是用来说人的心性特征的，根据文中语义，宋儒理学家不主张"逆诈"的行为特征，认为这种行为不符合君子的要求。

2. 其他文献例证。

《论语·宪问》：不逆诈，不亿不信。

六朝《三国志裴注》卷四十六：并观雅规，而云说客，无乃逆诈乎？

唐柳宗元《非国语上》：今使王逆诈诸侯而蔑其卿，苟兴怨于鲁，未必周之福也。

宋《河南程氏遗书》卷第一二：人以料事为明，便骎骎入逆诈亿不信去也。

元《南村辍耕录》卷四：盖当时已料其真伪不可知，不欲逆诈，亦以慰一时之人心耳。

明《明史·李至刚传》：帝曰："朕以至诚待内外，何用逆诈。"

从文献例证可以看出，"逆诈"一词最早的例证在《论语》中，说明该词在上古就已成词。中古及近代文献中，"逆诈"一词习见，清代及以后文献中，"逆诈"一词消失。

二 性质形容词性的词群

这组有五个词,即"奸诈、诈伪、谲诈、鄙诈、险诈",这五个组近义,文中词性相同,用法相同,出现的语境也相同,故放在同一小类里。

(一)【奸诈】

1. 《语类》中的语义:虚伪诡诈。

论及巫人治鬼,而鬼亦效巫人所为以敌之者,曰:"后世人心奸诈之甚,感得奸诈之气,做得鬼也奸巧。"(1,3,45)

直,如世人所谓白直之"直",无奸诈险诐底心,如所谓开口见心是也。(2,22,508)

伊川说老子,谓先语大道,后却涉些奸诈。(6,60,1447)

战国之时人多奸诈,列国纷争,急于收拾人才以为用,故不得不厚待士。(6,84,2190)

按:奸:伪;虚假。《逸周书·常训》:"遂伪曰奸。"《左传·僖公七年》:"君以礼与信属诸侯,而以奸终之,无乃不可乎?"唐韩愈《唐故河东节度观察使荥阳郑公神道碑文》:"〔郑儋〕拜京兆高陵尉,考府之进士,能第上下,以实不奸。"

这里"奸""诈"同义连文,构成并列式合成词。《语类》中有四例,例中"奸诈"一词用为形容词,指人的性情特点。

2. 其他文献例证。

《礼记·经解》:君子审礼,不可诬以奸诈。

《管子·明法解》:权衡平正而待物,故奸诈之人不得行其私。

《史记·孝武本纪》:天子使使验问巫锦得鼎无奸诈,乃以礼祠,迎鼎至甘泉。

《魏书·赵叔隆传》:叔隆奸诈无行,忘背恩义。

《京本通俗小说·拗相公》:〔王莽〕为人奸诈,自恃椒房宠势,相国威权,阴有篡汉之意。

《元典章新集·刑部·检验》:奸诈日生,风俗日坏。

冯德英《苦菜花》第三章:〔宫少尼〕前几年在外面跟从王柬芝的经验,使他更明白表兄是个奸诈的人。

从文献例证可以看出,"奸诈"一词成词较早,早在上古就已成词,且习见于先秦两汉文献中。中古及近代时期文献中,"奸诈"一词仍习见，一直沿用至现代汉语中，现代汉语中仍为常用词，可参看《现代汉语词典》（第八版）。

（二）【诈伪】

1.《语类》中"诈伪"。

二者，为是真底物事，却着些假搀放里，便成诈伪。如这一盏茶，一味是茶，便是真。才有些别底滋味，便是有物夹杂了，便是二。（1，15，304）

不说是意诚了便心正，但无诈伪便是诚。（1，15，310）

问："巧言令色是诈伪否？"（2，20，479）

曰："诸家之说，都无诈伪意思。但驰心于外，便是不仁。若至诚巧令，尤远于仁矣！"（2，20，479）

这一句是缴上三句，言若不诚实，则义必不能尽，礼必不能行，而所谓孙，特是诈伪耳。（3，45，1160）

按：伪：虚伪；虚假。《易·系辞下》："情伪相感而利害生。"孔颖达疏："情为实情，伪为虚伪。"《淮南子·俶真训》："是故神越者其言华，德荡者其行伪。"唐韩愈《桃源图》诗："世俗宁知伪与真，至今传者武陵人。"

这里"诈""伪"同义连文，构成并列式合成词。《语类》中有五例，例中"诈伪"用为形容词。在文中都是说"诈伪"是一种心性，且属于不敬不忠不礼的心性行为，为宋儒理学所痛斥。

2. 其他文献例证情况。

先秦《庄子》：称誉诈伪以败恶人，谓之愿；不择善否，两容颊适，偷拔其所欲，谓之险。

先秦《荀子·不苟第三》：公生明，偏生暗，端悫生通，诈伪生塞，诚信生神，夸诞生惑。

先秦《周礼·天官冢宰第一》察其诈伪、饰行、儥慝者而诛罚之。

西汉《淮南子》卷十八：咎犯曰："仁义之事，君子不厌忠信；战阵之事，不厌诈伪。君其诈之而已矣。"

东晋《抱朴子》内篇：则浅见之家，不觉此言有诈伪而作，便息远求之意。

唐《贞观政要》纳谏第五：又共理所寄，在于刺史、县令，常年貌税，并悉委之。至于简点，即疑其诈伪。

唐周昙《前汉门·博陆侯》：不是主人知诈伪，如何柱石免欹倾。

宋《北梦琐言》卷十八：妾固无父，是何田舍翁诈伪及此。

元《元典章·刑部》卷三十：重罪过的奸盗诈伪的并其余重罪犯过的人每，只交管民官断者。

明《二刻拍案惊奇》卷十一：若是多转了两个念头，便有许多好贪诈伪，没天理的心来了。

清《歧路灯》第八十八回：特授督理河南开归陈许、驿、盐、粮道，加二级随带一级、纪录八次、又纪大功一次谭，为关防诈伪事。

"诈伪"成词较早，早在上古就已成词，且习见于文献中。中古及以后文献中仍习见，一直沿用至现代汉语中。

高阳《胡雪岩》第三部：那时如果受骗上当的人，进状子告他，就可以办他个"诈伪取财"的罪名。

(三)【谲诈】

1. 《语类》中的语义：狡诈；奸诈。

汤武之兴，决不为后世之谲诈。若陑是取道近，亦何必迂路？（5，79，2028）

若如今之说，只是个权谋智略兵机谲诈之书尔。（6，83，2175）

圆而不方则谲诈，方而不圆则执而不通。（6，95，2451）

智欲圆转；若行不方正而合于义，则相将流于权谋谲诈之中；所谓"智欲圆而行欲方"也。（6，95，2452）

若昏懦之人，为之所给；谲诈之士，则务欲容，于此大不可。（7，106，2644）

按：谲：诡诈；欺诳。《论语·宪问》："晋文公谲而不正，齐桓公正而不谲。"何晏集解引郑玄曰："谲者，诈也。"《后汉书·吴汉传》："汉乃辞出，止外亭，念所以谲众，未知所出。"李贤注："谲，诈也。"宋苏洵《权书下·孙武》："勾践不顽旧冢而吴服；田单谲燕掘墓而齐奋。"

这里"谲""诈"同义连文，构成并列式合成词。《语类》中有五例。还是指人的心性特点的，仍为宋儒理学家们所痛斥。

2. 其他文献例证情况。

西周《六韬·王翼》卷三：术士二人，主为谲诈，依托鬼神，以惑众心。

先秦《韩非子》说疑第四十四：彼又使谲诈之士，外假为诸侯之宠使，假之以舆马，信之以瑞节，镇之以辞令，资之以币帛，使诸侯淫说其主，微挟私而公议。

南朝裴松之《三国志裴注》卷一：秦据势胜之地，骋谲诈之术，征伐关东，蚕食九国，至于始皇，乃定天位。

唐《贞观政要》君臣鉴戒第六：大臣苟免，则谲诈萌生。谲诈萌生，则矫伪成俗。

宋陈亮《酌古论·诸葛孔明上》：故夫谲诈者，司马仲达之所长也。

元《南村辍耕录》卷二十三：天下之事，未尝无配。虽谲诈诞妄之谈，亦有然者。

明《三国演义》第六十五回：吾以仁义待人。不施谲诈。马孟起，你收兵歇息，我不乘势赶你。

清《三侠五义》第一百十七回：怀陶氏见殷显为人虽是谲诈，幸银钱上不甚悭吝，他就献出百般殷勤的愚哄。

孙中山《中华革命军大元帅檄》：孰意贼性凶顽，谲诈成习，背誓乱常，妄希非分，假中央集权之名，行奸雄窃国之实。

"谲诈"一词成词较早，早在上古就已成词，且习见于先秦两汉文献中。中古及近代文献中，"谲诈"一词仍习见，现代汉语中"谲诈"一词消失，可参看《现代汉语词典》（第八版）。

（四）【鄙诈】

1. 《语类》中的语义：贪鄙诈伪。

心中斯须不和不乐，而鄙诈之心入之；外貌斯须不庄不敬，而慢易之心入之。（2，25，604）

儒用录云："不庄不敬，不和不乐，便是不仁。暴慢鄙诈，则无如礼乐何矣。"（2，25，604）

所以说："不和不乐，则鄙诈之心入之矣！不庄不敬，则慢易之心入之矣！"（6，87，2256）

按：鄙：贪鄙；吝啬。《正字通·邑部》："鄙，啬于财，薄于礼者曰鄙吝。"如：《韩非子·五蠹》："今之争夺，非鄙也，财寡也。"《淮南子·本经训》："民性善而天地阴阳从而包之，则财足而人赡矣，贪鄙忿争不得生焉。"

这里"鄙""诈"构成联合式，义为"贪鄙而诈伪"。《语类》中有三例，三例中的"鄙诈"都是用来描写人的性情特点的。

2. 其他文献例证情况。

先秦《礼记·乐记》第十九："心中斯须不和不乐，而鄙诈之心入之矣。"郑玄注："鄙诈，是贪多诈伪。"

唐代成书《北史·列传第二十八》：窃天之功，以为己力，仰欺朝廷，俯罔百司。其为鄙诈，于兹甚矣。

宋《河南程氏遗书》卷一二：言不庄不敬，则鄙诈之心生矣；貌不庄不敬，则怠慢之心生矣。

清归庄《题邓生册子》："今有文人学士，而为人齷齪鄙诈，有同驵侩，吾则挥之。"

文献例证中可以看出，"鄙诈"一词成词较早，在上古就已成词，最早见于《礼记》中，近代汉语中，"鄙诈"一词仍有使用，但并不习见，现代汉语中，"鄙诈"一词消失，参见《现代汉语词典》（第八版）。

（五）【险诈】

1.《语类》中的语义：阴险狡诈。

曰："良善之人，自然易直而无险诈，犹俗言白直也。"（2，22，508）

温公通鉴，凡涉智数险诈底事，往往不载，却不见得当时风俗。（6，83，2152）

按：险：难以测度，阴险。《增韵·琰韵》："险，深陷不可测也。"《荀子·正论》："上幽险则下渐诈矣。"杨倞注："险，难测也。"《吕氏春秋·去宥》："对曰：'谢子，东方之辩士也，其为人甚险。'"参见"险猾"。

这里，"险诈"近义连文，构成并列复合词。《语类》中有两例，用来描写人的性情特点。

2. 其他文献例证情况。

唐《唐阙史》卷下：陈、李二相，阴狡险诈，常欲动摇东宫，将有不利于先帝者数四，赖玄宗英明，社稷垂佑，不尔则宗庙有缀旒之危，奈何以玉琢二臣，列于清敬之地，比扁舟五湖之人，铸金肖形之像也。

宋苏洵《上皇帝书》：陛下特以为耳目玩弄之臣，而不知其阴贼险诈为害最大。

明《谷山笔尘》卷五：隆庆辛未吉士宋儒者，险诈人也，熊敦朴者，有才而疏傲，两人积不能下。

清蒲松龄《聊斋志异·念秧》：君客时少，未知险诈。

清《二十年目睹之怪现状》第一回：于是乎又把六十年前民风淳朴

的地方，变了个轻浮险诈的逋逃薮。

从文献例证可以看出，"险诈"一词成词较晚，到近代汉语中才成词，最在出现在《唐阙史》中。"险诈"一词自唐代成词后，一直沿用至后代文献中，现代汉语中仍有用例，但不再常用。

老舍《二马》：这位先生明知中国人是文明人，可是为迎合人们心理起见，为文学的技艺起见，他还是把中国人写得残忍险诈，彼此拿刀乱杀；不这样，他不能得到人们的赞许。

三　名词性的词群

这组就这一个词。为了和上文格式及标号一致，所以也做了个标号（一）。

（一）【变诈】

1. 《语类》中的语义：巧变诡诈。

絜矩，非是外面别有个道理，只是前面正心、修身，推而措之，又不是他机巧、变诈、权谋之说。（2，16，365）

但他说权，遂谓反了经，一向流于变诈，则非矣。（3，37，988）

只缘后来把做变诈看了，便道是不好。（4，51，1223）

能应变而无其本，则流而入变诈矣。（5，74，1893）

今之治春秋者，都只将许多权谋变诈为说，气象局促，不识圣人之意，不论王道之得失，而言伯业之盛衰，失其旨远矣！（6，83，2174）

不仁则是私意，故变诈百出而不一也。（7，97，2486）

最切害处，是轻德行，毁名节，崇智术，尚变诈，读之使人痛心疾首。（7，109，2701）

其心都冷冰冰地了，便是杀人也不恤，故其流多入于变诈刑名。（8，125，2998）

人杰因云："寻常人说战阵事多用变诈，恐王者之师不如此。"（8，136，3238）

王者势向大，自不须用变诈。（8，136，3238）

若用变诈，已是其力不敌，须假些意智胜之。（8，136，3238）

按：变：变诈。《逸周书·文政》："九丑：思勇丑忘，思意丑变。"朱右曾校释："变，犹诈也。"《商君书·垦令》："重刑而连其罪，则褊急之民不斗……巧谀恶心之民无变也。"朱师辙解诂："无变，谓无变诈。"

唐韩愈《许国公神道碑铭》："师古（李师古）诈穷变索，迁延旋军。"

这里，"变""诈"近义连文，构成并列式合成词。《语类》中用例较多，由此可知，"变诈"在宋代为常用词。

2. 其他文献例证。

《荀子·议兵》：临武君曰："不然。兵之所贵者势利也，所行者变诈也。"

六朝《三国志裴注》卷一：其酷虐变诈，皆此类也。

唐《隋书·经籍志三》：佞人为之，则便辞利口，倾危变诈，至于贼害忠信，覆邦乱家。

唐《唐会要》卷三十六：休烈虽见情伪变诈于是乎生，而不知忠信节义于是乎在。

宋陈亮《吏部侍郎章公德文行状》：欢好常败于变诈，师旅或兴于无名，歃血之好，可久恃乎？

元《南村辍耕录》卷十三：宝裔本褚氏，而自谓乌氏，则变诈亦可知矣。

明《醒世恒言》卷三十四：那人乃是本镇一个大户叫做朱常，为人奸诡百出，变诈多端，是个好打官司的主儿。

清《醒世姻缘传》第六十二回：年纪渐渐大了，越发机械变诈，无所不为。

徐念慈《余之小说观》：小说曷言乎新……其机械变诈，钩稽报复，足以启智慧而昭惩戒焉，则新之。

"变诈"一词成词较早，在上古就已成词，最早见于《荀子》中，中古及近代文献中，"变诈"一词习见，宋代时为常用词，在《语类》中出现的例证较多，"变诈"一词的习用情况一直到清代。到现代汉语中，"变诈"一词的出现渐少。

四 "×诡/诡×""×诈/诈×"这两组词群小结

"奸狡诡诈"本是一种心理活动，不溢于言表，尽力隐藏于心。可最初的基本义是一组典型的言说义的词群，指用语言或手段进行投机取巧、偷奸耍滑、欺诈等阴暗卑劣行为，后来逐渐引申发展为隐蔽性很强的心理活动类词群，即心理认知义的语义范畴。《语类》中使用这些词群，充分体现了宋儒理学家们对思想道德的要求，"奸狡诡诈"类的性情为宋儒理学家们所痛斥，被视为不敬不忠不礼不义的行为。根据这些语境，体现出了理学家们讲学的特色及这些词汇的理学色彩。

"诡"组词中的"诡诈""诡计、诡异、诡怪"为活跃词，自成词一直到现代汉语中，都较常用。"诈"组词中的"奸诈、欺诈"自成词一直到现代汉语中都较活跃，"谲诈"仅活跃于先秦两汉时期，后代使用渐少，现代汉语中消失，"变诈"仅活跃于宋代时期，其他时期使用甚少，现代汉语中消失，"逆诈、鄙诈、险诈"自成词一直到清代都使用活跃，现代汉语中均消失。

第三节 "讨×"类词群

一 言说义语义范畴

这组有三个词，"讨吃、讨论、讨说"。

（一）【讨吃】

《语类》中的语义：向人要饭食吃，讨饭。

是以当知养其大体，而口腹底他自会去讨吃，不到得饿了也。（4，59，1414）

按："讨"有"求"义，可引申为"索取、讨要、乞求"义。"吃"在这里作名词用，义为"吃的"，"讨"和"吃"成词构成动宾结构。明徐渭《四声猿·渔阳三弄》："他若讨吃么，你与他几块歪剌。"《钟馗捉鬼传》第五回："一日，正在街上讨吃，只听得一声高叫，两个鬼定睛一看，乃是叫街鬼。"《儿女英雄传》第三回："为的是有一等人往往的就扮作讨吃的花子，串店的妓女，乔装打扮的来给强盗作眼线。"

"讨吃"一词最早见于宋代文献，如《语类》中例，到现代汉语中，仍有使用，如《棋王》："我倒是没有什么，毕竟强似讨吃。""讨吃"一词从宋代出现一直到现代汉语，词义没有发生变化，一直为"向人要饭吃"的意思。

（二）【讨论】

1.《语类》中的语义：探讨研究并加以评论。

既学而犹虑其未至，则复讲习讨论以求之，犹治骨角者，既切而复磋之。（2，17，388）

问:"陆先生不取伊川格物之说。若以为随事讨论,则精神易弊,不若但求之心,心明则无所不照,其说亦似省力。"(2,18,393)

曰:"不去随事讨论后,听他胡做,话便信口说,脚便信步行,冥冥地去,都不管他。"(2,18,393)

今欲处世事于陵夷之后,乃一向讨论典故,亦果何益!(4,55,1310)

苟其可知者,无远近多少,须当尽察之。疑是初时未曾讨论,故有此说。(6,90,2319)

此亦未是。岂无圣经贤传可以玩索,可以讨论?终不成和这个也不得理会!(8,136,3249)

按:"讨"有"求、寻究"之义。《说文·言部》:"论,议也。从言,仑声。"《说文段注》:"论以仑会意……当云从言、仑,仑亦声。凡言语循其理得其宜谓之论。"《书·周官》:"兹惟三公,论道经邦,变理阴阳。"三国蜀诸葛亮《出师表》:"先帝在时,每与臣论此事,未尝不叹息痛恨于桓灵也。"引申出"推知"义,《荀子·解蔽》:"坐于室而见四海,处于今而论及远。"《吕氏春秋·审应》:"远不肖,过不肖,而自以为能论天下之主乎?"《淮南子·说山》:"以小明大,以近论远。"高诱注:"论,知也。"因此,"讨"和"论"同义连文成词,义为"探讨研究并加以评论"。《语类》中的用例很多,出现的语境都跟讲学有关,是一个典型的理学色彩词。

2. "讨论"一词在历代文献里的使用情况。

"讨论"一词最早在先秦就已出现,《论语·宪问》:"为命,裨谌草创之,世叔讨论之。"《书序》:"讨论《坟》《典》,断自唐虞以下讫于周。"在隋唐五代大量出现,《晋书·司马彪传》:"彪乃讨论众书,缀其所闻,起于世祖,终于孝献,编年二百,录世十二,通综上下,旁贯庶事,为纪、志、传凡八十篇,号曰《续汉书》。"宋以后使用更为普遍,后来语义有所扩大,增加了"共同商讨辩论"义,如:宋文同《谢复官表》:"臣愈当循省,敢怠操修?惟勤讨论,庶备驱使。"《南史·儒林传·顾越》:"弱冠游学都下,通儒硕学,必造门质疑,讨论无倦。"唐罗隐《题玄同先生草堂》诗之三:"常时忆讨论,历历事犹存。"

"讨论"一词,从先秦成词一直沿用至今,在现代汉语中仍然习用,是常用词之一,但词义仅有"大家共同商讨辩论",如《朱自清传》:"这时,正是文学革命运动深入开展时刻,翻开《新青年》,里面有陈独秀、胡适、刘半农、钱玄同等接二连三讨论新文学问题的文章，还有那么多新文学的作品。"孙犁《秀露集·文学和生活的路》："要想使文学艺术提高，应该经常有一些关于艺术问题的自由讨论。"

"讨论"的词义发展经历了一个由词义扩大再词义转移的过程。见下图所示：

讨论 { 探讨研究并加以评论（在先秦刚成词便有此义）后该义逐渐消失
       共同商讨辩论（此义产生于宋代）后一直沿用至今

（三）【讨说】

1.《语类》中的语义：犹讨论。

说得也是，不须别更去讨说，只是子细看，子细认分数，各有队伍，齐整不紊，始得。今只是恁地说过去，被人诘难，便说不得。（4，59，1378）

按：《语类》中"讨说"仅有一例，义同"讨论"。《说文·言部》："说，说释也。"《广雅·释诂二》："说，论也。"而"论"亦有"陈述、叙说"义，《广韵·魂韵》："论，说也。"《淮南子·条务》："书传之微者，唯圣人能论之。"高诱注："论，叙也。"《文选·张衡〈西京赋〉》："众形殊声，不可胜论。"李善注引薛综曰："论，说也。"《水浒传》第一百一十回："对席有个老者，便请会茶，闲口论闲话。"因此，"讨说"犹"讨论"。

2. 其他文献中的使用情况。

"讨说"一词最早出现在唐代，唐柳宗元《读韩愈所著〈毛颖传〉后题》："故学者终日讨说答问，呻吟习复，应对进退，掬溜播洒，则罢惫而废乱，故有'息焉游焉'之说。"另还有《续指月录卷十七·六祖下三十三世·临济宗》：便讨说个是非好恶、贤善才能、尊卑异类。

"讨说"一词虽义犹"讨论"，但它出现比"讨论"晚很多，且鲜为使用，从唐代到现代，也仅有四例，说明该词的生命力不够旺盛，没有被广泛使用，现代汉语中消失。

二　心理认知域语义范畴

这组词群里的"讨×"的语义以"探究"义为核心语义。这是由言说义引申发展而来，从单纯的言语行为进入到无言语行为的心理认知域，这一过程并不突兀，而是顺理成章的一个发展历程。言语跟思维总是紧密相连，结伴而行，当没有明显的外在言语行为时，就自然而然地只留下了心理活动里的思维认知行为了。

这组词群里有六个词，"讨头、讨见、搜讨、寻讨、讨索、讨度"等。

(一)【讨头】

1.《语类》中的语义：寻究头绪。其中，"头绪"义为："事物发展的脉络或探求问题的门径，事情的条理"，因此，"讨头"义为"寻究事物发展的脉络或探求问题的门径，事情的条理"。

才说偏了，又着一个物事去救他偏，越见不平正了，越讨头不见。(1，8，131)

九四"弗过遇之"一句晓不得，所以下两句都没讨头处。(5，73，1870)

"几"，是事之端绪。有端绪方有讨头处，这方是用得思。(6，94，2400)

一句之内，有未了事，一齐都要了。大抵做官，须是令自家常闲，吏胥常忙，方得。若自家被文字来丛了，讨头不见，吏胥便来作弊。(7，106，2648)

颜子固是天资高，初间"仰之弥高，钻之弥坚"，亦自讨头不着。(7，117，2825)

曾子初亦无讨头处，只管从下面捱来捱去，捱到十分处，方悟得一贯。(7，117，2826)

去理会底，又不知寻紧要处，也都讨头不着。(7，120，2887)

按："讨头"一词，在《语类》中共出现12次，均为"寻究头绪"的意思。

《类篇·言部》："讨，求也。"《晋书·卫恒传》："或时不持钱诣酒家饮，因书其壁，顾观者以酬酒，讨钱足而灭之。"唐寒山《诗三百三首》其九十八："凡事莫容易，尽爱讨便宜。"《警世通言·王安石三难苏学士》："东坡讨个江船，自夔州出发，顺流而下。"《论语·宪问》："为命，裨谌草创之，世叔讨论之，行人子羽修饰之，东里子产润色之。"何晏集解引马融曰："讨，治也。裨谌既造谋，世叔复治而论之，详而审之也。"朱熹集注："讨，寻究也。"《商君书·更发》："虑世事之变，讨正法之本，求使民之道。"宋王安石《吾心》："然犹谓俗学，有指当穷讨。"

因此,"讨,求也",即"寻究"之义,在先秦已有此义。

"头,首也。"指人体的最上部或动物的最前部,"头"便可引申出"物品的顶端或末梢"的意思。晋刘琨《扶风歌》:"系马长松下,发鞍高岳头。"《晋书·阮籍傅附阮修》:"常步行,以百钱挂杖头。"在现代汉语中仍由这样的用法,如"中间粗,两头细"。

"头"进一步引申出"事情的始末"义。宋岳飞《满江红》:"待从头,收拾旧山河,朝天阙。"明佚名《商辂三元记》第二十一折:"善恶到头终有报。"

"事情的始末"义中就含有"事情的发展脉络或条理"义。"讨"和"头"组合构词为动宾结构,义为"寻究事物发展的脉络或探求问题的门径,事情的条理",充分体现了讲学的理学色彩。

2. 其他文献中的使用情况。

"讨头"一词最早出现于宋代,《大慧普觉禅师法说卷第二十一·宋径山能仁禅院住持嗣法》:早将心意识领解了也。及乎缓缓地根着一似落汤螃蟹手忙脚乱无讨头处。《语类》中出现最多,共12次。

元明清时代,仍有使用,元代《文献通考》卷二百二十四:今《龙虎经》却错说作虚、危去。盖讨头不见,胡乱牵合一字来说。明《金陵清凉院文益禅师语录·径山沙门语风圆信·无地地主人郭凝之编集》:见也见大圣。识也识法眼。只是自讨头不见。师问宝资长老。古人道。山河无隔碍。清代《官经·六、官场准则》大抵做官,须是令自家常闲,吏胥常忙,方苦得。自家被文字来丛了,讨头不见,吏胥便来作弊。做官须是立纲纪,纲纪既立,都自无事。清代《郭公案》第三编:廿五泣曰:"他人杀死他妻子,我哪里去讨头来还他?"以上例中的"讨头"一词义均为"寻究头绪","讨头"还有其他义项,因《语类》中只用了"寻究头绪"之义,因此,"讨头"的其他义项以及出现的文献出处在此不做讨论。

清代以后"讨头"一词极少出现,到现代完全消失,现代汉语里已没有了"讨头"一词。

(二)【讨见】

1.《语类》中的语义:寻究并知晓。

淳曰:"因做工夫后,见得天理也无妨。只是未做工夫,不要先去讨见天理否?"(7,117,2825)

毕竟先讨见天理,立定在那里,则心意便都在上面行,易得将下面许

多工夫放缓了。(7,117,2825)

问:"前夜承教诲,不可先讨见天理,私心更有少疑,盖一事各有一个当然之理,真见得此理,则做此事便确定;不然,则此心末梢又会变了。不审如何?"(7,117,2828)

待寻来寻去,忽然讨见,即是元初的定底物事。(7,120,2892)

按:"讨"有"寻究"义,前面已经详细解释。此词中的"见"义为"了解、知晓"。《说文》:"见,视也。从儿,从目。"段玉裁注:"用目之人也,会意。"可引申为"了解、知晓"义,《左传·襄公二十五年》:"他日吾见蔑之面而已,今吾见其心矣。"《淮南子·条务》:"今使六子者易事,而明弗能见者何?"高诱注:"见,犹知也。"宋陆游《示儿》:"齿豁头童方悟此,乃翁见事可怜迟。"

2. 其他文献里的使用情况。

"讨"和"见"为近义连文成词。此词最早见于宋代文献,仅见于《语类》,后代文献未见用例,现代汉语中完全消失。

(三)【搜讨】

1.《语类》中的语义:谓深入研究探讨。

读书遇难处,且须虚心搜讨意思。有时有思绎底事,却去无思量处得。(1,11,180)

按:《说文》:"搜,众意也。一曰求也。"《广韵·尤韵》:"搜,求也。"《文心雕龙·章句》:"搜句忌于颠倒,裁章贵于顺序。"唐韩愈《进学解》:"寻坠绪之茫茫,独旁搜而远绍。"陈去病《辑陆沉丛书初集竟题首》:"如今挥泪搜遗迹,野史零星土一抔。""搜"和"讨"为同义连文而成词,《语类》中仅一例。

2. 其他文献中的使用情况。

最早出现于魏晋文献中,《魏书·李琰之传》:"吾所以好读书,不求身后之名,但异见异闻,心之所愿,是以孜孜搜讨,欲罢不能。"到清代,文献中还有"搜讨"的用例,清毕沅《王隐〈晋书地道记〉总序》:"余年来官事之暇,好搜讨地理之书。"清以后也还有用例,鲁迅《书信集·致姚克》:"清初学者,是纵论唐宋,搜讨前明的。"现代汉语中已没有了"搜讨"一词。

(四)【寻讨】

1.《语类》中的语义:寻究探讨;寻找。

寺基亦好。大抵僧家寺基多是好处。往往佛法入中国,他们自会寻

讨。今深山穷谷好处，只得做僧寺。若人家居，必不可。(1, 3, 54)

儒家则须是就这上寻讨个道理方是道。(4, 62, 1497)

曰："此全未是说仁处，方是寻讨个求仁门路。当从此去，渐见效在其中，谓有此理耳。"(4, 49, 1201)

能无私心则此理流行，即此人而此仁在矣。非是公后，又要去体认寻讨也。(7, 100, 2454)

自古来圣贤讲学，只是要寻讨这个物事。(4, 63, 1521)

此一句最好。盖是天下道理寻讨将去，那里不可体验？只是就自家身上体验，一性之内，便是道之全体。(7, 116, 2788)

按：《说文·寸部》："寻，绎理也。"朱骏声《通训定声》："寻所以度物，故揣度以求物谓之寻。"《正字通·寸部》："寻，探求也。"《淮南子·俶真》："下揆三泉，上寻九天。"

"寻"和"讨"组合成词为同义连文。《语类》中共有十九例，例证较多。

2. 其他文献中的使用情况。

该词最早出现在汉代，汉袁绍《与公孙瓒书》："足下曾不寻讨祸源，克心罪己。"《北齐书·儒林传·孙灵晖》："日诵数千言，唯寻讨惠蔚手录章疏，不求师友。"明王守仁《传习录》卷下："世儒教人事事物物上去寻讨，却是无根本的学问。"清代文献中，"寻讨"的用例明显减少，到现代汉语中，已没有了"寻讨"一词。

(五)【讨度】

1.《语类》中的语义：衡量揣度。

暖气便是魂，冷气便是魄。魂便是气之神，魄便是精之神；会思量讨度底便是魂，会记当去底便是魄。(1, 3, 41)

按："讨"的义项中并无"衡量、评定"这一义项，而"论"有"衡量、评定"义，《商君书·禁使》："赏随功，罚随罪，故论功察罪，不可不审也。"《吕氏春秋·论人》："此贤主之所以论人也。"高诱注："论，犹论量也。"《礼记·王制》："凡官民材，必先论之。"郑玄注："论，谓考其德行道艺。"《南史·茹法亮传》："内外要职及郡丞尉，皆论价而行。"前面我们已经讲了"讨论"一词，该词不仅出现较早，且一经成词后便大量广泛使用，一直沿用到现代汉语，在现代汉语中仍然广泛使用，因此，"讨"极易受"论"影响，而感染生义，产生"衡量、评定"义。

此处"度"应读为 duó,《尔雅·释诂上》:"度,谋也。"《玉篇·又部》:"度,揆也。"《字汇·广部》:"度,算谋也,料也,忖也。"《书·泰誓上》:"同心度德,同德度义。"孔传:"揆度优劣,胜负可见。"《国语·晋语三》:"谋度而行。"韦昭注:"度,揆也。"《世说新语·雅量》:"可谓以小人之虑度君子之心。"

因此,"讨"和"度"同义连文成词。《语类》中仅有一例。

2. 其他文献中的使用情况。

"讨度"一词最早出现于唐代,唐柳宗元《答贡士萧纂欲相师书》:"俯用讨度,不自谓宜,顾视何德而克堪哉。"宋代仅《语类》中这一例,元明清文献中没有"讨度"一词,现代汉语中也没有。说明"讨度"成词后,并未被广泛使用,便很快消失。

三 比喻义的手作动作义语义范畴

"讨"有"求"义,可引申为"索取、讨要"义。《类篇·言部》:"讨,求也。"《晋书·卫恒传》:"或时不持钱诣酒家饮,因书其壁,顾观者以酬酒,讨钱足而灭之。"唐寒山《诗三百三首》其九十八:"凡事莫容易,尽爱讨便宜。"《警世通言·王安石三难苏学士》:"东坡讨个江船,自夔州出发,顺流而下。"《论语·宪问》:"为命,裨谌草创之,世叔讨论之,行人子羽修饰之,东里子产润色之。"

故"讨"可以引申产生"索取"义。

这一语义跟言说义关系紧密,不可分割,口部言说的目的就是求得想要的事物,这就很自然引申产生"求取、取得、索取"义了。

(一)【讨索】

1.《语类》中的语义:索取。

今却是悬虚说一个物事,不能得了,只要那一去贯,不要从贯去到那一;如不理会散钱,只管要去讨索来穿。(7,117,2829)

按:"索"有"索取、取用"义。《小尔雅·广诂一》:"索,取也。"《庄子·外物》:"君乃言此,曾不如早索我枯鱼之肆。"《史记·平原君虞卿列传》:"秦索六城于王,而王以六城赂齐。"唐杜甫《少年行》:"不通姓氏粗豪甚,指点银瓶索酒赏。"

"讨"和"索"为同义连文而成词,最早出现于宋代,例见《语类》,仅此一例。

2. 其他文献中的使用情况。

《汉语大词典》首引例证偏晚。清代仍有用例,郑观应《盛世危言·公法》:"至所犯之事,或置而不论,或谅而概免,或执义讨索赔偿,均无不可。"到现代汉语中,仍偶有使用,茅盾《子夜》四:"现在看见费小胡子竟掮着'三先生'的牌头来上门讨索,曾沧海觉得非惩他一下不可了。"

"讨索"一词自出现,使用频率并不很高,只是在文献中偶有使用。

(二)【讨名】

1.《语类》中的语义:求取功名。

学问只理会个是与不是,不要添许多无益说话。今人为学,多是为名,又去安排讨名,全不顾义理。说苑载证父者以为直,及加刑,又请代受以为孝。(1,5,93)

按:"名"有"功名、名声、名誉"义。《易·干》:"不成乎名,遁世无闷。"孔颖达疏:"不成乎名者,言自隐黜,不成就令名,使人知也。"《国语·周语下》:"用巧变以崇天灾,勤百姓以为己名。"韦昭注:"名,功也。"《孙膑兵法·将义》:"将者不可以不信,不信则令不行,令不行则军不槫,军不槫则无名。"唐韩愈《赠族侄》诗:"一名虽云就,片禄不足充。"清唐甄《潜书·受任》:"能成大功者,必不败功;能成大名者,必不败名。""名"的"功名、名声、名誉"义一直沿用至现代汉语中,鲁迅《且介亭杂文二集·逃名》:"逃名,其实是爱名的,逃的是这一团糟的名,不愿意酱在那里面。"

2. 其他文献中的使用情况。

"讨名"一词最早出现于宋代,《语类》中仅有此例,另见《大正藏》:这个曲录木床上。不是尔讨名讨利嫉妒生灭之处。以道眼观之。除这两例外,其他文献均未见"讨名"一词。现代汉语中也没有"讨名"一词。

(三)【讨计】

1.《语类》中的语义:求取计谋。

曰:"他是见得这一边难成功,兼察得高宗意向亦不决为战讨计。"(8,131,3155)

按:此词中"计"义为"计划、计谋"。"计"有"谋划、商议"

义,《广韵·霁韵》:"计,筹计。"《篇海类编·人事类·言部》:"计,谋谟也。"《韩非子·外储说右上》:"请归与媪计之。"《史记·管蔡世家》:"昭侯私许,不与大夫计。"后引申为"计划、计谋"义。《管子·权修》:"一年之计,莫如树谷;十年之计,莫如树木,终身之计,莫如树人。"《韩非子·存韩》:"计者,所以定事也,不可不察也。"唐杜荀鹤《中山寡妇》:"任是深山更深处,也应无计避征徭。"

2. 其他文献中的使用情况。

"讨"和"计"构词方式为动宾结构,最早出现于宋代,见《语类》中用例,另见其他文献用例,《续资治通鉴》:张浚既还朝,始议大合兵马为北讨计,乃自招子羽令谕指西帅……。其他文献均未见"讨计"一词,现代汉语中也没有。

(四)【别讨】

1.《语类》中的语义:另外求取、另外寻求。

只除了不弘,便是弘;除了不毅,便是毅。非别讨一弘毅来。(3,35,928)

曰:"也须去。只是不若此之速,必别讨一事故去。且如致膰,亦不是大段失礼处,圣人但因此且求去尔。"(4,48,1196)

若论水之有原本,则观其流,必知其有原。然流处便是那原本,更去那里别讨本?只那澜便是那本了。(4,60,1445)

如何说既能改其恶,更用别讨个善?只改底便是善了。(4,63,1542)

今欲治之,不是别讨个道理治他,只是将他元自有底道理,还以治其人。(4,63,1542)

君子治之,非是别讨个孝去治它,只是与他说:"你这个不是。你本有此孝,却如何错行从不孝处去?"(4,63,1542)

利物,使万物各得其所,乃是义之和处。义自然和,不是义外别讨个和。(5,68,1706)

"利见大人,君德也。"夫子怕人不把九二做大人,别讨一个大人,所以去这里说个"君德也"。(5,69,1711)

所谓"克己复礼"者,去其私而已矣。能去其私,则天理便自流行。不是克己了又别讨个天理来放在里面也,故曰:"公近仁。"(6,95,2453)

上蔡曰："人不可无根"，便是难。所谓根者，只管看，便是根，不是外面别讨个根来。(7，101，2566)

今学者亦多来求病根，某向他说，头痛灸头，脚痛灸脚。病在这上，只治这上便了，更别讨甚病根也！(7，114，2761)

按：此处"别"义为"另、另外"。"别"有"区别、不同"指义，如：天壤之别。《广韵·薛韵》："别，异也。"《礼记·乐记》："乐者，天地之和也；礼者，天地之序也。和，故百物皆化；序，故群物皆别。"郑玄注："别，谓形体异也。"由"区别、不同"引申出"另、另外"之义。《史记·高祖本纪》："使沛公、项羽别攻城阳。"五代李煜《相见欢》："别是一般滋味在心头。"清谭嗣同《仁学》："破有国有家者之私，而纠合同志以别立天国。""别"的"另、另外"义一直沿用至今。

"别"和"讨"组合构成偏正结构的词。义为"另外寻求"。

2. 其他文献中的使用情况。

"别讨"一词最早见于魏晋南北朝时期，义为"另外征讨"。《二十五史·三国志》：太祖善之。别讨毛城，设伏兵掩击，破三屯。

到宋代，"别讨"一词有"另外寻求"的意思。隋唐五代《祖堂集》：垢欲不净，众生之心，则汝便是初心正觉佛，更去何处别讨？所以安在沩山。

"讨"还有"娶"的意思。宋无名氏《张协状元》戏文第十一出："也好，也好。它若有这一项，我自与孩儿讨个新妇。"《醒世恒言·卖油郎独占花魁》："幸然两下相逢，你贪我爱，割舍不下，一个愿讨，一个愿嫁。"淮剧《打碗记》："花喜鹊尾巴长，讨了老婆忘了娘啊！"到明代，"别讨"出现了"另外娶（妻）"的意义。明《三言二拍·喻世明言》："从今不要上他门，休了他，别讨个贤会的便罢。"任硅道："儿子自有道理。"明《三言二拍·警世通言》：你对那穷汉说："有本事出几两银子与我，到得你跟了他去，我别讨个丫头过活却不好？"

清代文献中，"别讨"一词使用甚少，到现代汉语中已经完全消失。

四 "×讨/讨×"组词群小结

"讨"组词尽管义项较多，用法丰富，涉及的词汇也较多，但其中的规律也很明显。最初的本义是跟言说有关的语义"求也"，有三个词"讨吃、讨论、讨说"。后由言说义的"求也"引申出了"寻究、探究"义，这个过程并不突兀，自然引申，因为人类的言语与思维关系紧密，不可分割，言说义上的"讨论"义去掉很直白的言说行为后，自然就引申出了心理活动行为的"探究"义，但实际上这个动作行为里，仍然没有完全脱离掉言说的动作行为，"探究"的心理活动里必然也有言语行为渗透其中。最后一组词群里，核心语义为"求取、索要"。这组共有四个词，"讨名、讨计、讨索、别讨"等。这组词群的核心语义也应该由言说义引申发展而来，言说义的"求也"必然会有目的性在里面，言说的目的就是为了求取或索要到想要的事物，这样也就很自然引申发展出了"索要"义，而这一语义更接近于比喻义的手作动作义语义范畴。

总之，"讨"是一个构词能力较强的词素，在和其他词素组合成词的过程中表现出了丰富的词义和用法。而且"讨×"组词群也具有浓厚的宋儒理学家们的讲学色彩。

第五章

"行走"类词群研究

这章里的三组词群主要是指行走的相关因素,即跟"道路义"相关的三组词群,因为都属于辵部,辵部本就表示行走义。只是这章里的三组词群,主要是行走的相关因素。

第一节 "透×"组词群

《说文新附·辵部》:"透,过也。"《增韵·候韵》:"透,通也。"唐韩愈《题木居士》诗之一:"火透波穿不计春,根如头面干如身。"《醒世姻缘传》第十回:"那街上挤住的人,封皮似的,挤得透么?"故"透"有"通过、穿过"义。

"透"是辵部字,本义为行走义,指人通过或穿过某处,也可用来指物品穿过或通过义。

一 行走义语义范畴

这组有五个词,"透×"可用作本义的行走义,也可用为比喻的行走义,如"穿过透过"义,还可用作行走义的引申义,如"逃走"义。

(一)【透过】

1.《语类》中的语义:"通过、穿过",可用作比喻义。

此类不可晓。人气便是天地之气,然就人身上透过,如鱼在水,水入口出腮。但天地公共之气,人不得擅而有之。(1,4,76)

人气须是刚,方做得事。如天地之气刚,故不论甚物事皆透过。人气之刚,其本相亦如此。(1,8,138)

又曰:"气魄大底,虽金石也透过了!"(4,52,1243)

天地之气无所不到，无处不透，是他气刚，虽金石也透过。（4，52，1254）

无所障碍，虽金石也透过去。地便承受得这气，发育万物。（5，74，1904）

从这里便彻上彻下都即是一个气，都透过了。（7，98，2524）

按：《说文·辵部》："过，度也。从辵，呙声。"《广雅·释诂二》："过，渡也。"故，"过"义为"经过、渡过"。《论语·宪问》："子击磬于卫，有荷蒉而过孔氏之门者。"唐刘禹锡《酬乐天扬州初逢席上见赠》："沉舟侧畔千帆过，病树前头万木春。"清全祖望《枝隐轩记》："然有招之饮者，皆不赴，或以酒过其轩，则又必问其人为何人而后入之。"

在这里，"透过"中的"过"有所虚化，主要以"透"的词义为主。因此，这里，"透过"义为"通过、穿过"。《语类》中的这几例都是在说"人气可以穿透一切物品，毫无障碍"。"透过"的主语是"人气""透过"的宾语是具体的物品，如"人身体、一切事物、金石"等。这里的"透过"使用的是具体义。

2. 其他文献例证情况。

此义的"透过"一词最早出现于五代文献中：

五代《祖堂集》卷十四："透过山河石壁间，要且照时常寂灭。"

宋《五灯会元》卷七：师回信曰："顶门上中此金刚箭，透过那边去也。"

元《全元曲》第一折：【金盏儿】单雄信先地赶上手抡着绿沉枪，枪尖儿看看地着脊背，着脊背透过胸膛。

明《水浒传》第一回：对面松林透过风来，史进喝彩道："好凉风！"

清《儿女英雄传》第三十五回：他头场好端端诗文都录了正，补了草了，忽然自己在卷面上画了颗人头，那人头的笔划一层层直透过卷背去，可不大奇！

一直到现代汉语中仍保留使用：

俞平伯《梦记》四：隔壁货房的门敞着，眼光透过去，里边电灯也是明亮，有无数油腻鲜明的腊肠鸭子叉烧之类，一串一串的从顶板上挂下来。

曹禺《北京人》第三幕：一片淡淡的夕阳透过窗子微弱地洒在落在桌子上的菊花瓣上，同织满了蛛网的七弦琴的穗子上，暗淡淡的，忽然又像回光返照一般的明亮起来，但接着又暗了下去。

3. 比喻义的"通过、穿过"。

曰:"只是下学了,意思见识,便透过上面去。"(3,44,1141)

须是且就他本文逐字剔碎了,见这道理直透过,无些子窒碍,如此,两段浅深自易见。(3,47,1176)

若这里工夫欠了些分毫,定是要透过那里不得。(4,60,1445)

按:这里的"透过"是比喻义,由具体的"通过、穿过"比喻为抽象义的"通过、穿过"。其中的"过"已经虚化,无实义。

(二)【透脱】

1.《语类》中的语义:犹逃脱。脱离。

然其所趣向,犹以为此是透脱生死底等事。其见识犹高于世俗之人,纷纷然抱头聚议,不知是照证个甚底事!(7,118,2859)

按:"透"由本义的"透过穿过"行走义可引申出"逃、逃走"义。《南齐书·垣崇祖传》:"放水一激,急踰三峡,事穷奔透,自然沈溺。"《水浒传》第一一八回:"史进、石秀等六人,不曾透得一个出来,做一堆儿都被射死在关下。"那么,这里的"逃走"仍为行走义。

《广雅·释诂三》:"脱,离也。"《抱朴子·外篇·用刑》:"犹长剑不可倒捉,巨鱼不可脱渊也。"故"脱"有"脱离、离"义。后有引申出"逃脱;避免不利环境而离开"义。《国语·晋语四》:"公惧,乘驲自下,脱会秦伯于王城。"韦昭注:"脱会,遁行潜逃之言也。"《史记·鲁周公世家》:"桓子诈而得脱。"《汉书·高五王传》:"问知其鸩,乃尤,自以为不得脱长安。"颜师古注:"脱,免也。言死于长安,不得更至齐国也。"《红楼梦》第五十回:"你别脱懒儿。"

"透""脱"同义连文组合成词,构成并列式合成词,其义为"逃脱,逃离"。《语类》中仅此一例。

2. 其他文献例证情况。

宋《五灯会元》卷十九:问:有句无句,如藤倚树。如何得透脱?

宋《圆悟佛果禅师语录》卷九:三世诸佛为之出世。自己透脱生死。岂可因循如存若亡。

宋《碧岩录》卷一:到处作饭头。也只为透脱此事。

例证可以看出,"透脱"一词在《语类》中只有一例,可宋代其他文献中用例甚多,多出现于佛经文献或禅宗语录中。现代汉语中"透脱"一词消失。

（三）【走透】

1.《语类》中的语义：犹走漏。义为"走漏、泄露（消息）"。

这个道理，精粗小大，上下四方，一齐要着到，四边合围起理会，莫令有些子走透。少间方从一边理会得，些小有个见处，有个入头处。（7，116，2803）

按："走"有"走漏、泄漏"义。《说文·走部》："走，趋也。"《玉篇·走部》："走，去也。"《正字通·走部》："走，诃斥使退。"后引申出"走漏、泄露"义。元高明《琵琶记·伯喈思家》："［生］你是我的亲的人，我有一件事和你商量，你休要走了我的言语。"明《金瓶梅词话》第六八回："就是应花子也休望他题，只怕走了风。"清《红楼梦》第四六回："太太是多疑的人，只怕疑我走了风声，叫他拿腔作势的。"

"透"可用作比喻义"私下通报或走漏消息"。《红楼梦》第三三回："方才好端端的，为什么打起来？你也不早来透个信儿！"梁斌《红旗谱》第三十一节："我想保保这个媒，我先跟涛他娘透透。"

"走""透"同义连文，构成并列式的合成词，其义为"走漏、泄漏"。

2. 文献例证情况。

"走透"一词最早出现于宋代文献中，如《语类》中例证。后代文献例证并不多见，如下几例：

元白朴《东墙记》第二折：不争你走透消息，泄漏风声。

明《水浒传》第四十五回：因杨雄醉后出言，走透了消息。

清《翻魇殃》第十二回：都要静守，不许做声，又不许一人出入；如有走透消息者，必要重责不恕。

现代汉语中消失，应该是被"走漏"一词替代。

（四）【透漏】

1.《语类》中的语义：透露泄漏。

"克己复礼"。所以言礼者，谓有规矩则防范自严，更不透漏。（3，41，1043）

又其一，则淮上透漏，监官点阅税物，但得多纳几钱，他不复问。（7，111，2722）

又闻入川中用，若放入川蜀，其透漏之路更多。（7，111，2722）

按："透"有"透露、显露"义。五代冯延己《贺圣朝》："轻颦轻笑，汗珠微透，柳沾花润。"《天工开物·锤锻》："轻一羽者，透繡纹于章服。"宋韩玉《感皇恩》词："远柳绿含烟，土膏才透，云海微茫露晴岫。"

《说文·水部》："漏，以铜受水刻节，昼夜百刻。从水，扇声。"古代定时器。后引申出"泄露"义。《广雅·释诂二》："漏，泄也。"《左传·僖公二年》："齐寺人貂始漏师于多鱼。"杜预注："传言貂于此始擅贵宠，漏泄桓公军事，为齐乱张本。"《韩非子·外储说右上》："今为人主而漏其群臣之语，是犹无当之玉卮也。"《后汉书·仲长统传》："今夫国家漏神明于媟近，输权重于妇党，箅十世而为之者八九焉。"

"透""漏"近义连文，构成并列式的合成词，其义为"透露泄露"。《语类》中只有三例，从例中可以看出，"透漏"是施事者主观上主动、自愿的行为，是有目的或故意实施"透漏"的行为。

2. 此义的其他文献例证情况。

唐《全唐文》卷八十一：自今已后，委所在关津镇铺切国捉搦，不得辄有透漏。其有犯者，推勘得实，所在便处极法。

宋《密庵禅师语录·序》：一印印定。更无丝毫透漏。更无丝毫走作。更无丝毫起灭。更无丝毫动摇。如金博金。似水洗水。了绝异缘。

元《元典章·刑部二·系狱》：无致轻重纵肆透漏狱情。

明《水浒传》第一百一十八回：告道："被土居人民透漏，诱引宋兵，私越小路过关。因此众军漫散，难以抵敌。"

清《红楼梦》第九十一回：那知宝蟾也想薛蟠虽以回家，正要寻个路头儿，因怕金桂拿他，所以不敢透漏。

柯岩《奇异的书简·东方的明珠一》：倒是怎么了？是不是麻烦你们那一位——透漏点消息给我？

《围城》：孙小姐满以为"贵人"指的自己，早低着头，一阵红的消息在脸上透漏，后来听见这话全不相干，这红像暖天向玻璃上呵的气，没成晕就散了。

从文献用例可以看出，该词及该义最早出现于唐代文献中，元明清文献中一直有用例，后一直沿用至现代汉语中。

3. "透漏"的行走义。

《语类》中的三例"透漏"用为比喻义，可其他文献例证中的"透漏"用作行走义。如下例证：

宋《续资治通鉴》卷一百一十四：建康诸渡，旧为敌冲，万一透漏，存亡所系。

宋司马光《宋名臣奏议》第9部分：本地分吏卒应巡逻者，不觉透漏，官员冲替，关士降配。

宋以后的文献中仍有"透漏"用作行走义的例证：

明《三国演义》第八八回：沙口水浅，倘蜀兵透漏过来，深为厉害；当分军守把。

清魏源《筹海篇三·议战》：今水师整饬，鸦片自不敢来，纹银自不透漏。

现代汉语中"透漏"一词不再用作行走义。

(五)【透出】

1.《语类》中的语义：显露、露出。

"既雨既处"，言便做畜得住了。做得雨后，这气必竟便透出散了。（5，70，1756）

按：这里"透出"义为"显露、露出"。其中"出"有所虚化。

2. 其他文献例证情况。

魏晋《搜神记》卷十五：有一玉，长尺许，形似冬瓜，从死人怀中透出，堕地；两耳及孔鼻中。

唐顾况《宫词五首》：楼上美人相倚看，红妆透出水精帘。（《全唐诗》卷267-58）

宋《五灯会元》卷十五：师同明和尚到淮河，见人牵网，有鱼从网透出。

明《金瓶梅》第一百回：少顷雨止，天外残虹，西边透出日色来。

清《儒林外史》第一回：那黑云边上，镶着白云，渐渐散去，透出一派日光来，照耀得满湖通红。

文献例证可以看出，"透出"一词最早出现于魏晋时代，成词于中古时期，且习见于历代文献典籍中。一直到现代汉语仍较常用。

老舍《骆驼祥子》第13章：灰天上透出些红色，地与远树显着更黑了；红色渐渐的与灰色融调起来，有的地方成为灰紫的，有的地方特别的红，而大部分的天色是葡萄灰的。

二 心理认知域语义范畴

这组里有三个词，都有"弄懂、弄透彻、弄明白"之义，仍为动词义，虽没有了行走义，可有了心理认知域层面上的认知动词义。

(一)【打透】

1.《语类》中的语义：引申为抽象义的打通，即义为弄懂、弄明白。

仁譬之屋，克己是大门，打透便入来；主敬行恕是第二门；言讱是个小门。(3，42，1081)

欲为学问，须要打透这些子，放令开阔，识得个"以能问于不能，以多问于寡"底意思，方是切于为己。(8，121，2931)

按："透"有"穿透、穿过、通过"义。这里"打"和"透"构成动补式的合成词，"透"补充说明"打"的程度和状况。

2. 其他文献例证情况。

宋《全宋词·水调歌头》刘克庄老子颇更事，打透利名关。

宋《五灯会元》卷十五：一槌打透无尽藏，一切珍宝吾皆有。拈来普济贫乏人，免使波咤路边走。

宋《五灯会元》卷二十：天地悬殊。打透牢关。白云万里。

明《水浒传》第八十七回：且说兀颜小将军便传将令，教太真驸马，李金吾，各拨一千军，待俺打透阵势，便来策应。

清《三侠五义》第五十一回：因用袖箭打透，冒了风，也就摊在房上了。

可见，此词最早出现于宋代文献，后代文献仍有用例。现在汉语中用例不多，只偶尔使用。如：老舍《老舍戏剧·秦氏三兄弟》：为人要长寿，算盘须打透！算盘打不透，不死也得掉块肉！

(二)【穿透】

1.《语类》中的语义：贯通。

所以昨日说西铭都相穿透。所以太极图说，"五行一阴阳也，阴阳一太极也"，二气交感，所以化生万物，这便是"天地之塞吾其体，天地之帅吾其性"。(6，94，2387)

按："穿透"本义为"穿过，穿透过"。"穿""透"同义连文，构成并列结构的合成词。《语类》中的用例，其义抽象引申为"贯通"义。有很重的理学色彩。

2. 其他文献例证情况。

唐《全唐诗续拾》卷三十六：左右冲□搏虏尘，匹马单枪阴舍人，前冲虏阵浑穿透，一段英雄远近闻。

宋《全宋词·渔家傲》：一颗明珠元不夜。非待借。神光穿透诸天下。

明高攀龙《讲义·一贯》：便四方上下、往古来今一齐穿透。

例证可见，该词本义最早出现于唐代文献，后代文献虽有用例，但并不多见。现代汉语中偶尔有使用：

王小波《万寿寺》：这样他就不会被寂寞穿透，也不会被寂寞粉碎。

（三）【看透】

1. 《语类》中的语义：彻底了解；透彻认识。

先生甚喜，以谓"某四十岁，方看透此段意思"。（4，61，1462）

每一次看透一件，便觉意思长进。（7，104，2616）

曰："凡事须看透背后去。"（7，109，2697）

且如这一事，见得这一面是如此，便须看透那手背后去，方得。（7，109，2697）

按：这里的"看"和"透"之间构成动补关系，属于动补式合成词。"看透"本义为"观察或估量透彻"，引申为"透彻认识"义。有很重的理学色彩。

2. 其他文献例证情况。

宋《全宋词·汉宫春》：看透尘寰。更禅心似水，道力如山。

宋《全宋词·瑞鹤仙》：游戏间、声名掀揭宇宙。红尘事看透。

清《儿女英雄传》第二十六回：张金凤此时看透姑娘意中大有转机。

例证可见，"看透"一词最早出现于宋代文献，元明清文献中并不多见。现代汉语中用例较多见，为现代汉语常用词。

老舍《二马》：好象看透了李子荣的心，一颗血红的心，和他的话一样的热烈诚实。

老舍《骆驼祥子》第十章：看透了自己，更无须小看别人。

巴金《灭亡》第二十章：当一个人清楚地知道自己逼近了死路，而心中又无一点遗憾的时候，现实生活里的一切微小的东西都在他底眼前消灭了，他更看透了生活底内幕。

丁玲《母亲》第一部第一章：我现在才算看透了，平日客客气气，有礼貌，对寡妇可就凶了。

三 性状域语义范畴

这组里词较多，多用为性状形容词，表达"彻底透彻；详尽；完全、彻底"等语义。

（一）【透彻】

1.《语类》中的语义：详尽而深入；清楚而明了；彻底、全面。

读书，须是看着他缝罅处，方寻得道理透彻。若不见得缝罅，无由入得。看见缝罅时，脉络自开。（1，10，162）

今若见得十分透彻，待下梢遇事转移，也只做得五六分。（1，13，236）

果然下工夫，句句字字，涵泳切己，看得透彻，一生受用不尽。（1，14，249）

只被他读得透彻。后来著述，诸公皆以名闻。（1，14，254）

就此八者理会得透彻，明德、新民都在这里。（1，14，266）

待学者自做得工夫透彻，却就其中见得体段是如此。（2，19，430）

看他里面推得辛苦，却就上面说些道理，亦不透彻。看来其学似本于老氏。（8，137，3261）

盖论语中言语，真能穷究极其纤悉，无不透彻，如从孔子肚里穿过，孔子肝肺尽知了，岂不是孔子！（2，19，432）

若半青半黄，未能透彻，便是尚有渣滓，非所谓真知也。（2，18，391）

曾子父子相反，参合下不曾见得，只从日用间应事接物上积累做去，及至透彻，那小处都是自家底了。（6，93，2354）

按："透"本义为"跳跃"。《说文新附·辵部》："透，跳也；过也。从辵，秀声。"南朝宋谢灵运《山居赋》："飞泳骋透，胡可根源。"唐杜甫《泥功山》诗："哀猿透却坠，死鹿力所穷。"元无名氏《杀狗劝夫》第二折："这厮死时节定触犯了刀砧杀，醉时节透入在喂猪坑。"

后引申出"清楚、彻底"义。《增韵·候韵》："透，彻也。"《朱子语类》卷九："只是见不透，所以千言万语费尽心力。"明李贽《与焦弱侯书》之二："仆以谓'乐时方乐，忧时方忧'，此八个字，说透世人心髓矣。"闻一多《一句话》诗："别看五千年没有说破，你猜得透火山的缄默？"

《说文·攴部》："彻，通也。从彳，从攴，从育。"故，"彻"有"通达、通晓"义。《国语·周语中》："若本固而功成，施徧而民阜，乃可以长保民矣，其何不彻？"韦昭注："彻，达也。"《人物志·材理》：

"质性警彻，权略机捷，能理烦速，事理之家也。"《京本通俗小说·拗相公》："精于数学，通天彻地。"

"透""彻"组合成词，属近义连文，构成并列式复合词。"透彻"一词义为详尽而深入，此义着重强调学习钻研的程度，属于概念的内涵。《语类》中有此义的"透彻"共用104例。

从《语类》中的用例可以看出，此义的"透彻"一词常常用来作补语，处于谓语动词之后用来补充说明谓语动词所达到的客观程度。如上《语类》中的用例。有时前还会有否定词出现，有时前有动词"至"，"至"即"到达"义，后一定会跟一个程度补语成分，如上最后一例。

2. 其他文献例证情况。

《五灯会元》卷二十：某看此甚久，终未透彻。告和尚慈悲。

宋严羽《沧浪诗话·诗辩》：然悟有浅深，有分限，有透彻之悟，有但得一知半解之悟。

宋张载《横渠易说·系辞下》：须透彻所从来，乃不眩惑。

元《全元散曲·商调·挂金索》：三更里阳生，子母朝金阙。海底灵龟，吸尽金乌血。一气绵绵，三关都透彻。

清《红楼梦》第一一八回：到底奶奶说话透彻！只一路讲究，就把二爷劝明白了。

清《品花宝鉴》第十五回：有一日瑶卿在此，我与他说起来，瑶卿便把你们的情节，说了一个透彻。

"透彻"一词的此义最早出现于宋代文献中，后代文献里仍有用例，只是并不多见，后一直到现代汉语中成为常用词。这跟近现代追求科学真理的思潮紧密相关，这种学术思潮促使"透彻"一词成为常用词。

蔡元培《文化运动不要忘了美育》：要透彻复杂的真相，应研究科学。

鲁迅《彷徨·伤逝》："我是我自己的，他们谁也没有干涉我的权利！"这彻底的思想就在她的脑里，比我还透澈，坚强得多。

郭沫若《断断集·中日文化的交流》：总而言之，资本主义以前的中国旧文化流入日本是很透彻的。

孙犁《秀露集·关于纪昀的通信》：至于文字之简洁锋利，说理之透彻周密；是只有纪昀的文笔，才能达到的。

3. "透彻"一词的"清澈、明亮"义。

所谓虚静者，须是将那黑底打开成个白底，教他里面东西南北玲珑透

彻，虚明显敞，如此，方唤做虚静。（8，121，2937）

按："彻"同"澈"。清澄、清澈、透明。《晋书·卢循传》："双眸冏彻，瞳子四转。"唐钱起《片玉篇》："美人之鉴明且彻。"《宋书·乐志二》："彻宇丽干光。"按，《南齐书·乐志》作"澈"。南朝齐王融《四色咏》："赤如城霞起，青如松雾彻。"按，《艺文类聚》卷五六引作"澈"。

这里"透""彻"组合成词，构成以"透"为偏，以"彻"为正的偏正式复合词，义为"清澈、明亮"。多用来描述一些本身具有晶莹特征的事物，如河水、眼睛，还可用来描述人的内心世界。在句中可作谓语，也可作定语。《语类》中只有一例，此例是说一个内心虚静的人，一定有着一个晶莹剔透的内心世界。

此义最早见于唐代文献中，如：唐杜牧《题白苹州》诗："溪光初透彻，秋色正清华。"元明清文献中尚未见到用例。

此义一直沿用至现代汉语中，如：冰心《寄小读者》通讯十一章："开眼一看，天上是月，地下是雪，中间一颗大灯星，和一个猛醒的人。这一切完全了一个透澈晶莹的世界！"杨朔《黄海日出处》："这是一双明亮透澈的眼睛，日夜守望着祖国的海洋。"

（二）【透切】

1. 《语类》中的语义：透彻深切；深刻地。

某云："若作之，何辞？止缘某前日已入文字，今作出，又止此意思。得诸公更作，庶说得更透切。"都只说过，更无人下手，其遂推刘得修作。（7，107，2668）

按：《说文·刀部》："切，刌也。从刀，七声。"《汉书·霍光传》："光闻之，切让王莽。"颜师古注："切，深也。"《北史·袁充传》："每欲征讨，充皆预知之，乃假托星象，奖成帝意，在位者皆切患之。"《文明小史》第十二回："有两个初次出门，思家念切。"

《集韵·屑韵》："切，要也。"《汉书·杨雄传下》："请略举凡，而客自览其切焉。"颜师古注："切，要也。"《农桑辑要·序》："删其繁重，撮其切要。"

故，"切"有"深刻、紧要、切要"义。

"透""切"近义连文，构成并列式合成词。义为"指说话或表达深刻，切中要害。"《语类》中仅有一例，从例中可以看出，"透切"作句子补语成分，对"说"的程度进行补充说明，"透切"前还有副词"更"作修饰成分。充分体现一种理学色彩。

2. 其他文献例证情况。

宋《重编八十八祖道影传赞·序》：予观高工部寓公序。考窍精详。叙次有法。其长君念祖跋。援引透切。不厌烦赜。

明《二刻拍案惊奇》卷四：其间说话虽是愤激，却句句透切着今时病痛。

清王士禛《池北偶谈·谈献一·司徒公历仕录》：二公论甚透切，予深服之。

《新青年》卷六五号（胡适）：我的朋友钱玄同曾替尝试集做了一篇长序，把应该用白话做文章的道理说得很痛快透切。

夏丏尊、叶圣陶《文心》十九：末了志青抱歉地说他想到了这一点意思，没有发挥得透切，很是惭愧。

例证可见，"透切"最早出现于宋代文献中，元代文献中未找到用例，元代以后文献中仍有用例，到现代汉语中仍有使用。《现代汉语词典》在解释"通晓"一词时，用到了"透切"一词，解释"通晓"为"透切地了解。"

（三）【透达】

1.《语类》中的语义：犹透彻。透彻明白。

铢曰："向来只据传注，终未透达。"（5，79，2026）

按："透"有"清楚、透彻"义。《增韵·候韵》："透，彻也。"《朱子语类》卷九："只是见不透，所以千言万语费尽心力。"明李贽《与焦弱侯书》之二："仆以谓'乐时方乐，忧时方忧'，此八个字，说透世人心髓矣。"闻一多《一句话》诗："别看五千年没有说破，你猜得透火山的缄默？"

《玉篇·辵部》："达，通也。"后由"畅通"引申出"通晓、明白"义。唐慧琳《一切经音义》卷十一："达，谓智也。"《论语·乡党》："丘未达，不敢尝。"《吕氏春秋·知分》："达士者，达乎死生之分。"《后汉书·黄宪传》："太守王龙在郡，礼进贤达，多所降致，卒不能屈宪。"南朝梁沈约《谢灵运传论》："妙达此旨，始可言文。"

这里"透""达"组合成词为同义连文，构成并列式合成词。义为"透彻明白"，多用于讲学习、钻研等场合和领域，带有很重的理学色彩。

《语类》中仅有一例。其他文献也不多见。现代汉语中有用例，但不多见。

陶行知《学生自治问题研究》：彼此明白事之当然，和事之所以然，才能同心同德，透达那共同的目的。

郭绍虞《中国文学批评史》第四章三十七：东坡之所谓"道"，其性质盖通于艺，比了道学家之所谓道，实更为通脱，更为透达。

（四）【透熟】

1. 《语类》中的语义：谓知道得很清楚，很熟。

道理本自广大，只是潜心积虑，缓缓养将去，自然透熟。若急迫求之，则是起意去赶趁他，只是私意而已，安足以入道！（6，95，2452）

老苏则直是心中都透熟了，方出之于书。（7，104，2621）

曰："须是本句透熟，方可推。若本句不透熟，不惟推便错，于未推时已错了！"（7，117，2818）

思量一件道理，直是思量得彻底透熟，无一毫不尽！（8，121，2919）

心路只在这上走，久久自然晓得透熟。（8，121，2920）

按：《玉篇·火部》："熟，烂也。"《广韵·屋韵》："熟，成也。"后引申出"精通而有经验"义。如：熟练、熟能生巧。后又引申出"程度深"义。《吕氏春秋·博志》："故曰：精而熟之，鬼将告之，非鬼告之也，精而熟之也。"《北史·尒朱荣传》："及醉熟，帝欲诛之，左右苦谏乃止。"《旧唐书·陆龟蒙传》："得书熟诵乃录，雠比勤勤，朱黄不去手，所藏虽少，其精皆可传。"

这里"透熟"中的"熟"已经虚化，表示程度高。

2. 其他文献例证情况。

清《红楼梦》第四十八回：你且把他的五言律一百首细心揣摩透熟了，然后再读一百二十首老杜的七言律。

清《儿女英雄传》第十七回：谁想这个当儿，偏偏地走过一个礼仪透熟的礼生来，便是褚大娘子，把他搀了一把，说："姑娘，起来朝上谢客。"

该词最早出现在宋代文献中，参见《语类》中例证。清代及以后文献中仍有用例。现代汉语中用例如下：

臧克家《天火》诗：我知道你什么都透熟，为了什么才装作胡涂。

沈从文《沅陵的人》：你自己试想想看，为了一种流行多年的荒唐传说，充满了好奇心来拜访一个透熟人生的人，问他死了的人用什么方法赶上路，你用意说不定还想拜老师，学来好去外国赚钱出名，至少也弄得个哲学博士回国，再来用它骗中国学生，在他饱经世故的眼中，你和疯子的行径有多少不同！

（五）【明透】

1.《语类》中的语义：明白透晓或彻底明白了。

理会得道理明透，自然是静。今人都是讨静坐以省事，则不可。（7，103，2602）

按："透"有"极、尽"义。元郝经《青州山行》："酒散身逾困，饥透食有味。"《红楼梦》第七七回："不想虚弱透了的人，那里禁得这样抖搜？早喘成一处了。"《二十年目睹之怪现状》第一百回："管他真的假的，我只要透便宜的还他价。"曹禺《雷雨》第三幕："你小心，我哥哥恨透了你。""明透"本义为"光线穿透"，指"亮透了"。这里引申为"彻底明白"义。有很重的理学色彩。

2. 其他文献例证。

宋《圆悟佛果禅师语录》卷十五：所以悟明透底正要调伏。只如诸尘境界。常流于中窒碍。

清《歧路灯》第八十三回：却说王氏一向糊涂，怎的忽然明透？

最早出现于宋代文献中，可文献例证并不多见，现代汉语中消失。

（六）【精透】

1.《语类》中的语义：精辟透彻。

待读此四书精透，然后去读他经，却易为力。（7，115，2778）

都无昌大发越底意思。这物事须教看得精透后，一日千里始得。（8，121，2922）

按："精透"中的"透"补充说明"精"的程度，"精透"构成补充式合成词。"精透"义为"精辟透彻"。有很重的理学色彩。

2. 其他文献例证。

宋罗大经《鹤林玉露》卷七：象山此说，尤更精透。

最早出现于宋代文献，元明清文献中尚未见用例，现代汉语中有用例，并不很多：

郭沫若《文艺论集·论诗三札》：要说他是文学家，他也有他简切精透的文学。

《新青年》卷七六号：这个说话，精透得多；有点智识的人，听了都点头了。

（七）【透底】

1.《语类》中的语义：义为"彻底、全部"，指达到极点的地步。

惟"思无邪"，则见得透底是实。（2，23，543）

理在气中，如一个明珠在水里。理在清底气中，如珠在那清底水里面，透底都明；理在浊底气中，如珠在那浊底水里面，外面更不见光明处。（1，4，73）

为子知孝，为父知慈。只是知不尽，须是要知得透底。且如一穴之光，也唤做光，然逐旋开？（1，15，291）

按："透"有"彻底"义。《增韵·候韵》："透，彻也。"《朱子语类》卷九："只是见不透，所以千言万语费尽心力。"明李贽《与焦弱侯书》之二："仆以谓'乐时方乐，忧时方忧'，此八个字，说透世人心髓矣。"闻一多《一句话》诗："别看五千年没有说破，你猜得透火山的缄默？"

还引申出"周全、周遍"义。《水浒传》第三一回："却得施恩上下使钱透了，不曾受害。"《醒世恒言·杜子春三入长安》："这人好混账，吃透了许多东西，倒说这样冠冕话。"

"底"有"尽头、末尾"义。在"尽头、末尾"中就含有"全部、彻底"之义素成分。因此，这里"透""底"组合成词时，为近义连文，构成并列式合成词，义为"彻底、全部"。

这里"透""底"近义连文，构成并列式合成词，义为"彻底、全部"含有"极点、极致"义素成分，常用作副词。

2. 其他文献例证。

宋《五灯会元》卷二十：古人道，山河无隔碍，光明处处透。且作么生是处处透底光明？

宋《圆悟佛果禅师语录》卷十四：大似将醍醐作毒药。良可怜愍。若是真的见透底。始知郑重。终不将作等闲。

郭沫若《瓶》诗之二十五：人如要说我痴愚，我真是痴愚透底。

陈毅《题西山红叶》诗：伸手摘红叶，我取红透底。浅红与灰红，弃之我不取。

老舍《二马》第四段九：老马本来编了一车的好话儿，预备透底的赔不是。

康濯《公社的秧苗》：前些天还当面闻到了那人的气味不对，可也没有把人家的心透底看穿。

邓友梅《追赶队伍的女兵们》十二：要是那一边的呢？我也卖个交情，你只要愿意合作，碰上国军我也绝不透底！

"透底"一词最早出现在宋代文献中，是近代产生的一个新词。元明清文献中尚未见用例，后来，到现代汉语中有用例。

"透底"一词多用来修饰形容词，表示该形容词所要表达的性状已经达到了最极致，大致相当于"极、最"等程度副词。

四　本组词群小结

本组以"透"为中心词素的词共 15 个，词义主要以"透彻、通晓、明白"为主，具有浓厚的理学色彩。从使用的语法功能及意义上来分，可以分为三个语义范畴。分别为：行走义及比喻义语义范畴；心理认知域语义范畴；性状域语义范畴。其中行走义语义范畴里有五个词，以"透×"式构词方式为主，典型的行走义及其比喻引申义，行走动作明显。心理认知域语义范畴有三个词，以"V 透"式构词方式为主，其中的"V"虚化了该动词所表达的动作义，使得"V 透"的语义以"透"的认知义为核心，即"弄透彻、弄明白"。最后一个语义范畴为性状域语义范畴，这应该是由心理认知域继续虚化而来，以"透 A"或"A 透"式为主要构词方式，多用作性状形容词，在句中用来补充说明前面的中心词所达到的程度或状况，有"极、尽"等义，表达达到了超出正常范围的地步或状态。

从《语类》中有"透"的这 15 个词语可以看出"透"的词义及语法功能的发展情况。

语义上：从本义"跳跃"──→"逃跑"──→"穿过、通过"──→"透露、显露"──→"走漏消息、泄露"──→"清楚、明白"──→"彻底、全部"──→"达到充分的程度"──→"极、尽"。

语义指向上：语义的指向由单指施事者到施事受事双向指向，再到单向指向受事成分，即客体成分达到的程度或处于的状态，最后，成了一个补充说明成分。

语法作用上：从作核心词素到作辅助成分，并由构词成分成为补充成分，慢慢发生虚化。

第二节 "×途/途×"组词群

一 行走义的相关因素——道路义

这组里的几个词，语义均为"道路、路途"，是本义，就是指客观意义上的道路。也可用作比喻义，指人生之路。

（一）【道途】

1.《语类》中的语义：道路、路途。

不告以穷理，而告以正心、诚意。贼在城外，道途正梗，纵有东南纲运，安能达？（7，101，2569）

按：《玉篇·辵部》："途，途路也。"《广韵·模韵》："途，道也。"《孙子·军争》："故迂其途而诱之以利，后人发，先人至，此知迂直之计者也。"《管子·中匡》："鲍叔、隰朋趋而出，及管仲于途。"汉司马相如《上林赋》："道尽途殚，回车而还。"

《说文·辵部》："道，所行道也。"《诗经·小雅·大东》："周道如砥，其直如矢。"《史记·陈涉世家》："会天大雨，道不通。"唐李白《蜀道难》："蜀道之难，难于上青天。"

"道""途"同义连文，构成并列式合成词。《语类》中只有一例，义为"道路、路途"，即"所行之路途"。

2. 其他文献例证。

《礼记·儒行》：道涂不争险易之利，冬夏不争阴阳之和。

《荀子·成相》第二十五：正直恶，心无度，邪枉辟回失道途。

晋陆云《太尉王公以九锡命大将军让公将还京邑祖饯赠此诗》：道涂兴恋，伏载称徽。

唐裴铏《传奇·许栖岩》第四十七：有鬻人牵一马，瘦削而价不高，因市之而归。以其将远涉道途，日加刍秣，而肌肤益削。

宋《五灯会元》卷十五：面壁九年空冷坐。金佛不度炉，坐叹劳生走道途。

明谢肃《太行山五十韵》：环坞疑城郭，回崖失道涂。

清《儒林外史》第二十七回：只因这一番，有分教：荣华富贵，依然一旦成空；奔走道途，又得无端聚会。

许杰《〈文艺、批评与人生〉自序》：幸亏两脚尚称稳健，还可一步一步走我的人生道途。

例证可见，"道途"一词成词较早，上古便已成词，历代文献例证较多，从明清开始，"道途"一词出现了引申义，多引申指人生之路。现代汉语中，"道途"一词也多用作指人生之路，发展之途。

（二）【路途】

1. 《语类》中的语义：旅途之中。

且如某在长沙时，处之固有一个道理；今在路途，道理又别。（7，116，2791）

按：《尔雅·释宫》："路，旅途也。"郭璞注："途，即道也。"《说文·足部》："路，道也。"段玉裁注："《释宫》一达谓之道路，此统言也。《周礼》：'浍上有道，川上有路。'此析言也。"《玉篇·足部》："路，道路，途也。"《书·胤征》："遒人以木铎徇于路。"宋岳飞《满江红》："三十功名尘与土，八千里路云和月。"

"路""途"同义连文，构成并列式合成词。《语类》中仅一例，义为"旅途"，为基本义。

2. 其他文献例证。

宋《张协状元》第十四出：因往宸京，路途里被劫取。

元《全元散曲》：[尾] 欢会少，缘分浅。音书欲寄凭黄犬，无奈关河路途远。

明《三国演义》第三十七回：冻合溪桥山石滑，寒侵鞍马路途长。当头片片梨花落，扑面纷纷柳絮狂。

清《歧路灯》第十一回：回到楼下，因久客旅邸，不如在家安逸，又路途劳顿，不如安坐闲适；况到家数日，这劳身动心的事儿，一切都要安顿摆布，吩咐应酬的话，说的也多，此夕觉得疲困，睡到床上，便入梦境。

"路途"一词成词较晚，在近代才成词，文献例证较多。现代汉语中，"路途"一词使用仍很广泛，属于高频词语之一。现代汉语中，"路途"一词还常用作引申义，指发展或奋斗之路。

余华《活着》：因为路途遥远，不愿去做皇帝的女婿。

阿城《棋王》第三章：我因为这样那样的事，加上农场知青常常斗殴，又输进火药枪互相射击，路途险恶，终于没有去。

（三）【回途】

1. 《语类》中的语义：返回的路。

今年往莆中吊陈魏公，回途过雪峰，长老升堂说法，且胡鹘过。（8，126，3031）

按：唐王仁昫《刊谬补缺切韵·灰韵》："回，覆转。"《楚辞·离骚》："回朕车以复路兮，及行迷之未远。"王逸注："回，旋也。迷，误也。言及旋我之车以反故道。"（南朝宋）谢惠连《陇西行》："穷谷是处，考盘是营；千金不回，百代传名。"《敦煌变文集·秋胡变文》："未及行至路傍，正见采桑而回。"《老残游记》第八回："车子就放在驴子旁边，人却倒回走了数十步。"

"回""途"构成偏正结构，为偏正式合成词，其中"回"修饰中心义素"途"，义为"返回的路"。《语类》中仅有一例，句中"回途"为名词性词语。

检索文献，仅《语类》中这一例，其他文献未见用例。

（四）【中途】

1. 《语类》中的语义：半路、路途中。

诸友急往中途见别，先生舟往不及。闻蔡留邑中，皆詹元善调护之。（7，107，2669）

贼败，欧阳颖士吴琼先诛死，陆谢施迄以槛车送行在。至中途，迄谓二人曰："吾辈至，必死。与其戮于市朝，且极痛楚，曷若早自裁？"（8，133，3186）

2. 其他文献例证。

《列子·力命》：中途遇东郭先生。

唐李白《叙旧赠江阳宰陆调》诗：中途不遇人，直到尔门前。

宋司马光《重经车辋谷》诗：中途太息坐盘石，涕泗不觉双滂沱。

元《元典章·刑部》卷十一：议得流囚中途遇免，未有通例。依准所拟，移咨中书省闻奏释放去后。

明《醒世恒言》第五卷：行至中途，地名大树坡，见一黄斑老虎，误陷于槛阱之中，猎户偶然未到，其虎见勤自励到来，把前足跪地，俯首弭耳，口中作声，似有乞怜之意。

清《歧路灯》第九十七回：行至中途，双庆来说，孔爷来送贺礼，绍闻急忙回家。

"中途"一词成词于上古时期。自唐始，"中途"一词的使用频率颇高，文献例证颇多。现代汉语中，"中途"仍为高频词语之一。在现代汉语中，"中途"一词既有本义，又有比喻义，两者出现的频率都很高。如：鲁迅《书信集·致曹靖华》：日前寄上《文学报》四份，收到否？该报似中途遗失的颇多。

二 比喻义的道路、路途，多指人生之途

（一）【途径】

1.《语类》中的语义：路径。多用作比喻义。

如人厮杀，凡山川途径，险阻要害，无处不要防守。（8，121，2944）

按：《说文·彳部》："径，步道也。"徐锴系传："小道不容车，故曰步道。"段玉裁注："谓人及牛马可步行而不容车也。"《玉篇·彳部》："径，小路也。"泛指道路。《楚辞·招魂》："皋兰被径兮斯路渐。"王逸注："径，路也。"

"途径"为同义连文，构成并列式合成词。《语类》中仅有一例，义为"路径"，是"途径"的基本义。

2. 其他文献例证。

六朝《抱朴子》释滞卷第八：解之又不深远，不足以演畅微言，开示愤悱，劝进有志，教戒始学，令知玄妙之途径，祸福之源流也。

唐《大唐西域记》卷十一：在大泽中。泽地热湿难以履涉。芦草荒茂无复途径。唯趣城路仅得通行。故往来者莫不由此城焉。

宋《朱子语类辑略》卷六：某平日读个不识途径，枉费心力。适得先生开谕，方知趋向。

明《三国演义》第六十六回：瑾求了书，辞了玄德，别了孔明，登途径到荆州。

清李渔《玉搔头·缔盟》：就是这个尊衔，也只好借为途径。

夏仁虎《旧京琐记·考试》：考试取士为清代登进人才唯一之途径。

田北湖《论文章源流》：儒家从事于文字，辨理决论，更为一家之言，自立经学，举史氏之遗轨，依《尔雅》之末流，兼循途径，不失

规则。

刘大白《再造·国庆》诗：要给全世界人类创造光明，只有再仗着壮烈的牺牲，别开途径。

钱锺书《围城》：新书总会从意外的途径到他手里。他只要有书可读，别无营求。

梁晓声《感觉日本》：出国定居是一种时髦。是摇身一变仿佛成为高等华人的途径。

"途径"一词成词于中古汉语时期。检索文献，发现"途径"一词为历代文献中的使用频率较高，为常用词语之一。一直到现代汉语中，"途径"一词仍广泛使用，属于高频词语之一。多用为比喻义。

（二）【半途】

1. 《语类》中的语义：比喻求知只到了一半的阶段。

中道而废，与半途而废不同。半途是有那懒而不进之意；中道是那只管前去，中道力不足而止。（3，32，803）

学者精神短底，看义理只到得半途，便以为前面没了。（7，117，2811）

按："半途"本义为"路途的一半或中间"。后产生比喻义。《语类》中有两例，义为"比喻求知只到了一半的阶段。"

2. 其他文献例证。

李白《登敬亭山南望怀古，赠窦主簿》：汰绝目下事，从之复何难。百岁落半途，前期浩漫漫。

《旧唐书·韩愈传》：方此时，人人异议以惑陛下，陛下持之不坚，半涂而罢，伤威损费，为弊必深。

宋《五灯会元》卷十九：直饶尽大地明得，无丝毫透漏，犹在半途。

元许衡《风雨图诗》：直到半涂风雨横，仓惶何处觅前村。

明《水浒传》第四十三回：因随叔父来此地贩卖羊马，不期叔父半途亡故，消折了本钱，流落在此蓟州，卖柴度日。

清《醒世姻缘传》第九十六回：能使良人贱，饶教富者贫。半途要夺去，有趣这班人。

茅盾《色盲》：时代的前进的轮子，是只有愈转愈快地直赴终极，是决不会半途停止的。

丁玲《母亲》第一部第三章：这时邻县也送了一些学生来。但是象吴文英嫂嫂那样半途退学的也很多。

"半途"一词最早见于唐代文献中,是近代产生的一个新词,后代文献例证较多。现代汉语中,"半途"仍为高频词语之一。多用作比喻义。

(三)【半途而废】

1.《语类》中的语义:半路上终止。比喻做事情有始无终。

如所谓:"君子乡道而行,半途而废。忘身之老也,不知年数之不足也,俛焉日有孳孳,毙而后已!"(1,15,288)

中道而废,与半途而废不同。半途是有那懒而不进之意;中道是那只管前去,中道力不足而止。(3,32,804)

按:"半途而废"最早写作"半涂而废"。产生于上古时期,最早见于《礼记·中庸》,用例如下:《礼记·中庸》:"君子尊道而行,半涂而废,吾弗能已矣。"

2. 其他文献例证情况。

唐代成书《二十五史·梁书》卷二十五:况夫名立宦成,半途而废者,亦焉可已哉。

宋《河南程氏遗书》卷十五:"素隐行怪",是过者也;"半途而废",是不及也;"不见知不悔",是中者也。

明《三国演义》第一百十四回:臣已得祁山之寨,正欲收功,不期半途而废。此必中邓艾反间之计矣。

清林则徐《查勘矿厂情形试行开采折》:臣等查该三厂开采,虽尚未见成效,然总须该地方官激励厂民,奋勉从事,不可任其半途而废。

清李渔《比目鱼·利逼》:我和你同心苦守,指望守个日子出来,谁想半途而废。

沙汀《炮手》:彭玉书早戒过两次烟的。一次他戒掉了,不到半年又翻了瘾;一次因为受不住痛苦,半途而废。

唐代以来,"半途而废"一直习见于文献典籍中,属于常用词。现代汉语中,"半途而废"仍为高频词语之一。

(四)【途中】

1.《语类》中的语义:半路。比喻事情进行中。

如途中万一遇大盗贼,也须走避,那时如何要不由小径去得!(3,39,1017)

胡文定初疑尹和靖,后见途中辞召表,方知其真有得。(7,101,

2577)

时陈公辅论伊川学，故途中进此表，尹亦只得如此辞。文定以此取之，亦未可见尹所得处。(7，101，2577)

曰："临别所说务实一事，途中曾致思否？今日学者不能进步，病痛全在此处，不可不知也！"(7，117，2809)

蔡京来去，途中遇之，避又不得，不见又不得，遂谒见之。(8，130，3123)

途中见颜岐言章，遂疑潜善为之。(8，131，3139)

陈曰："如此，则稽亦搬家去。臣途中见之。"(8，132，3170)

以至召去知其不好，途中见人哭。问："如何死？"(8，136，3244)

按："途中"和前面的"中途"语义上略有不同，上文用作客观的基本义，即道路义，这里比作比喻义。

（五）【程途】

1.《语类》中的语义：路程，道路。喻指发展奋斗之途。

但用工做向前去，但见前路茫茫地白，莫问程途，少间自能到。(1，15，288)

按：《语类》中仅有一例，义为"喻指发展奋斗之途"。

2. 其他文献例证。

唐项斯《送客归新罗》：君家沧海外，一别见何因。风土虽知教，程途自致贫。

宋《张协状元》第十九出：（旦）程途怕远，只要钱支遣。

明《水浒传》第五回：智深一来肚里无食，二来走了许多程途，三者当不得他两个生力；只得卖个破绽，拖了禅杖便走。

清《杨家将传》第二十四回：却说孟良已离幽州二百里程途，望三关不远。

俞平伯《重过西园码头》：所以湖楼小住，真真只是小住，只算于北上的程途中打一个茶尖，不过这个"尖"欲打到西湖边上去了。

"程途"一词最早出现在唐代文献中，属于近代产生的一个新词，唐以后文献中习见。现代汉语中，用例渐少，"程途"一词消失。

（六）【迷途】

1.《语类》中的语义：喻指错误或迷惑的人生之路。

人于迷途之复，其善端之萌亦甚微，故须庄敬持养，然后能大。(5，

71，1797）

按：《尔雅·释言》："迷，惑也。"《玉篇·辵部》："迷，惑也，乱也。"《广雅·释诂三》："迷，误也。"《楚辞·离骚》："回朕车以复路兮，及行迷之未远。"王逸注："迷，误也。"

故"迷"义为"迷失道路、不辨方向"。《左传·哀公二年》："六月乙酉，晋赵鞅纳卫大子于戚。宵迷，阳虎曰：'右河而南，必至焉。'"《韩非子·解老》："凡失其所欲之路而妄行者之谓迷，迷则不能至于所欲至矣。"宋王安石《秣陵道中口占》之一："经世才难就，田园路欲迷。"明徐弘祖《徐霞客游记·滇游日记八》："山高路僻，幸有炭驼为指迷。"

由"迷失道路"义喻指"迷失的人生之途"。

2. 其他文献例证。

晋陶潜《归去来兮辞》：实迷途其未远，觉今是而昨非。

《南史·贼臣传论》：虽逢兴运，未改迷涂，志在乱常，自至夷戮。

唐郑绍《游越溪》诗：访泊随烟火，迷途视斗牛。

宋杨万里《过五里径》诗：当处迷涂何处问，一溪引我到前村。

宋沈作喆《寓简》卷一："惑于事物，陷于迷涂。"如：不分敌我友，会把人们引入迷途。

明《喻世明言》第二十卷：世间多少迷途客，一指还归大道中。

清《红楼梦》第九八回：适闻有一故人已死，遂寻访至此，不觉迷途。

余华《往事与刑罚》：那时的陌生人如一个迷途的孩子一样，走入了刑罚专家的视野。

王朔《动物凶猛》：它是年轻人迷途往返的必由之路，并非将我拽入深渊的罪恶之手。

"迷途"一词最早出现在晋代文献中，属于一个中古词语，历代文献典籍中用例较多，属于一个高频词语，一直沿用至现代汉语中，仍为高频词语。多用作比喻义。

三 本组词群小结

本组词群语义及用法简单明了，就两个语义范畴，本义的道路义，即客观事实上的道路。还有就是比喻义上的道路，即观念上的道路或路途。《语类》中的"×途/途×"构式的词语，多用作比喻义，有典型的理学色彩。

第三节 "通×/×通"组词群

一 行走相关因素——道路义语义范畴

这组三个词,"通衢"指道路,"通路、通道"用作比喻义,指观念上的道路、路径、途径、方法等。

（一）【通衢】

1.《语类》中的语义：四通八达的道路。

风俗易变，惟是通衢所在。盖有四方人杂往来于中，自然易得变迁。(4，63，1529)

按：《说文·辵部》："通，达也。"《国语·晋语二》："道远难通，望大难走。"韦昭注："通，至也。"后来，"通"引申出"通行；没有阻塞，可以通过。"《孙子·地形》："地形有'通'者，有'挂'者，……我可以往，彼可以来，曰通。"晋陶潜《桃花源记》："初极狭，才通人；复行数十步，豁然开朗。"宋楼钥《送孙子祥赴新昌主簿》诗："一子丞邻封，川陆通舟车。"杨朔《三千里江山》第四段："炸得厉害呀！三天两天通一次车。"

《说文》："衢，四达谓之衢。从行，瞿声。"故，"衢"义为"道路"。《左传·昭公二年》："尸诸周氏之衢。"杜预注："衢，道也。"汉张衡《西京赋》："街衢相经。"《楚辞·王逸〈九思·遭厄〉》："蹑天衢兮长驱。"旧注："衢，路也。"唐柳宗元《国子司业阳城遗爱碣》："青衿涕濡，填街盈衢。"

故"通""衢"组合成词，为偏正式合成词。义为"通行的道路"。在句中常作名词性成分使用。

2. 其他文献例证。

汉班昭《东征赋》：遵通衢之大道兮，求快捷方式欲从谁。

东晋陶潜《始作镇军参军经曲阿作》诗：时来苟冥会，宛辔憩通衢。

宋叶适《修路疏》：出门无碍，方是通衢；着脚不牢，未为坦道。

例证可见，"通衢"一词最早出现于汉代文献中，是一个上古词语。后代文献例证并不多见。现代汉语中"通衢"一词偶尔还有使用：

郁达夫《过去》：三面滨海的通衢里，建筑着许多颜色很沉郁的洋房。

(二)【通路】

1.《语类》中的语义：解决问题的方法或途径。

先就乾坤二卦上看得本意了，则后面皆有通路。(5，67，1662)

问："'观会通，行其典礼'，是就会聚处寻一个通路行将去否？"(5，75，1912)

凡于事物须就其聚处理会，寻得一个通路行去。(5，67，1653)

若不寻得一个通路，只蓦地行去，则必有碍。(5，67，1653)

按："通"义"通行；没有阻塞，可以通过。""通路"本义为"畅通的道路"。抽象引申出"方法、途径"义。

2. 引申义解析。

这里的词义引申主要是隐喻在起作用，概念从一个认知域向另一个认知域投射，这一投射过程是从隐喻的相似性中完成的。由空间域的"道路"和"解决问题的方法、途径"义有着高度的相似性，故两个意义之间可以进行引申，由具象义的"通道、道路"等义引申出抽象义的"方法、途径、道理"等义。

"通路"的此义项最早产生于宋代，见《语类》中例证，但其他文献典籍未见用例。到现代汉语中仍有使用。如：蒋子龙《"维持会长"》第二十章："乔光朴叫郁望北也想了很多办法，仍旧没有打开通路。"

(三)【通道】

1.《语类》中的语义：普遍适用的道理。

语曰："执德不弘，通道不笃，焉能为有！焉能为亡！"(1，8，145)

信道笃而又欲执德弘者，人之为心不可促迫也。(1，8，145)

2. 成词及词义发展解析。

"通道"本义犹"通路"，即"畅通的道路或大路"。早在上古便已成词，义为"畅通之路"。例如：《诗·齐风·〈载驱〉序》："故盛其车服，疾驱于通道大都。"《汉书·陈汤传》："卒以无罪，老弃敦煌，正当西域通道，令威名折冲之臣旋踵及身。"

后"道"由本义"所行道也"引申出"事理、规律"义。《礼记·中庸》："道也者，不可须臾离也。"朱熹注："道者，日用事物当行之理。""道"便有"普遍之理"义。

故"通道"便可由"畅通之道路"义引申为"普遍适用之大道理"义。"通道"一词的此义项最早出现于汉代文献中,如:汉《史记·平津侯主父列传》:"君臣、父子、兄弟、夫妇、长幼之序,此五者天下之通道也。"《东观汉记·杜林传》:"如农夫之务去草焉,芟荑蕴崇之,绝其本根,勿使能植,畏其易也。古今通道,传法于有根。"

后一直沿用至唐,如:唐韩愈《与大颠师书》之三:"自激修行,独立空旷,无累之地者,非通道也。"

宋以后该义项的用例逐渐消失,现代汉语中完全消失。现代汉语中"通道"一词常用作名词性词语,指"畅通之道",用作本义,有时也用作比喻义。

二 心理认知域语义范畴

这一范畴里,语义上可以分出两个层次,第一层次为"贯通"义,第二层次为"彻底了解、明白"义。

第一层次"贯通"义中有五个词,"通贯、贯通、通融、四通八达、七通八达"等。第二层次"彻底了解、明白"义中词语较多,有十个词语,又分为两个小类:(1)通贯、贯通、通融、四通八达、七通八达;(2)通彻、通达、通晓、通知、通识、通流、通熟、通珑、通蔽开塞、通解。

(一)通晓、贯通义

1.【通贯】

(1)《语类》中的语义:通晓、贯通。

孟子成大段,首尾通贯,熟读文义自见,不可逐一句一字上理会也。(2,19,432)

读孟子,非惟看它义理,熟读之,便晓作文之法:首尾照应,血脉通贯,语意反复,明白峻洁,无一字闲。人若能如此作文,便是第一等文章!(2,19,436)

仁是个生底意思,如四时之有春。彼其长于夏,遂于秋,成于冬,虽各具气候,然春生之气皆通贯于其中。(2,20,474)

一,譬如元气;八万四千毛孔无不通贯,是恕也。(2,27,697)

大抵某之解经,只是顺圣贤语意,看其血脉通贯处为之解释,不敢自以己意说道理也。(4,52,1249)

按：《说文》："贯，钱贝之贯。从毌、贝。"段玉裁："钱贝之毌，故其字从毌、贝，会意也。"王筠句读："毌亦声。"《广雅·释言》："贯，穿也。"《易·剥》："贯鱼，以宫人宠。"陆德明释文："贯，穿也。"

故"贯"有"穿过、贯穿"义。后引申出"通，贯通"义。《论语·里仁》："吾道一以贯之。"《战国策·楚策四》："祸与福相贯，生与亡为邻。"鲍彪注："贯，犹通也。"《史记·乐书》："乐统同，礼别异，礼乐之说贯乎人情矣。"张守节正义："贯，犹通也。"元麻革《守约斋为吕仲和作》诗："读书不务博，造道当入微；一理贯万理，一歧会众歧。"

"通""贯"近义连文，构成并列式合成词。从《语类》中的用例可以看出，"通贯"一词常用于"学习、钻研、悟道"类句意的句子里，有明显的理学色彩。《语类》中共有"通贯"37例。

（2）其他文献例证情况。

西汉《春秋繁露》卷十七：文辞不隐情，明情不遗文，人心从之而不逆，古今通贯而不乱，名之义也。

唐《敦煌变文》卷三十九：国者，华夷通贯；般若即圆明智惠；波罗蜜多即超渡爱河；经者显示真宗。

五代《祖堂集》卷十九：大德心法无形，通贯十方，在眼曰见，在耳曰闻，在手执捉，在脚云奔。

南宋陆游《杨夫人墓志铭》：二子未从外塾，而于幼学之事，各已通贯精习。

明《醒世恒言·马当神风送滕王阁》：（王勃）幼有大才，通贯九经，诗书满腹。

王朔《一半是火焰一半是海水》第二章：又过了会儿，嫣红的云透明了，飞絮般一片片飘开，霞光迸射出来，无数道又粗又大的七彩光柱通贯青天，呈现出一个硕大无朋、斑斓无比的扇形。

"通贯"一词最早见于汉代文献，是一个上古产生的旧词，历代文献例证颇多，一直待现代汉语中仍有使用。只是不再属于常用词语。

2.【贯通】

（1）《语类》中的语义：犹"通贯"。透彻地理解，通晓明白。

子孙这身在此，祖宗之气便在此，他是有个血脉贯通。所以"神不歆非类，民不祀非族"，只为这气不相关。（1，3，47）

只为只是这个道理，自然血脉贯通。（1，6，100）

人只是一个心做本,须存得在这里,识得他条理脉络,自有贯通处。(1,11,178)

人只一心为本。存得此心,于事物方知有脉络贯通处。(1,11,178)

如今凝神静虑,积日累月如此,尚只今日见得一件,明日见得一件,未有廓然贯通处。况彼千头万绪,支离其心,未尝一日用其力于此者耶!(1,13,245)

按:以上几例中的"贯通"与"通贯"同义。句法环境、用法等均相同。

(2)其他文献例证。

西汉董仲舒《春秋繁露·正贯》卷第五:然后援天端,布流物,而贯通其理,则事变散其辞矣。

唐韩愈《顺宗实录三》:荐聪明强记,历代史传,无不贯通。

宋岳珂《金陀粹编·行实编年》第2部分:清湖湘累岁荡泊之菑,增秦蜀千里贯通之势。

明《水浒传》第一百一十六回:今有一贤士,姓柯名引,文武兼资,智勇足备,善识天文地理,能辨六甲风云,贯通天地气色,三教九流,诸子百家,无不通达,望天子气而来,现在朝门外,伺候我主传宣。

清《儿女英雄传》第十回:我方才是一时迂执,守经而不能达权,恰才听了张家姑娘这番话,心中豁然贯通。

清汤斌《寄孙微君先生书》:若稍有夹杂,便成隔碍,稍有亏欠,便不充满,安能上下古今,贯通一气。

田北湖《论文章源流》:及一旦豁然贯通,不拘成格,累牍盈篇,俯拾即是。

老舍《四世同堂》第三部第二十一章:不忙!那点病,我手到擒来,保管治好!我不完全是西医,我也会中国的接骨拿筋。中西贯通,我决误不了事!

刘心武《永恒的微笑》:但列奥纳多这样一问,倒使得他思路和语言贯通起来。

钱锺书《猫》:他亲家的贯通过去、现在、未来,正配得上他的融会中国、东洋、西洋。

汪曾祺《翠湖心影》:湖之中,有一条很整齐的贯通南北的大路。

此义最早见于汉代文献中，历代文献例证颇多，一直到现代汉语中仍为常用词语。

（3）"通贯""贯通"之比较。

这里"贯通"和上面的"通贯"为同素异序关系，意义相同，用法也相同。两词最早均出现在西汉文献中，但从历代文献用例来看，"贯通"出现的例证明显多于"通贯"。《语类》中的"贯通"的例证明显多于"通贯"，《语类》中共有"贯通"133例，"通贯"有37例。到了现代汉语中，"贯通"大量使用，但"通贯"仅偶有使用，这说明，"通贯"已逐渐为"贯通"所替代了。

3.【通融】

（1）《语类》中的语义：融会贯通；透彻了解。

某尝说："读书须细看得意思通融后，都不见注解，但见有正经几个字在，方好。"（1，11，192）

按：《说文·鬲部》："融，炊气上出也。"后引申出"通；通达"义。《文选·何晏〈景福殿赋〉》："云行雨施，品物咸融。"李善注："融，通也。"李周翰注："言天子惠化于人，如云雨沾万物，皆以通及之也。"

后由"通"又引申出"融合、融会"义。如：融会贯通、水乳交融。唐杨炯《王勃集序》："契将往而必融，防未来而先制。"宋杨缵《八六子·牡丹次白云韵》："几许愁随笑解，一声歌转春融。"

"通""融"近义连文，构成并列式合成词。《语类》中仅此一例。从例中可以看出，"通融"一词在句中指对句意或文意透彻理解、融会贯通之义。常用来描写学习、钻研等的程度及状况。有很强的理学色彩。

（2）其他文献例证情况。

唐《全唐诗续拾》卷五十九：君不见大道寂寞叵思寻，通融万象尽皆深。一切恬然无起灭，颠倒分别并从心。

明康海《粉蝶儿·贺登科》套曲：学业通融，桂香飘省闱高中，少年时器宇谁同。

该词最早见于唐代文献中，是一个近代产生的新词，后代文献例证并不多见。现代汉语中，"通融"一词仍大量使用，属于常用词语之一。但现代汉语中的"通融"一词词义为"走后门或讲人情，以便行点方便"。如下例证：

钱锺书《围城》：这把五人吓坏了，跟办事员讲了许多好话，说人地生疏，铺保无从找起，可否通融一下。

老舍《一筒炮台烟》：通融办理，可是，绝对作不到。这个公正无私的态度与办法，使他觉得他可以畅行无阻，可以毫不费心思而致天下太平。所以，他一天到晚老是快活的，象个无忧无虑的小鸟儿。

故"通融"一词经历了一个词义转移的过程。

4.【四通八达】

（1）《语类》中的语义：比喻对事理融会贯通。

看文字不可落于偏僻，须是周匝。看得四通八达，无些窒碍，方有进益。（1，11，184）

然圣贤之言活，当各随其所指而言，则四通八达矣。仁，如"克己复礼"皆是；知，如应变曲当皆是。（4，64，1581）

按：本义指四面八方的道路畅通无阻。后引申指对事理或知识的理解融会贯通。这一引申过程中还是隐喻在起作用，由空间域的畅通无阻到精神心智域的融会贯通，因二者之间有着高度的相似性，故可以从空间域引申到精神心智域。

（2）其他文献例证情况。

此义项仅见于《语类》中这两例，其他文献典籍中未见用例。现代汉语中多用"四面八方畅通无阻"义。用例如下：

汪曾祺《八千岁》：祠堂的侧门临河，出门就是码头。这条河四通八达，运粮极为方便。

王小波《白银时代》：在这个故事里，我和老师坐在一棵大树的树根上，脚下是热带雨林里四通八达的棕色水系。

5.【七通八达】

（1）《语类》中的语义：犹四通八达。指对事物的理解融会贯通。

圣人七通八达，事事说到极致处。学者须是多读书，使互相发明，事事穷到极致处。（1，11，184）

按：与"四通八达"义同，但"七通八达"出现的频率明显高于"四通八达"，多见于佛经典籍中，仅有一个义项，即"融会贯通"。

（2）其他文献例证情况。

宋《五灯会元》卷十：如是等参学，任你七通八达，于佛法中觅无见处，唤作干慧之徒。

宋《五灯会元》卷十五：大凡宗师说法，一句中具三玄，一玄中具三要。子入处真实，得坐披衣，向后自看，自然七通八达去。

宋《联灯会要》卷第十五：得坐披衣。向后自看。自然七通八达去。

宋《续灯正统》卷三十四不破不破底。运用无穷。直教七通八达。

宋代以后的文献典籍中用例尚不多见。现代汉语中也未见用例。

(二) 彻底了解、明白、熟练

1.【通彻】

(1)《语类》中的语义：通晓、明白。

持之已久，自然有得，看文字自然通彻，遇事自然圆转，不见费力。(7，115，2783)

但始初须大段着力穷究，理会教道理通彻。(7，118，2850)

读书须是件件读，理会了一件，方可换一件。这一件理会得通彻是当了，则终身更不用再理会，后来只须把出来温寻涵泳便了。(7，118，2852)

"精义入神"，疑与行处不相关，然而见得道理通彻，乃所以"致用"。(5，76，1946)

伊川云："穷理岂是一日穷得尽！穷得多后，道理自通彻。"(7，105，2630)

自当随文、随时、随事看，各有通彻处。(2，19，441)

看文字，且把着要紧处平直看教通彻，十分纯熟。(3，30，773)

"忠信进德"，"修辞立诚"，表里通彻，无一毫之不实，何更用直内。(3，42，1074)

儒者明经，若通彻了，不用费辞，亦一言两句义理便明白。(4，59，1417)

按：《说文·辵部》："通，达也。"《释名·释言语》："通，洞也，无所不洞贯也。"故"通"义为"懂得；通晓"。《易·系辞上》："曲成万物而不遗，通乎昼夜之道而知。"孔颖达疏："言通晓于幽明之道，而无事不知也。"《史记·屈原贾生列传》："贾生年少，颇通诸子百家之书。"唐韩愈《殿中侍御史李君墓志铭》："年少长，喜学，学无所不通。"

《说文·攴部》："彻，通也。从彳，从攴，从育。"故"彻"有"贯通、通晓"义。《墨子·备穴》："为铁钩巨长四尺者，财自足，穴彻，以钩客穴者。"孙诒让间诂："苏云：'彻，通也。'"《列子·汤问》："汝心之固，固不可彻；曾不若孺妻弱子。"南朝宋鲍照《芙蓉赋》："根虽割而管彻，柯既解而丝縈。"

《国语·鲁语上》："既其葬也，焚，烟彻于上。"韦昭注："彻，达也。"《魏书·蠕蠕传》："及臣兄为主，故遣巩都礼等使来大魏，实欲虔修藩礼……臣兄弟本心未及上彻。"唐刘言史《代胡僧留别》诗："定知不彻南天竺，死在条支阴碛中。"

"通""彻"同义连文，构成并列式合成词。有浓厚的理学色彩，从《语类》中的用例可以看出，"通彻"一词出现的语言环境多为有"学习、钻研"义句意的句子中，句中多有"道理、理会"等词语配合出现，主语多为"书、文字、佛经"等书籍类名词，"通彻"常作谓语成分。该词产生较早，早在上古汉语中就已成词，属于一个上古产生的旧词。

（2）其他文献例证情况。

《管子·明法解》第六十七：人臣之力，能鬲君臣之闲而使美恶之情不扬，闻祸福之事不通彻。

《魏书·元顺传》：初书王羲之《小学篇》数千言，昼夜诵之，旬有五日，一皆通彻。

清《儒林外史》第四十七回："后来经史子集之书，无一样不曾熟读，无一样不讲究，无一样不通彻。"

清恽敬《〈靖节集〉书后二》："其诗清微通澈，雄厉奋发，如其人，如其人焉。"

"通澈"犹"通彻"。一直到清代仍有用例，但用例并不多见。现代汉语中，该词消失。

2.【通达】

（1）《语类》中的语义：通晓、洞达。

到得渐长，渐更历通达事物，将无所不能。今人既无本领，只去理会许多闲汩董，百方措置思索，反以害心。(1, 7, 125)

如身要成立，亦是立；学要通达，亦是达。事事皆然。(3, 33, 847)

且只于自家身分上体究，久之自然通达。(2, 20, 470)

人之所以不聪不明，止缘身心惰慢，便昏塞了。敬则虚静，自然通达。(3, 44, 1146)

达材，通达其才，如孔子于由赐，才是明敏者。(4, 60, 1453)

而今喜，天下以为合当喜；怒，天下以为合当怒，只是这个道理，便是通达意。(4，62，1516)

如子贡便是个晓了通达底，所以说从那高远处去。(3，33，832)

按：《释名·释言语》："通，洞也，无所不洞贯也。"故"通"有"懂得、通晓"义。《易·系辞上》："曲成万物而不遗，通乎昼夜之道而知。"孔颖达疏："言通晓于幽明之道，而无事不知也。"《史记·屈原贾生列传》："贾生年少，颇通诸子百家之书。"唐韩愈《殿中侍御史李君墓志铭》："年少长，喜学，学无所不通。"

《玉篇·辵部》："达，通也。"后由"畅通"引申出"通晓、明白"义。唐慧琳《一切经音义》卷十一："达，谓智也。"《论语·乡党》："丘未达，不敢尝。"《吕氏春秋·知分》："达士者，达乎死生之分。"《后汉书·黄宪传》："太守王龙在郡，礼进贤达，多所降致，卒不能屈宪。"南朝梁沈约《谢灵运传论》："妙达此旨，始可言文。"

"通""达"同义连文，构成并列式合成词。《语类》中这几例"通达"的意思为"通晓、洞达"。此义的"通达"一词多用来陈述学习或钻研事物上，具有浓厚的理学色彩。

（2）其他文献例证情况。

"通达"成词较早，在先秦文献中就已有用例，故该词属于一个上古成词的旧词语。历代文献例证如下：

《礼记·学记》第十八：九年知类通达，强立而不反，谓之大成。

《后汉书·郑兴传》：少学《公羊春秋》，晚善《左氏传》，遂积精深思，通达其旨，同学皆师之。

唐韩愈《柳子厚墓志铭》：子厚少精敏，无不通达。

元郑光祖《伊尹耕莘》第一折："老员外是读书的君子，通达古今。"

例证可见，"通达"使用频率并不高，历代文献典籍中算不上一个常用词语。现代汉语仍有使用，如：梁斌《红旗谱》第十四节：一个好的革命干部，他需要文化知识——各方面的知识。需要通达事理，了解社会人情。

3.【通晓】

（1）《语类》中的语义：透彻地了解。

世间有人聪明通晓，是禀其气之清者矣，然却所为过差，或流而为小人之归者；又有为人贤，而不甚聪明通晓，是如何？(2，17，375)

通天下固同此一理，然圣贤所说有许多般样，须是一一通晓分别得出，始得。(2，18，410)

大凡为学，须是四方八面都理会教通晓，仍更理会向里来。(2，18，415)

其所以不及圣人者，只是须待圣人之言触其机，乃能通晓尔。(2，24，569)

大意只是初间与回言，一似个不通晓底人相似。(2，24，571)

世间自有一般浑厚底人，一般通晓底人，其终亦各随其材有所成就。(3，32，826)

按："通"有"透彻"义。唐苏鹗《杜阳杂编》卷上："（金蚕丝）捻而为鞘，表里通莹。"《说文·日部》："晓，明也。从日，尧声。"段玉裁注："俗云天晓是也。"《庄子·天地》："冥冥之中，独见晓焉。"南朝宋刘义庆《世说新语·文学》："真长延之上坐，清言弥日，因留宿至晓。"《方言》卷一："晓，知也。楚谓之党，或曰晓。"《广雅·释诂一》："晓，慧也。"又《释诂三》："晓，智也。"故"晓"义为"明白，了解"。《论衡·变虚》："人不晓天所为，天安能知人所行？"《列子·仲尼》："公子牟曰：'智者之言，固非愚者之所晓。'"北齐颜之推《颜氏家训·风操》："视听之所不晓，故聊记录，以传示子孙。"宋欧阳修《删正〈黄庭经〉序》："其难晓之言，略为注解。"

这里"通""晓"近义连文，构成复合词，《语类》中共有13例，具有浓厚的理学色彩。

(2) 其他文献例证情况。

该词该义最早出现于魏晋文献中，历代文献例证较多。

《北史·邢邵传》：邵率情简素……博览坟籍，无不通晓。

唐韩愈《答陈商书》：辱惠书，语高而旨深，三四读尚不能通晓。

元《南村辍耕录》卷十一：凡写像须通晓相法。盖人之面貌部位，与夫五岳四渎，各各不侔，自有相对照处。

明《三国演义》第八十一回：今二弟被害，亲统大军报仇，未知休咎如何。久闻仙翁通晓玄机，望乞赐教。

清《醒世姻缘传》第九十九回：那时恰值周相公在座。狄希陈看那考语，不甚通晓；看那实事，略知大义。

历代文献典籍中，用例颇多，一直沿用至现代汉语中：

马南邨《燕山夜话·共通的门径》：不能设想，一个文字不通的人，怎么能够充分表达自己的思想？又怎么能够通晓各种知识呢？

4.【通知】

（1）《语类》中语义：犹"通晓"。

程先生谓何追韩信，高祖通知，亦有此理。（8，135，3221）

无垢谓申屠嘉责邓通，文帝亦通知，恐未必然。（8，135，3221）

按：《玉篇·矢部》："知，识也。"即义为"晓得，了解"。《易·干》："知进退存亡而不失其正者，其唯圣人乎！"《孟子·梁惠王上》："王如知此，则无望民之多于邻国也。"《论衡·实知》："人才有高下，知物由学，学之乃知。"唐柳宗元《封建论》："天地果无初乎，吾不得而知之也。"

故"通""知"同义连文，构成一个并列式合成词。多用作抽象义，指通晓某件事情、某个道理、某种意思、意图等。

（2）其他文献例证情况。

"通知"一词成词较早，早汉代就已有用例，历代文献中例证多见。如下：

《汉书·平帝纪》卷十二：征天下通知逸经、古记、天文、历算……至者数千人。

东汉《太平经》卷一百十三：故不悉露见，使凡人各自思惟其意，上士且自以一承万，通知其意，亦不须为其悉说也。

唐韩愈《〈张中丞传〉后叙》：两家子弟材智下，不能通知二父志。

宋《王安石集》卷五十一：尔读群经，而能通知其义，故选于众，以教国子。

明《水东日记》卷三：沈孟端先生方学，虽本世医，而通知古今，有儒者风。

清平步青《霞外攟屑·诗话·杨世昌》：其人善画山水，能鼓琴，晓星历，通知黄白药术，可谓艺矣。

现代汉语里，"通知"一词仍为常用词语，只是"通晓"义消失，仅保留"把事项告诉人知道"义和"告知事项的文字或口信"义。

"通知"一词经历了一个词义缩小的过程。

5.【通识】

（1）《语类》中的语义：透彻地认识或了解。

孟子疏，乃邵武士人假作。蔡季通识其人。当孔颖达时，未尚孟子，只尚论语孝经尔。其书全不似疏样，不曾解出名物制度，只绕缠赵岐之说耳。(2, 19, 443)

按："通"有"透彻、全部"义。如：唐苏鹗《杜阳杂编》卷上："（金蚕丝）捻而为鞘，表里通莹。"宋叶适《法度总论三》："今也保正长之弊，通天下皆患之。"

"识"义为"知道；了解"。如：《诗经·大雅·皇矣》："不识不知，顺帝之则。"宋王安石《送吴显道》诗之二："欲往城南望城北，此心炯炯君应识。"

这里"通""识"构成偏正式合成词，"通"从范围和成都上来修饰限定中心词"识"。《语类》中仅有一例。"通识"前有主语"蔡季"，后有"其人"作"通识"的宾语，故此例中的"通识"义应为"透彻地认识或了解"。

(2) 其他文献例证情况。

后汉《杂譬喻经》卷上人者今比丘尼是。以得神通识往昔事。所以悲者不事心所喜。

西晋《佛说乳光佛经》：终不生三恶道。所在常当通识宿命当供养诸佛。

唐《妙法莲华经玄赞》卷六（本）：此初也。为法王故通识药、病。法于自在别识法药。安隐众生。别识根器。能应机说故现世间经。

唐《二十五史·北史》列传第六十四回：父敖，陈散骑常侍。知命性好学，通识大体，以贞介自持。

宋《云笈七签》卷七十九：世多得其验效，都不以姓字语人，人通识乘青牛为名耳。人间复二百余年，入玄丘山中，不知所在。

宋《资治通鉴》：巷，刃出于背。智通识子高，取其血以指画车壁为"邵陵"字，乃绝，由是事觉。

该词产生于魏晋时代，属于一个中古词语。唐宋代时期文献中用例颇多，宋以后文献中未见用例，现代汉语中消失。

6.【通流】

(1)《语类》中的语义：通晓、明白。

学者至愤悱时，其心已略略通流。但心已喻而未甚信，口欲言而未能达，故圣人于此启发之。(3, 34, 871)

按:"通流"本指通行。《管子·水地》:"水者,地之血气,如筋脉之通流者也。"《淮南子·本经训》:"江淮通流,四海溟涬。"《南史·夷貊传上·西南夷》:"水陆通流,百贾交会。"宋叶适《朝议大夫王公墓志铭》:"开渠港五百余里,漕挽通流,灌注一郡。"

道路的"通行"和思想、思维、思路及内心的"畅通"有隐喻的相似性,故可以从具象"通行"至抽象的"通行",抽象义上的"通行"也即思维、思路的"通晓、明白"。

从《语类》中的例句可以看出,本句话的意思为:学者到了积思求解阶段时,他的内心已经稍稍有点通晓、明白了。但心虽已明白,但还不是很确定,口想要说出来却无法表达出来,因此,此时圣人便开始启发他了。

根据整个句意及句子环境,可进一步证实这里的"通流"当"通晓、明白"来理解才更准确。

(2) 其他文献例证情况。

检索文献,尚未找到第二个用例,说明"通流"的此义只是临时产生,当属"通流"的临时义,"通流"一词也只是《语类》中的一个词语,仅有这一例。那么,可以理解为是《语类》中产生的一个新词。

7.【通熟】

(1)《语类》中的语义:通晓熟练。

学不可躐等,不可草率,徒费心力。须依次序,如法理会。一经通熟,他书亦易看。(1,11,187)

后世去古既远,礼乐荡然,所谓"成于乐"者,固不可得。然看得来只是读书理会道理,只管将来涵泳,到浃洽贯通熟处,亦有此意思。(3,35,931)

按:"通"义为"通晓"。《易·系辞上》:"曲成万物而不遗,通乎昼夜之道而知。"孔颖达疏:"言通晓于幽明之道,而无事不知也。"《史记·屈原贾生列传》:"贾生年少,颇通诸子百家之书。"唐韩愈《殿中侍御史李君墓志铭》:"年少长,喜学,学无所不通。"

《玉篇·火部》:"熟,烂也。"《广韵·屋韵》:"熟,成也。"后引申出"精通;熟练"义。如:熟能生巧。《韩非子·六反》:"今学者之说人主也,皆去求利之心,出相爱之道,是求人主之过父母之亲也,此不熟于论恩,诈而诬也,故明主不受也。"宋欧阳修《试笔·作字要熟》:"作字要熟，熟则神气充实而有余。"

"通""熟"近义连文，构成并列式合成词。

（2）其他文献例证情况。

六朝《颜氏家训集解》卷五：天文、画绘、棋博，鲜卑语、胡书，煎胡桃油，炼锡为银，如此之类，略得梗概，皆不通熟。

《全唐文》卷七百二十九：诸博士助教皆云诸学生读经文通熟，然后授文讲义。

宋《太平广记·嵩岳嫁女》：三礼田者，甚有文道，熟读群书，与其友邓韶博学相类，皆以人昧，不能彰其明。

该词最早出现于六朝文献中，唐宋文献中有例证，只是用例甚少，元明清文献中未见用例，现代汉语中偶尔有使用。

8.【通珑】

（1）《语类》中的语义：通畅明了。

人须是就至虚静中见得这道理周遮通珑，方好。(5，67，1660)

按："通珑"一词为福建福州一带闽语方言词，形容词，义项有两个：一为光亮、洁净；一为为人通达。（参看许宝华《汉语方言大词典》，中华书局 1999 年版，第 5238 页）

从《语类》中的这一例句来看，本句话是在讲有关对道理的理解情况的。那句话的意思是说：人必须在很安静的状态里才能看到这个道理是通畅的还是不通畅的，这才算是好。"通珑"前有"周遮"一词，"周遮"义为遮盖、遮拦，也即不通畅、不顺畅。那么，和"周遮"并列其后的"通珑"义当为"通畅、顺畅"，两词并列而用，旨在说明道理是通畅还是不通畅。

（2）其他文献例证情况。

《语类》中仅有一个"通珑"的用例。检索文献，也仅此一例，其他文献均未找到用例。（参看许宝华《汉语方言大词典》，中华书局 1999 年版，第 5238 页）中收有此词，注明是福建方言词。

9.【通蔽开塞】

（1）《语类》中的语义：本义指疏通蒙蔽或堵塞。喻指思路或心智因受启发而开通。

人之性论明暗，物之性只是偏塞。暗者可使之明，已偏塞者不可使之通也。横渠言，凡物莫不有是性，由通蔽开塞，所以有人物之别。(1，

4，57）

横渠言："凡物莫不有性，由通蔽开塞，所以有人物之别；由蔽有厚薄，故有智愚之别。"似欠了生知之圣。（7，98，2515）

或问："通蔽开塞，张横渠吕芸阁说，孰为亲切？"（7，98，2515）

按：此处"通""开"义同，指"疏通、开通"。"蔽""塞"义同，指"蒙蔽、掩蔽、隔绝"。《左传·襄公二十七年》："以诬道蔽诸侯，罪莫大焉。"杨伯峻注："蔽，塞也，壅也。"

（2）其他文献例证情况。

检索文献，只有《语类》中这三个用例，其他文献典籍未见用例。现代汉语中也无用例。可以断定这又是一例《语类》中的产生的新词。

10.【通解】

（1）《语类》中的语义：通达颖悟。

学习，须是只管在心，常常习。若习得专一，定是脱然通解。（2，20，448）

诗之兴，是劈头说那没来由底两句，下面方说那事，这个如何通解！（6，80，2072）

初间疑处，只管看来，自会通解。若便写在策上，心下便放却，于心下便无所得。（7，118，2837）

某若有未通解处，自放心不得，朝朝日日，只觉有一事在这里。（7，118，2837）

按：《史记·赵世家》："为人臣者，宠有孝弟长幼顺明之节，通有补民益主之业，此两者臣之分也。"张守节正义："通，达理也。"故"通"有"通达事理"义。

《说文·角部》："解，判也。"《广韵·蟹韵》："解，晓也。"《庄子·天地》："大惑者，终身不解；大愚者，终身不灵。"成玄英疏："解，悟也。"《列子·黄帝》："今东方介氏之国，其国人数数解六畜之语者，盖偏知之所得。"宋范成大《大暑舟行含山道中》："不知忧稼穑，但解加餐饭。"故，"解"有"晓悟；理解；知道"等义。

这里"通""解"近义连文，构成并列式合成词。常用来指人在学习、认知过程中所达到的状态。从《语类》中这四例可以看出，此义的"通解"一词的主语常常为受事主语，即事物类名词，如：诗句、句意、文中疑难处等类名词。

（2）其他文献例证情况。

《后汉书·儒林传下·谢该》第六十九：建安中，河东人乐详条《左氏》疑滞数十事以问，该皆为通解之，名为《谢氏释》，行于世。

六朝《全宋文》卷十五：至于所通解处，皆自得之于胸怀耳。文章转进，但才少思难，所以每于操笔，其所成篇，殆无全称者。

宋《陆象山文选》卷一：前辈多戒门人无妄录其语言，为其不能通解，乃自以己意听之，必失其实也。

宋何薳《春渚纪闻·居四郎丹》卷三：时曾子宣当轴，有堂吏通解可喜。

元《佛祖历代通载》卷第二十：育而教之。年二十有一。闻人诵金刚经。忽然通解。

明《七修类稿》卷二十七：胡不通解而注一句，又似非是，今补之而瀛国公之事明矣。

张炜《美妙雨夜》五：这些又该如何模拟出一个成词并汇入现代人的通解？

该词最早出现于汉代文献中，其他文献中也有用例。现代汉语中此词仍然保留使用。

三　性状域语义范畴

多用来指事物性状及人的心情状态等。可分为两个层次，第一层次两个词"通透、通明"，由事物的具象状态引申到人的思想意识状态。第二层次也是两个词"通畅、通快"，用来描述人的精神面貌及心情状态。

（一）两个义项：一为事物具有的性状；二指人的思想意识状态

1.【通透】

（1）《语类》中的语义：两个义项：一为通明透亮。

昔在一山上坐看潮来，凡溪涧小港中水，皆如生蛇走入，无不通透，甚好看！（3，33，850）

这一般，外面恁地，然里面通透，也无界限。（3，32，820）

按：《说文新附·辵部》："透，跳也；过也。从辵，秀声。"《说文新附·辵部》："透，过也。"《增韵·候韵》："透，通也，彻也。"

这里"通""透"同义连文，构成并列式合成词，指建筑物内光线充足、明亮。此义项最早出现于唐宋文献中，如：唐韩愈《南山诗》：蒸岚相潒洞，表里忽通透。五代《祖堂集》卷第十九：皎然秋月明，内外通透。宋欧阳修《送子野》诗：光辉通透夺星耀，蟠潜惊奋斗蜃蛟。

但用例并不多见，明清文献中尚未见用例。现代汉语中也未见用例。

（2）二为通彻透辟。

不必须用一字训，但要晓得大意通透。（1，6，118）

但须庄敬诚实，立其基本，逐事逐物，理会道理。待此通透，意诚心正了，就切身处理会，旋旋去理会礼乐射御书数。（1，7，125）

学须先理会那大底。理会得大底了，将来那里面小底自然通透。今人却是理会那大底不得，只去搜寻里面小小节目。（1，8，131）

大凡看书，要看了又看，逐段、逐句、逐字理会，仍参诸解、传，说教通透，使道理与自家心相肯，方得。（1，10，162）

且如一章三句，先理会上一句，待通透；次理会第二句，第三句，待分晓；然后将全章反复绅绎玩味。如未通透，却看前辈讲解，更第二番读过。须见得身分上有长进处，方为有益。（1，11，189）

按："通""透"同义连文，构成并列式合成词。该词同样具有浓厚的理学色彩。这是《语类》中白话词汇的典型特色，大多数词都有很强的理学色彩，这些词多用于含有"学习、钻研、论学、听道、悟道"等语义的句子里。《语类》中"通彻透辟"义的"通透"一词共有48个用例，可见此义的"通透"一词出现频率之高。

此义项最早出现于宋代文献中，如《语类》中例证。

宋以后文献典籍中用例仍很多，足见此义的"通透"一词在历代文献中出现频率之高。如：元尚仲贤《单鞭夺槊》第二折："我精神抖擞，机谋通透。"《喻世明言》卷三十九："汪世雄文理不甚通透，便将父亲先前写下这封书，递与二程，托他致意，二程收了。"《后西游记》第四回："我看尊颜欣欣然有喜色，莫非阴司中将生死善恶之理讲究得通透了吗？"清《海上花列传》第三十一回：子刚道："勿是呀，俚个书读得来忒啥通透哉，无拨对景个佾人，随便叫叫。"

2.【通明】

（1）《语类》中的语义：两个义项：一为通体明亮或透亮。

子细看，又不是石，恰似乳香滴成样，都通明。身旁一道人云："是陈先生临死时滴出鼻涕。"（8，138，3296）

按："明"有"光亮、透亮"义。《尔雅·释言》："明，朗也。"《广韵·庚韵》："明，光也。"《汉书·儒林传·梁丘贺》："故事，上常夜入庙，其后待明而入，自此始也。"三国魏曹操《短歌行》："月明星稀，乌鹊南飞。"后蜀顾敻《遐方怨》词："嫩红双脸似花明，两条眉黛远山横。"唐李白《忆旧游寄谯郡元参军》诗："一溪初入千花明，万壑度尽松风声。"《红楼梦》第十七回："三间房舍，两明一暗。"

"通"有"整个；全部"义。宋叶适《法度总论三》："今也保正长之弊，通天下皆患之。"《歧路灯》第三回："今日先生、世兄、姐夫、外甥，我通要请到我家过午。"

故，这里"通"和"明"构成偏正式合成词，"通"为偏，修饰"明"，义为"完全或彻底透亮"。《语类》中只有一例。该词最早出现于西汉文献中，如：

《白虎通义》卷六："尧眉八彩，是谓通明，历象日月、璇玑玉衡。舜重瞳子，是谓玄景，上应摄提，以象三光。"

汉代以后其他文献用例颇多：

魏晋《齐民要术》（汪本）卷六：口中色欲得红白如火光，为善材，多气，良且寿。即黑不鲜明，上盘不通明，为恶材，少气，不寿。

宋《云笈七签》卷六十九：如颗粒成三四枚，重一斤，通明者，为中品。

宋《云笈七签》卷六十九：如溪砂有颗粒成而通明者，伏炼饵之，亦得长生留世，未得为上仙矣。

宋《云笈七签》卷六十九：故知阳之真精降气，而圆光周满，无有偏邪。但是伏炼之砂，作芙蓉头成而圆光通明者，即是上品神仙服饵之药。

《全宋词·阮郎归》：日正当中。澄潭忽此逢。金丹乍浴表深功。通明照水红。丹浴罢，乐无穷。

《全元曲》第四十出：（生、小生上）宝马骄嘶，香车毕集，灯光如昼通明。

明徐弘祖《徐霞客游记·粤西游日记二》："前后两门，一望通明。"

清《海上花列传》第五十八回：其时落日将沉，云蒸霞蔚，照得窗棂几案，上下通明。

现代汉语中仍有大量用例：

张爱玲《沉香屑·第一炉香》：虽然月亮已经落下去了，她的人已经在月光里浸了个透，淹得遍体通明。

管桦《第一课》：月亮是这样亮，连一块遮挡它的云彩都没有，天上地下都被它照得通明。

张贤亮《习惯死亡》第二部：他看见自己的脸在玻璃窗上。他的脸上有几十幢灯光通明的楼厦。

（2）《语类》中的语义：二为通晓明了。

因郑仲履之问而言曰："致知乃本心之知。如一面镜子，本全体通明，只被昏翳了，而今逐旋磨去，使四边皆照见，其明无所不到。"（1，15，283）

古人用"圣"字有两样："大而化之之谓圣"，是一般；如"知、仁、圣、义"之"圣"，只通明亦谓之圣。（4，61，1468）

故曰："惟圣罔念作狂。"又问："此'圣'字，寻常只作通明字看，说得轻。"（5，78，2010）

"谋，时寒若。"谋是藏密，便自有寒结底意思。"圣，时风若。"圣则通明，便自有爽快底意思。（5，79，2048）

箕子所指"谋"字，只是且说密谋意思；"圣"，只是说通明意思；如何将大底来压了便休！（5，79，2048）

问六德"智、圣"。曰："智，是知得事理；圣，便高似智，盖无所不通明底意思。"（6，86，2215）

盖自上古陶为土室，其当中处上为一窍以通明，名之曰"中溜"。（6，90，2322）

虽其说有疏略处，然皆通明，不似兼山辈立论可骇也。（7，101，2560）

按："明"有"懂得；了解；通晓"义。《广雅·释诂一》："明，通也。"《玉篇·明部》："明，审也。"《荀子·正名》："以两易一，人莫之为，明其数也。"《南史·隐逸传下·刘慧斐》："慧斐尤明释典，工篆隶。"

这里"通""明"同义连文，构成并列式合成词。义为"通晓明了"，指对事物非常了解。《语类》中只有八例。该词最早出现于先秦上古文献中，且用例颇多，如：《荀子·强国》："求仁厚通明之君而托王焉。"《新论》卷上："王翁始秉国政，自以通明贤圣，而谓群下才智莫能出其上。"《新论》卷中："汉太宗文帝有仁智通明之德，承汉初定，躬俭省约,以惠休百姓,救赡困乏,除肉刑,减律法,薄葬埋,损舆服,所谓达于养生送终之实者也。"《汉书·外戚传下·孝成赵皇后》:"知陛下有贤圣通明之德。"《后汉书·儒林传下·杨仁》:"其有通明经术者,显之右署,或贡之朝,由是义学大兴。"

一直到宋元,仍然习见于文献中,例证如下:

《三国志·蜀书三》:全国为上,破国次之,自非通明智达,何以见王者之义乎!

东晋《抱朴子·内篇》至理卷五:今医家通明肾气之丸,内补五络之散,骨填苟杞之煎,黄蓍建中之汤,将服之者,皆致肥丁。

《隋书·音乐志上》:卿等学术通明,可陈其所见。

唐张鷟《朝野佥载》卷六:夫人尉迟氏,敬德之孙也,性通明强毅。

唐《祖堂集》卷第九:假饶当得门头净洁,自己未得通明,还同不了。

宋沈作喆《寓简》卷八:此理全在心识通明,心识不明,虽博览多好无益也。

元许衡《鲁斋遗书》"彦"是美士,"圣"是通明,"不啻"是不止的意思。

明清文献中未见用例,清以后文献中偶有使用,《发财秘诀》第十回:"雁士闻言,登时满心透彻通明。"

到现代汉语中,"通明"一词仅留"通体明亮或透亮"义。"通明"一词经历了词义缩小的一个过程。

(二) 指人的精神面貌及心情状态

1.【通畅】

(1)《语类》中的语义:一为畅通无阻,指文辞、思路等通顺流畅;

会,犹齐也,言万物至此通畅茂盛,一齐皆好也。(1,6,109)

"巫",从"工",两边"人"字是取象其舞。巫者托神,如舞雩之类,皆须舞。盖以通畅其和气,达于神明。(5,75,1933)

只是说得粗,文意不溜亮,不如此说之纯粹通畅。他只是说人做这个去合那天之度数。(6,87,2254)

横渠若制井田,毕竟繁。使伊川为之,必简易通畅。(7,98,2531)

古人有取于"登高能赋",这也须是敏,须是会说得通畅。(8,139,3298)

按：《说文·辵部》："通，达也。"后引申出"通行，没有阻塞可以通过"。《孙子·地形》："地形有'通'者，有'挂'者，……我可以往，彼可以来，曰通。"晋陶潜《桃花源记》："初极狭，才通人；复行数十步，豁然开朗。"宋楼钥《送孙子祥赴新昌主簿》诗："一子丞邻封，川陆通舟车。"杨朔《三千里江山》第四段："炸得厉害呀！三天两天通一次车。"

后来，由只用于指"道路"的"畅通"扩大使用范围，可以用来指各种事物的"顺畅、畅通"。《尔雅·释天》："四时和为通正。"郭璞注："通，平畅也。"邢昺疏："言上四时之功和，是为通畅平正也。"《淮南子·主术》："是故重为惠若重为暴，则治道通矣。"高诱注："通，犹顺也。"也可指言语或文章通顺、流畅。唐韩愈《祭穆员外文》："我如京师，君居丧；哭泣而拜，言词不通。"《九尾龟》第四七回："拆开封袋看，倒是方子衡亲笔，写得歪歪斜斜，白字连篇，那文理似通非通的，十分费解。"

《说文》未收"畅"，《玉篇·申部》："畅，达也，通也。"《广韵·漾部》："畅，通畅，又达也。"故，"畅"有"通畅、通达"义。《易·坤》："美在其中，而畅于四支。"孔颖达疏："有美在于中，必通畅于外。"南朝梁刘勰《文心雕龙·才略》："张华短章，奕奕清畅。"《醒世恒言·三孝廉让产立高名》："许晏、许普应答如流，理明词畅。"

"通""畅"同义连文，构成并列式合成词。其义为"畅通无阻、顺畅"。《语类》中有五例，义为指事物发展自由顺畅、畅通无阻，也可指文章通顺流畅。

"通畅"一词成词较早，在先秦两汉文献中就已有例证，属于上古旧词语，历代文献典籍中例证较多，习见于历代文献典籍中，高频词语，属于常用词，一直沿用至现代汉语中。例证如下：

《后汉书·栾巴传》：后阳气通畅，白上乞退，擢拜郎中。

北凉县无谶译《大方等大集经》卷二十九：说时无谬无有滞碍。妙语通畅所言审谛正直无粗。

南朝梁刘勰《文心雕龙·奏启》：理既切至，辞亦通畅，可谓识大体矣。

《旧唐书·音乐志二》：《石城》，宋臧质所作也。石城在竟陵，质尝为竟陵郡，于城上眺瞩，见群少歌谣通畅，因作此曲。

唐《全唐诗续补遗》卷十一：此钟发声通畅，若非诗人得句，即是禅僧悟道。

宋周密《齐东野语·方翥》：有物碍其足，视之，则一卷子，止有前二篇，其文亦通畅。

宋《宋诗》卷十一：《石城乐》：于城上眺瞩。见群少年歌谣通畅。因作此曲。

宋《五灯会元》卷十二：大地全开，十方通畅。一只高低一顾，万类齐瞻。

明《林泉随笔》胡推官《朱子大全》一序，余近读之，觉得其中铺叙不甚详备，脉理亦不通畅。

明《清平山堂话本》卷三：然入醉乡，不觉的浑身通畅，把断弦重续两情偿。

清《醒世姻缘传》第六十回：若是素姐一两日喜欢，寻衅不到他身上，他便浑身通畅；若是无故心惊，浑身肉跳，再没二话，多则一日，少则当时，就是拳头种火，再没有不着手的。

张炜《美妙雨夜》十一：一般人是无所顾忌的，一张口就是明白通畅的语言，像他的经历一样直爽。

冰心《晚晴集·记一件最难受的事情》：我感到难受得喘不过气来，我就握起拳头，打着自己的胸膛希望呼吸可以通畅一点。

王小波《红拂夜奔》第十一章：花，鼻塞气重——她闻到了这种气味，倒觉得鼻子通畅，神清气爽了。

（2）《语类》中的语义：二为舒畅。使人（精神或心情）舒畅愉悦。

曰："范氏这一句较疏。说自是在心，说便如暗欢喜相似。乐便是个发越通畅底气象。"（2，20，457）

曰："乐有五音六律，能通畅人心。今之乐虽与古异，若无此音律，则不得以为乐矣。"（3，35，932）

此义为引申义，由指客观事物发展的"畅通无阻、顺畅"义，引申指人的精神或心情的舒畅、愉悦。主要是因为思维的相关性和联想性。此义例证典籍中不多见。现代汉语中也不常用。现代汉语中表达此义主要由"舒畅""痛快"等词语担当，故，"通畅"做"舒畅"义的用法便不多见。

2.【通快】

（1）《语类》中的语义：畅快舒服。

曰："如今恁地勉强安排，如何得乐到得常常做得熟，自然浃洽通快，周流不息，油然而生，不能自已。只是要到这乐处，实是难在。若只恁地把捉安排，才忘记，又断了，这如何得乐，如何得生。"（4，56，1335）

从此看孟子，觉得意思极通快，亦因悟作文之法。（7，105，2630）

大畜干阳在下，为艮所畜，三得上应，又畜极必通，故曰"良马逐"，可谓通快矣；然必艰难贞正，又且曰"闲舆卫"，然后"利有攸往"。（5，75，1924）

按：《说文·心部》："快，喜也。"《战国策·秦策五》："文信侯去而不快。"高诱注："快，乐。"《玉篇·心部》："快，可也。"《广韵·夬韵》："快，称心也。"

后引申出"舒适、畅快"义。战国楚宋玉《风赋》："有风飒然而至，王乃披襟而当之，曰：'快哉此风！'"宋吴曾《能改斋漫录·神仙鬼怪》："忽一日，（江沔）支强，屡欠伸犹不快，偶持重物乃微快，因渐取重物持之，滋重滋快。"《警世通言·拗相公饮恨半山堂》："今世没奈何他，后世得他变为异类，烹而食之，以快胸中之恨耳。"孙犁《秀露集·被删小记》："于是干脆自己动手，以快一时之意，以展不世之才。"

"通""快"组合成词为近义连文，构成并列式合成词，义为"畅快舒服"。

（2）从"通快"到"痛快"。

"通快"一词最早出现于宋代文献中，如《语类》中例证。元明文献中未见用例，清代文献中检索到一个用例，如：《红楼梦》第五十二回："取鼻烟来，给他闻些，痛打几个嚏喷，就通快了。"

"通快"的用例在文献中虽不多见，可"痛快"用例较多，如下：

金元好问《忠武任君墓碣铭》："人无所不至，惟天不容……生为天下所咀嚼，死为海内所痛快，唯遗臭无穷是所得耳。"

清《老残游记》第十七回："今儿我们本来很高兴的，被这翠环一个人不痛快，惹的我也不痛快了。"

冰心《再寄小读者》："当你跑着跳着的时候，和暖的风吹拂在脸上，你心里觉得多么快乐，痛快！"

《说文·疒部》："痛，病也。"桂馥义证："病也者，张揖《杂字》：痛，痒病也。《释名》：'痛，通也，通在肤胍中也。'"后来，因"痛，通也。"且"痛"也有"痛快，尽兴"义。宋苏轼《送陈睦知潭州》诗："君时年少面如玉，一饮百觚嫌未痛。"

二者音近形近义近，故就有了"痛快"一词产生并逐渐取代"通快"，"痛快"稍晚于"通快"而产生，从文献例证可看出，"痛快"产生于金代。但"通快"一词并未完全被替代，一直到清代，仍有"通快"一词的用例，只是用例明显渐少，一直到现代汉语中，"通快"一词完全消失，被"痛快"所替代。现代汉语中只有"痛快"一词，且为常用词语。

四　本组词群小结

本组词群数量较多，大致分为三个层次。第一层次：通衢、通路、通道。这三个词都用客观的具象义，即道路义，属于本义及比喻义语义范畴。第二层次为心理认知域语义范畴，成员较多，又可分出两个小类：（1）通贯、贯通、通融、四通八达、七通八达；（2）通彻、通达、通晓、通知、通识、通流、通熟、通珑、通蔽开塞、通解。共计15个词语。这一层级属于引申义语义范畴，由本义道路义引申而来。第三层次为性状类语义范畴，一共有4个词语，即"通透、通明、通畅、通快"，多用作形容词，在句中描述物品性状特征或人的心情状态。这一层级是由第二层级继续引申而来。这三个层级，语义上层层引申，语法功能上层层虚化，逐渐发生演化，体现了汉语词汇的发展的特性。

第六章

研究价值

本章分三个部分来探讨本书所选词群的研究价值，分别为词群研究价值、文化研究价值、辞书研究价值。

第一节　词群研究价值

"词群"是指由某一个相同的语素构成的一群合成词。例如：球星、歌星、影星、舞星、笑星等。"词群"研究主要着眼于对这组有着相同语素的合成词的语义联系和隐喻认知的研究。"词群"最主要的特点是：同一词群中的词均有一个词素表示共同意义，形成这个词群的外部特征。这一点说明词群具有一个核心词素特征。那么，以这个核心词素为中心构成的词语就聚集在一个义类群里，这个聚合群里的成员会有共同的语义特征及发展演变规律。本节将讨论这些义类聚合群的研究价值。

一　义类聚合群研究价值

以往的词汇研究主要以诠释为主，留下了相当丰富的研究成果，但很少有学者从词汇系统、词汇发展规律方面做较为细致的研究。蒋冀骋在《近代汉语词汇研究》中写道："语言中的词义的变化不是孤立的。一个词意义的变化，会引起同义语义场中其他词的意义变化，或对其他词的演变产生一定的影响。""同义关系并不是一成不变的，词义的演变，不仅会引起词义系统的变化，而且还会引起词的聚合关系的改变。"他还指出："研究多义词的词汇系统，对语言学、词典编纂学、注释学、语源学都有极其重要的意义。如果我们将每一个多义词的词义系统都很科学的加以说明，则我们的语言学将会达到一个新的水平。如果将词义系统的研究成果运用于词典编撰，我们的辞典释义将会更加准确，义项的确定将会更加精当。"

那么，把词放在一个词汇系统中来进行研究是目前词汇学研究的重点也是难点。真正意义上提出语言系统论观点的是瑞士语言学家索绪尔，他针对19世纪历史语言学的"原子主义"倾向，在《普通语言学教程》中明确提出了"语言系统"的观点："语言是一个系统，它的任何部分都可以而且应该从它们共时的连带关系方面去加以考虑"（1983：127，商务印书馆），"共时语言学研究同一个集体意识感觉到的各项同时存在并构成系统的要素间的逻辑关系和心理关系"（1983：143，商务印书馆）。中国学者对"语言系统"观点的认同，在一定的时期内呈现出不平衡的状态，表现为对于语音系统性，语法系统性的认同度大大高于词汇系统性的认同度。直到20世纪80年代，汉语词汇系统性的观点才被学界逐渐认同，张永言在他的《词汇学简论》中说道："语言里的词互相结合而构成一个统一的整体，这就是语言的词汇体系。在这个体系里词与词之间存在着复杂的语义联系，一个词的意义既依赖于它的同义词和跟他属于同一'义类'（semantic group）的别的词，也依赖于在使用中跟它相结合的别的词。"（1982：13）所以，解释一个词语就是恢复这个词语与其他词语的关系。正是在这种学术氛围中，有关汉语词汇系统（主要是词义系统）的研究开始步入正轨。

朱熹讲学的内容，会有很多门人弟子同时记录，各人由于方言不同，语言表达的习惯不同，往往采用不同的词语去记录同一内容，因而同义表达系统十分丰富。研究《朱子语类》中有代表性的概念场词汇系统，对于恢复该类词的词汇面貌和系统属性，对于探求各个成员及其系统属性的历史来源和演变历程，进而为整个汉语词汇系统的研究，都具有十分重要的意义。（参看甘小明2012年博士学位论文《〈朱子语类〉概念场词汇系统研究》）

而本书是以义类词群的聚合群为一个研究视角的，把相关义类的词群放在一个聚合群系统里做研究。

王力指出："专书研究的基础工作就是对汉语进行共时静态描写，只有描写得具体、全面，结论才比较可靠，揭示规律才能够深入。"[①] 因此，

[①] 王力：《我的治学经验》，转引自王力《语言学论文集》，商务印书馆1985年版，第23页。

把《朱子语类》中"手作动作类""口作动作类"及"行走类及相关因素"这三类最有代表性的词语放在词群系统中作细致的描写，是进一步深入研究的重要基础。其中包括手作动作类词群成员及语义范畴的发展变化；口部动作类词群成员及语义范畴的发展变化；和行走相关的因素的词群成员语义范畴的发展变化内容等。

本书对词汇系统的义类聚合群进行分析，是放在共时平面上进行的，比如"提×"组词群的义类聚合及语义范畴，全部是以《语类》中的词语为研究对象，放在《语类》这个文献文本的共时平面上的。其他组词群也都一样。

二　个案的历时考察研究价值

本书在同一个范畴里研究"家族相似性"特征时，还对每一个成员个体进行考察，内容包括成词时间，以及历代文献例证情况，现代汉语里的使用情况等，对每一个个体成员的语义进行考释，在《语类》中的语义及语用环境，最初的本义，还有后来的引申义，通过对语义的分析考释，才能找到每个成员个体的语义范畴及其发展演变规律。每一个范畴中的一个成员都必须至少具有一个与该范畴中其他某个或多个成员相同或相似的特征。一个范畴的所有成员都联结在一个集合上，由一个复杂的、相互交叉的相似网络系缚在一起，这里的相似性有时是一种总体上的相似性，有时却是一种细节上的相似性。比如"提×"组词群，"提携、提挈、提掇"等既保留本义手作动作义，同时又有比喻的"提拔"义语义，这两种用法在《语类》中同时并存，对这些的细致考证，只有通过对个案成员的例证逐条考证才能把词语的用法全部罗列总结出来，因此，个案考察也是本章的一个重要研究方法。

三　语义范畴研究价值

近年来，还有些学者从认知语言学角度出发提出了"语义范畴"及"词群"理论。所谓的语义范畴，其实就是词的语义分类，是人类认知对客观世界进行范畴化和概念化的结果，也是认知语言学研究的一个重要内容。一种事物及其类似成员可以构成一个范畴，一类事物及其所包含的事物也可以构成一个范畴。因此，通俗地说，"范畴"就是"类"，人们认识事物一般是进行类的思考，认知的结果常常是以类为存放单位的，"范畴化"就是对所有的认知对象进行彻底的类思考、类储存和类表达。冯英（2009）在《汉语义类词群的语义范畴及隐喻认知研究》中指出，在语义范畴的分类中，应遵循以下三个原则：1. 语义范畴是一个具有家族相似性的意义辐射结构；2. 语义范畴的各个义项都有不同程度的原型特征；3. 语义范畴的建立是以基本范畴为基点的语义连接系统。①

从以上分析可以看出，语义范畴往往是一种多义性的复杂范畴，同一范畴内的各个成员词义各不相同，但这些有个体差异的成员之间在语义上一定是有联系的，这些联系是有理据性的，也是可分析的，都是在本义或原型基础上，通过一定的语义引申机制而发展变化的，这些变化都发生在一定的认知域上，受一定的认知模式的影响。如隐喻、转喻、联想、义域的转移等。

正是基于以上认识，本书把《朱子语类》部分人体动作类词群放在语义范畴内做研究，从《语类》中选取部分典型词汇，先进行语义范畴分类，整体命名为"人体动作类"范畴，因为最典型最具有代表性的人体动作可分为三类，分别为"手作动作类""口作动作类"和"脚部行走类及其相关因素"（所谓和行走相关的因素指行走的姿态、动作、行走的载体——道路、性质、施事等），这三类就是三个基本范畴，然后把属于各个基本范畴的词群放在一起再进行更深一层的语义及认知分析。

基本范畴和原型是人类认知纵向和横向上的最佳点，两者的性质又是互相影响、互相渗透的。在基本等级上，原型效应表现得最突出，而原型成员也最能反映基本范畴的特性。在这两个认知基点上，构成了基本词汇和词的基本概念，即在中性语境中最常见的词和最基本的意义。可见，词的意义来源于对事物的认知及对其范畴化的能力，而范畴化能力又受到人的生理、感知、模糊认知能力的影响，它们与外界的相互作用决定了词的基本意义，基本词汇和基本意义又发展出上、下级词汇和扩张意义。因此，范畴化能力是语言使用与语言研究中基本的，也是最重要的能力。②

比如，"提"最初的本义是手作动作，基本范畴就是手作义语义范畴，可后来一说到"提"，语义成了口作动作，跟"提说、提及"语义有关，就进入了口作义语义范畴。还有一个方言词"叨"，口部词，本义肯

---

① 冯英：《汉语义类词群的语义范畴及隐喻认知研究》，北京语言大学出版社2009年版，第4页。

② 同上书，第7页。

定是口部动作,"吃"的意义,词语"唠叨"中的"叨"是典型的口部动作词,可在安徽、河南、江苏徐州一带,招呼客人多吃菜时常说"把菜叨上;多叨些菜",其中的"叨"义为"夹菜"的意义,很明显成了典型的手作动作义。

这就是词汇的语义范畴变化。本书对身体动作类义类词群语义范畴进行分析时,仍然是放在《语类》的共时平面上进行的,词汇成员全部来自《语类》文献中,丰富的词汇足以分析出各个不同的语义范畴变化。

第二节 文化研究价值

本书涉及的词汇的文化价值主要体现在三个方面,因为《语类》是一部讲学笔记记录文献资料,由朱熹的学生们以笔记的方式做的听课记录,所以词汇一定会有很浓郁的讲学色彩;而朱熹讲学的内容多涉及宋儒理学,所以朱熹讲课时所用词汇,必然带有浓厚的理学色彩;而无论讲课还是听课,都肯定带有口语化色彩。

一 讲学色彩的体现

比如"探×"组词群里的九个词语,即"探取、探看、探索、探知、采探、探报、探伺、察探、探讨"就能体现讲学色彩,这些词语在《语类》中出现时都是讲做学问时的方法及学习的方法等。

"推×"组的三十八个词语,"推动、推荡、推排、推广/推行;推测、推算、推见、推知、推想、推度;推演、推考、推究、推察、推求、推寻、推勘、推索;推本、推原;推明、推言、推说;推尊、推服、推许、推逊、推诚;推托",也都体现着浓郁的讲学色彩。

"讨×"组词群也具有浓厚的宋儒理学家们的讲学色彩。"讨"是一个构词能力较强的词素,在和其他词素组合成词的过程中表现出了丰富的词义和用法。这组词群中的成员很多,有"讨吃、讨名、讨计、别讨、讨论、讨说;讨头、讨见、搜讨、寻讨、讨索;讨度"共计十二个词语。

二 理学色彩的体现

朱熹讲学中对文字、义理等进行探求的语境中,出现的一些词群,比如"寻×/×寻"和"索×/×索"这两组词群，故都可视为《语类》中的理学词。其中，"索×/×索"组的部分词语如"推索""究索""穷索"和"极索"等在历代文献中的使用频率都极低，且主要见于与宋代理学有关的文献中，这能够体现宋代理学的发展。"寻×"组的"寻求、寻索、寻究、寻讨、寻摸"这五个词语，使用情况跟"索×"组词群基本相同。

这两组词群做"探求"义时都同处于认知义语义范畴内，都是从具体的手作动作义引申抽象为认知义的。这个过程里，思维的相似性，即隐喻是促进发展的主要因素，跟词语出现的语境也有密切的关系，大量的理学语境，给词群的语义发展演变创造了良好的语言土壤，因此，理学色彩及语言环境是促成这两组词群语义范畴发生变化的最主要的外在动因。值得深入研究。

"摸×"组的词群，"捉摸、著摸/着摸、揣摩、描摸、摸索、探摸"等词语都表示"揣测；猜测"语义范畴。这一语义本是指对某种东西的抽象的探求、寻求，这与宋代文人严谨治学精神以及理学思想密切相关，体现理学色彩。

"诡×"组词群中的词语"诡诈、诡异、诡怪、诡秘、诡僻、诡谲、诡遇、诡计"等，"诈×"组词群中的词语"欺诈、逆诈；奸诈、诈伪、谲诈、鄙诈、险诈；变诈"等，体现的也是理学色彩，只是从反面体现出来的。欺骗或欺诈行为并不是一件光彩的事情，"欺诈"行为为不诚不敬的行为，是宋儒理学所痛斥的，体现了宋儒理学对人的行为规范等的要求。

三 古白话口语色彩

从汉语史的角度看，汉语发展到宋代时口语化倾向已经非常明显，也是中古汉语向近代汉语过度的中间状态，即将完全进入古白话时期，由古语旧词向新词发展的过程，因此，其中出现许多因声近而义通的口语词。《语类》中人体动作类词群即反映了这个特征。

比如"摸×"组词语，这组词群中的成员都是近代汉语中产生的新词新语，主要习见于宋代文献中，具有明显的口语化倾向，属于宋代古白话词汇，"揣摸""描摸"还有声近而义通词，分别为"揣摩""描摹"，这在一定程度上反映了唐宋时期近代汉语词汇的丰富与成熟程度，同时，也反映了宋代文人驾驭口语词汇的熟练技巧。

"诡×"组词群中的"变诈"仅活跃于宋代时期,其他时期使用甚少,现代汉语中消失,就体现了当时的口语色彩。

"通珑"一词为福建方言口语词,在《语类》中例证颇多,也体现出了白话口语色彩。

第三节 辞书研究价值

随着汉语史及汉语词汇研究的逐步深入,与此相关的辞书编纂工作也取得较大发展,各种语文类大型辞书及断代性的语言类辞书就需要不断修订补正。中国古典文献浩如烟海,故语文类辞书的编纂因时代的局限,总不可能做到尽善尽美。

《朱子语类》为宋代重要的语言实录典籍,文白共存,对宋代语言类辞书编纂有重要的补充和修正作用。

本节内容主要是针对《朱子语类》部分词群的研究过程中所发现的问题,以《汉语大词典》为辞书参照标准,在增补词目、补充义项、纠正误释和修正书证等方面,简述《朱子语类》词群研究在辞书学中的研究价值。

一 书证滞后

【穿透】贯通。

《汉语大词典》引明高攀龙《讲义·一贯》为首例,偏晚。

所以昨日说西铭都相穿透。所以太极图说,"五行一阴阳也,阴阳一太极也",二气交感,所以化生万物,这便是"天地之塞吾其体,天地之帅吾其性"。(6,94,2387)

【贯通】犹"通贯"。透彻地理解,通晓明白。

《汉语大词典》未引明清例证,当补。

明《水浒传》第一百一十六回:今有一贤士,姓柯名引,文武兼资,智勇足备,善识天文地理,能辨六甲风云,贯通天地气色,三教九流,诸子百家,无不通达,望天子气而来,现在朝门外,伺候我主传宣。

清《儿女英雄传》第十回:我方才是一时迂执,守经而不能达权,恰才听了张家姑娘这番话,心中豁然贯通。

【交谈】互相谈话。

《汉语大词典》引宋宋敏求《春明退朝录》卷中为首例,偏晚。

例证可提早到唐代:张说《夕宴房主簿舍》:"交谈既清雅,琴吹亦凄凝。不逢君塞涸,幽意长郁蒸。"

【狡狯】诡诈。

《汉语大词典》引唐代韩愈《嘲鼾睡》诗为首例,例证偏晚,当提前至六朝:

《世说新语》前言:我尝与诸人道江北事,特作狡狯耳,彦伯遂以著书。

【解题】两个义项:一为对书籍的作者、卷次、内容、版本的说明。二为解说诗文之标题。

对书籍的作者、卷次、内容、版本的说明。

此义《汉语大词典》引宋周密《齐东野语·书籍之厄》为首例,偏晚。例证当提前至魏晋期:

魏晋《颜氏家训集解》而直斋书录解题十六又着录:"稽圣赋三卷,北齐黄门侍郎琅邪颜之推撰。"则史学家、目录学家也都追认其自署,而没有像陆法言切韵序前所列八人姓名,称其入隋以后之官称为"颜内史"[八]了。

解说诗文之标题。

此义《汉语大词典》引清王鸣盛《蛾术编·说录·诗序》为首例,偏晚。

此义例证可提前至唐代:

唐《全唐诗》卷489-4:舒元舆《坊州按狱苏氏庄记室二贤自鄜州走马……寂寞因成诗寄之》:眉睫无他人,与君闲解题。陶然叩寂寞,再请吟清诗。

【批抹】犹言批注校改。

《汉语大词典》引明唐顺之《与两湖书》为首例,偏晚。当提前至宋代,见如下《语类》中例证:

刘枢不好士人,先亦读书,长编从头批抹过。近得书云,尚要诸经史从头为看一遍,顾老病,恐不能。(8,132,3174)

【批判】评论;评断。

《汉语大词典》所引最早例证为宋代,偏晚。当提前至五代。

五代《祖堂集》卷十二：僧云："今日得遇明师批判。"

【欺负】 欺凌压迫。

《汉语大词典》首引宋《前汉书平话》为例证，偏晚，当提前至唐代，例证如下：

唐《敦煌变文》卷二十：雀儿自隐欺负，面孔终是攒沉。

【探报】 探听报告。

《汉语大词典》首引清黄六鸿《福惠全书·钱谷·漕项》为例证，偏晚，当提前至宋代，见如下《语类》中例证：

时极暑，探报人至云："虏骑至矣！"信叔令一卒擐甲，立之烈日中。（8，136，3240）

【探看】 探试；探寻。

《汉语大词典》首引唐李商隐《无题》诗为例证，偏晚，当提前至六朝，例证如下：

六朝《洛阳伽蓝记》卷第五：婆罗门不信是粪，以手探看，遂作一孔。

【探取】 摸取。

《汉语大词典》首引例证为宋代，当提前至汉代。

东汉《释名》第四卷：贪，探也，探取入他分也。

唐《独异志》卷中：项籍开始皇墓，探取珠宝，其余不尽取者，有金雁飞出墓外，为罗者所获。

【讨吃】 向人要饭食吃，讨饭。

《汉语大词典》引明徐渭《四声猿·渔阳三弄》为首例，偏晚。

是以当知养其大体，而口腹底他自会去讨吃，不到得饿了也。（4，59，1414）

【讨索】 索取。

《汉语大词典》引《歧路灯》第四十六回为首例，偏晚。当提前至宋代，见如下《语类》中例证：

今却是悬虚说一个物事，不能得了，只要那一去贯，不要从贯去到那一；如不理会散钱，只管要去讨索来穿。（7，117，2829）

【题跋】 题写跋语。

《汉语大词典》引清代昭梿《啸亭杂录·钱辛楣之博》为首例，偏晚。当提前至宋代，见如下《语类》中例证：

旧尝题跋一文字，曾引此语，以为庄子此说，乃杨氏无君之说。(1，13，233)

【提掇】 有两个义项：提携、携带；提出。

提携、携带。

《汉语大词典》引明《琵琶记·义仓赈济》为首例，偏晚。当提前至宋代，见如下《语类》中例证：

寿皇凡百提掇得意思，这般处却恁地不觉。今日便一向废却。(6，85，2194)

提出。

《汉语大词典》引明《传习录》为首例，偏晚。当提前至宋代，见如下《语类》中例证：

犹恐隐微之间有所不实，又必提掇而谨之，使无毫发妄驰，则表里隐显无一不实，而自快慊也。(2，16，332)

【提起】 有两个义项：举起、拿起；说到、提到；振作（精神）。

"提起"举起、拿起。《汉语大词典》引《水浒传》第五十三回为首例，偏晚。当提前至宋代，见如下《语类》中例证：

"欲明明德"以下一段，又总括了传中许多事；一如锁子骨，才提起，便总统得来。(7，117，2814)

"提起"说起，提到。《汉语大词典》引《琵琶记·蔡公逼伯喈赴试》为首例，偏晚。

欲上人之心，便是私欲。圣人四方八面提起向人说，只要人去得私欲。(3，32，808)

【提省】 提醒。

《汉语大词典》引《蒙古秘史》卷七为首例，偏晚。当提前至宋代，见如下《语类》中例证：

学者常用提省此心，使如日之升，则群邪自息。(1，12，201)

【挑动】 两个义项：指向上掀扬的动作；撩拨逗引。

指向上掀扬的动作。

《汉语大词典》引赵树理《三里湾·三个场上》为首例，偏晚。当提前至宋代，见如下《语类》中例证：

然虽不说，只才挑动那头了时，那个物事自跌落在面前。如张弓十分满而不发箭，虽不发箭，然已知得真个是中这物事了。(4，60，1454)

引申义：撩拨逗引。

《汉语大词典》未收此义，当补。

某自点二州，知常平之弊如此，更不敢理会。看南康自有五六万石，漳州亦六七万石，尽是浮埃空壳，如何敢挑动！这一件事，不知做甚么合杀？某在浙东尝奏云，常平仓与省仓不可相连，须是东西置立，令两仓相去远方可。（7，106，2641）

【通财】 谓朋友间互通财物。

《汉语大词典》引《朱子语类》卷二十九为首例，偏晚，可提前至东汉。例证如下：

《白虎通义》卷四：朋友之道有四焉，通财不在其中，近则正之，远则称之，乐则思之，患则死之。

【通畅】 犹舒畅。使人（精神或心情）舒畅愉悦。

《汉语大词典》未收此义，当补。

曰："范氏这一句较疏。说自是在心，说便如暗欢喜相似。乐便是个发越通畅底气象。"（2，20，457）

曰："乐有五音六律，能通畅人心。今之乐虽与古异，若无此音律，则不得以为乐矣。"（3，35，932）

【通贯】 通晓、贯通。

《汉语大词典》引宋陆游《杨夫人墓志铭》为首例，偏晚，例证当提前至汉代。

汉《春秋繁露》卷十七：文辞不隐情，明情不遗文，人心从之而不逆，古今通贯而不乱，名之义也。

【通快】 畅快舒服。

《汉语大词典》引《红楼梦》第五十二回为首例，偏晚，当提前至宋代。

曰："如今怎地勉强安排，如何得乐。到得常常做得熟，自然浃洽通快，周流不息，油然而生，不能自已。只是要到这乐处，实是难在。若只怎地把捉安排，才忘记，又断了，这如何得乐，如何得生。"（4，56，1335）

从此看孟子，觉得意思极通快，亦因悟作文之法。（7，105，2630）

大畜干阳在下，为艮所畜，三得上应，又畜极必通，故曰"良马逐"，可谓通快矣；然必艰难贞正，又且曰"闲舆卫"，然后"利有攸

往"。(5,75,1924)

【通礼】 指官编颁行的礼书。

《汉语大词典》未引例证,当补进《语类》中用例:

祖宗时有开宝通礼科,学究试默义,须是念得礼熟,始得,礼官用此等人为之。(6,84,2183)

向时尚有开宝通礼科,令其熟读此书,试时挑问。(6,90,2295)

【通例】 常规;惯例。

《汉语大词典》未引唐宋元明清例证,当补。

诸书未及改,此是通例。安卿曰:"得于心而不失",可包得"行道而有得于身"。(2,23,536)

故凡占得阳爻者,皆用九而不用七;百九十二阳爻之通例也。(5,68,1696)

阴阳一段只说通例,此两物相无不得。且如天晴几日后,无雨便不得。(5,69,1735)

唐《唐律疏议》卷第二十:此是一部通例,故条不别生文。

元《大元圣政国朝典章·刑部》刑部卷之一:僧人自相干犯重刑,依式结案事理。本省未曾准到都省明文。即系通例,请定夺。

明《水浒传》第六十八回:自古道:"蜂刺入怀,解衣去赶。"天下通例,自首者即免本罪!

清《儿女英雄传》第二十九回:至于孟子那时既无三科以前认前辈的通例可遵,以后贤称先圣自然合称圣号。

【通路】 解决问题的方法或途径。

《汉语大词典》引蒋子龙《维持会长》二十为首例,偏晚。

先就乾坤二卦上看得本意了,则后面皆有通路。砺。(5,67,1662)

问:"'观会通,行其典礼',是就会聚处寻一个通路行将去否?"(5,67,1912)

凡于事物须就其聚处理会,寻得一个通路行去。(5,67,1653)

若不寻得一个通路,只驀地行去,则必有碍。(5,67,1653)

【通明】 明亮、透亮。

《汉语大词典》引明徐弘祖《徐霞客游记·粤西游日记二》为首例,偏晚。

当提前至东汉:

《白虎通义》卷六：尧眉八彩，是谓通明，历象日月、璇玑玉衡。舜重瞳子，是谓玄景，上应摄提，以象三光。

《语类》中也有例证：子细看，又不是石，恰似乳香滴成样，都通明。身旁一道人云："是陈先生临死时滴出鼻涕。"（8，138，3296）

【通融】 融会贯通；透彻了解。

《汉语大词典》引《朱子全书·学六》为首例，偏晚。当提前至唐代：

唐《全唐诗续拾》卷五十九：君不见大道寂寞亘思寻，通融万象尽皆深。一切恬然无起灭，颠倒分别并从心。

【通熟】 通晓熟练。

《汉语大词典》未引任何例证，可补进《语类》中用例。

学不可躐等，不可草率，徒费心力。须依次序，如法理会。一经通熟，他书亦易看。闳祖。（1，11，187）

后世去古既远，礼乐荡然，所谓"成于乐"者，固不可得。然看得来只是读书理会道理，只管将来涵泳，到浃洽贯通熟处，亦有此意思。（3，35，931）

例证还可提前至六朝：

《颜氏家训集解》卷五：天文、画绘、棋博，鲜卑语、胡书，煎胡桃油，炼锡为银，如此之类，略得梗概，皆不通熟。

【通说】 普遍的说法；总的说法。

《汉语大词典》引廖仲恺《中国人民和领土在新国家建设上之关系》为首例，偏晚。首引例证可提前至宋代，补充《语类》中例证。

此是通说，不止念虑初萌，只自家自知处。（4，62，1503）

"人生而静以上"，只说得个"人生而静"，上面不通说。盖性须是个气质，方说得个"性"字。（6，95，2431）

【通体】 整体；全部；全体。

《汉语大词典》引鲁迅《故事新编·采薇》为首例，偏晚。可补充《语类》中例证。

西铭通体是一个"理一分殊"，一句是一个"理一分殊"，只先看"乾称父"三字。（7，98，2522）

仁者通体是理，无一点私心。事之来者虽无穷，而此之应者各得其度。（3，37，983）

大抵今人说易，多是见易中有此一语，便以为通体事当如此。(5，72，1826)

问诚是"五常之本"。曰："诚是通体地盘。"(6，94，2393)

【通信】通报消息。

《汉语大词典》引明《初刻拍案惊奇》卷五为首例，偏晚。可提前至宋代。补充《语类》中例证。

聘，是以命圭通信。少间，仍旧退还命圭。(3，38，1002)

曰："聘是初见时，故其意极于恭肃。既聘而享，则用圭璧以通信，有庭实以将其意，比聘时渐纾也。"(3，38，1002)

【通同】全部、通通。

《汉语大词典》引明李昭祥《龙江船厂志》卷一为首例，偏晚。

《语类》中用例：

通同只是一个物事，无障蔽，无遮碍。吾之心，即天地之心。(3，36，977)

例证还可提前至东晋：

东晋《抱朴子内篇》自叙卷第五十：江表书籍，通同不具，昔欲诣京师索奇异，而正值大乱，半道而还。

【通用】某些写法不同而读音相同或意义相通的汉字彼此可以换用。

《汉语大词典》未引例证，当补进《语类》中例证。

曰："霸即伯也，汉书引'哉生魄'作'哉生霸'，古者'霸、伯、魄'三字通用。"(4，53，1277)

"'胙'与'酢''昨'字，古人皆通用。"(4，63，1557)

古人于"亨"字，作"享、烹"字通用。如"公用亨于天子"，分明是"享"字。易中解作"亨"字，便不是。(5，70，1767)

【透彻】两个义项：一彻底、全面。二清楚、明了。指主观上达到的一种状态。

彻底、全面。

《汉语大词典》引鲁迅《彷徨·伤逝》为首例，偏晚。当提前至宋代：

(1) 须敬义夹持，循环无端，则内外透彻。(1，12，216)

(3) "克己复礼"，到得人欲尽，天理明，无些渣滓，一齐透彻，日用之间，都是这道理。(3，30，768)

(4) 曾子于九分九厘上皆透彻了，独此一厘未透。(2，27，687)

清楚、明了。指主观上达到的一种状态。

《汉语大词典》未收此义，当补。

若理会得一件，逐件件推将去，相次亦不难，须是劈初头要理会教分晓透彻。(4，49，1202)

若是经一番，便自知得许多路道，方透彻。z［䒑/田］。(4，49，1203)

惟是下学之既至，而上达益加审焉，则本末透彻而无遗矣。(4，49，1210)

【透达】透彻明白。

《汉语大词典》引陶行知《学生自治问题研究》为首例，偏晚。

铢曰："向来只据传注，终未透达。"(5，79，2026)

【透底】两个义项：一为达到极点的地步；二为彻底、全部。

达到极点的地步。

《汉语大词典》引郭沫若《瓶》诗之二五为首例，偏晚，例证当提前至宋代。补充《语类》中例证。

惟"思无邪"，则见得透底是实。(2，23，543)

彻底、全部。

《汉语大词典》引老舍《二马》第四段九为首例，偏晚，例证当提前至宋代。补充《语类》中例证。

理在气中，如一个明珠在水里。理在清底气中，如珠在那清底水里面，透底都明；理在浊底气中，如珠在那浊底水里面，外面更不见光明处。(1，4，73)

为子知孝，为父知慈。只是知不尽，须是要知得透底。且如一穴之光，也唤做光，然逐旋开？(1，15，291)

【透漏】透露泄露。

《汉语大词典》引元《元典章·刑部二·系狱》为首例，偏晚，当提前至宋代：

补充《语类》中例证：

又其一，则淮上透漏，监官点阅税物，但得多纳几钱，他不复问。(7，111，2722)

又闻入川中用，若放入川蜀，其透漏之路更多。(7，111，2722)

【透切】犹言深邃、切中要害。

《汉语大词典》引《二刻拍案惊奇》卷四为首例，偏晚。补充《语类》中例证。

止缘某前日已入文字，今作出，又止此意思。得诸公更作，庶说得更透切。（7，107，2668）

【透熟】谓知道得很清楚，很熟。

《汉语大词典》引《红楼梦》第四八回为首例，偏晚。

老苏则直是心中都透熟了，方出之于书。（7，104，2621）

曰："须是本句透熟，方可推。若本句不透熟，不惟推便错，于未推时已错了！"（7，117，2818）

思量一件道理，直是思量得彻底透熟，无一毫不尽！（8，121，2919）

心路只在这上走，久久自然晓得透熟。（8，121，2920）

【途径】路径。多用作比喻义。

《汉语大词典》引清李渔《玉搔头·缔盟》为首例，偏晚。当提前至魏晋时期：

魏晋《抱朴子》释滞卷第八：解之又不深远，不足以演畅微言，开示愤悱，劝进有志，教戒始学，令知玄妙之途径，祸福之源流也。

《语类》中用例如下：

如人厮杀，凡山川途径，险阻要害，无处不要防守。（8，121，2944）

【吐血】内脏出血从口中吐出。

《汉语大词典》引魏晋《三国志·蜀志·马超传》为首例，偏晚。例证可提前至汉代：

东汉《伤寒论》卷第七："咽中闭塞，不可发汗，发汗则吐血，气欲绝，手足厥冷，欲得蜷卧，不能自温。"

【吐泻】呕吐与腹泻。

《汉语大词典》引明郎瑛《七修类稿·事物·王孔多寿》为首例，偏晚。可补充《语类》中例证。

某尝说，须是尽吐泻出那肚里许多鏖糟恶浊底见识，方略有进处。譬如人病伤寒，在上则吐，在下则泻，如此方得病除。（5，72，1818）

【推动】向前用力使物体前进或摇动。

《汉语大词典》引《老残游记》第六回为首例，偏晚，当提前至宋代，见如下《语类》中例证：

如推车子相似，才着手推动轮子了，自然运转不停。(3，31，788)

【推见】推想而知。

《汉语大词典》引梁启超《开明专制论》为首例，偏晚。当提前至宋代，见如下《语类》中例证：

他在静中推见得天地万物之理如此，又与他数合，所以自乐。(5，67，1648)

某后刻意经学，推见实理，始信前日诸人之误也。(7，104，2617)

【推排】两个义项：推举、推选；排列推算。

推举、推选。

《汉语大词典》未列此义，当补。

只消用一个好人作相，自然推排出来。有一好台谏，知他不好人，自然住不得。(7，108，2679)

排列推算。

《汉语大词典》首引例证为宋代。还可补充后代文献例证：

《全齐文》卷八：吾在世虽乏德业，要复推排人间数十许年，故是一旧物，人或以比数汝等耳。

【推算】推演计算；计算。

《汉语大词典》首引六朝《三国志·魏志·程晓传》为例证，偏晚，当提前至汉代，如下：

东汉《太平经》卷五十六：三百六十日，大小推算，持之不满分数，是小月矣。

【推想】揣度；揣测。

《汉语大词典》引刘半农《〈瓦釜集〉代自序》为首例，偏晚。

诗序多是后人妄意推想诗人之美刺，非古人之所作也。(6，80，2077)

【退步】后退、向后走。

《汉语大词典》引《五灯会元·雪峰存禅师法嗣·玄沙师备禅师》为首例，偏晚。

当提前至隋唐五代，例证如下：

五代《根本说一切有部毗奈耶药事》卷十四：并持药咒。礼仙人足。退步而去。所须之事。皆悉已办。

【退缩】 畏难不前；畏缩。

《汉语大词典》引宋苏辙《君术》为首例，偏晚，当提前至六朝：

六朝《殷芸小说》卷四：司马徽居荆州，以刘表不明，度必有变，思退缩以自全；人每与语，但言"佳"。

【退转】 退回；转头。

《汉语大词典》引清钱泳《履园丛话·梦幻·松雪翁入梦》为首例，偏晚。

若只遇着一重薄物事，便退转去，如何做得事！（1，8，138）

然用工亦须是勇做进前去，莫思退转，始得。（1，10，167）

曰："末后做工夫不退转，此方是勇。"（3，37，986）

【险诈】 阴险狡诈。

《汉语大词典》首引例证为宋苏洵《上皇帝书》，偏晚，当提前至唐代：

唐《唐阙史》卷下：陈、李二相，阴狡险诈，常欲动摇东宫，将有不利于先帝者数四，赖玄宗英明，社稷垂佑，不尔则宗庙有缀旒之危，奈何以玉琢二臣，列于清敬之地，比扁舟五湖之人，铸金肖形之像也。

【寻讨】 寻找。

《汉语大词典》引《京本通俗小说·志诚张主管》为首例，偏晚。

至于此心，无有求而不得者。便求便在，更不用去寻讨。那失底自是失了，这后底又在。节节求，节节在。（4，59，1406）

【指斥】 指摘、斥责。

《汉语大词典》首引《晋书·范宁传》为例证，偏晚，当提前至汉代。

东汉《风俗通义》第二卷：三皇禅于绎绎，明己功成而去，德者居之。绎绎者，无所指斥也。

【指出】 两个义项：指点出来；提出论点看法。

指点出来。

《汉语大词典》首引清叶廷琯《吹网录·石林诗话》为例证，偏晚，当提前至五代。

五代《祖堂集》卷第十四：有行者问："即心即佛，那个是佛？"师云："汝疑那个不是？指出看。"

另见《语类》中例证：

若孟子，便已指出教人。周子说出太极，已是太煞分明矣。(1, 9, 156)

天地则和这个都无，只是自然如此。圣人法天，做这许多节，指出来。(5, 73, 1866)

曰："伯恭策止缘里面说大原不分明，只自恁地依傍说，更不直截指出。"(8, 122, 2954)

提出论点看法。

《汉语大词典》举现代汉语中用例，偏晚，当提前至唐代，例证如下：

唐孙元晏《吴·鲁肃指困》：争教不立功勋得，指出千囷如等闲。

另见《语类》中例证：

中间说物物当格，及反之吾身之说，却是指出格物个地头如此。(2, 18, 407)

孔子教人只言"居处恭，执事敬，与人忠"，含蓄的意思在其中，使人自求之。到孟子便指出了性善，早不似圣人了。(2, 19, 430)

"爱曰仁"，犹曰"恻隐之心，仁之端也"，是就爱处指出仁。若"博爱之谓仁"，之谓，便是把博爱做仁了，终不同。(2, 20, 464)

【指缝】两个义项：一为手指与指之间的空隙。二为脚趾与趾之间的空隙。

手指与指之间的空隙。

《汉语大词典》引杨朔《雪花飘在满洲》为首例，偏晚，当提前至宋代，如《语类》中用例：

因以指为喻，曰："外面底水在指缝中行，中间底水在指头上行。"又曰："山下有水。今浚井底人亦看山脉。"(1, 2, 29)

脚趾与趾之间的空隙。

《汉语大词典》未收此义，当补。

某尝说，天下无难理会底事，这般事，只是黑地里脚趾缝也求得出来，不知如何得恁地无人理会！(7, 109, 2695)

【指挥】犹指点。

《汉语大词典》引明汤显祖《南柯记·之郡》为首例，偏晚。

政和中编此书时，多非其人，所以差误如此。续已有指挥改正。唐开元礼既失烦缛，新仪又多脱略。(6, 90, 2294)

【指明】指点明白。

《汉语大词典》引晋陆机《汉高祖功臣颂》为首例，偏晚，当提前至汉代：

汉桓宽《盐铁论》卷六：议者贵其辞约而指明，可于众人之听，不至繁文稠辞，多言害有司化俗之计，而家人语。

另见《语类》中例证：

前辈解经，有只明大义，务欲大指明，而有不贴文义强说者。（5，68，1699）

【指示】指点、指引。

《汉语大词典》引唐李涉《题清溪鬼谷先生旧居》为首例，偏晚，当提前至汉代。

西汉刘向《新序》卷十：四人为寿已毕，起去，上目送之，召戚夫人指示四人者曰："我欲易之，彼四人辅之，羽翼已成，难动矣。吕氏真而主矣。"

【指望】期望；希望。亦指所期望的；盼头。

《汉语大词典》首引宋苏辙《论冬温无冰札子》为例证，可补充唐代例证。

《全唐诗》卷 511-120：唐（张祜《马嵬归》）云愁鸟恨驿坡前，孑孑龙旗指望贤。

【指向】对着，向着。

《汉语大词典》未举例证，当补。

富民中有识叶铁者，即厚劳之，勿令执兵；只令执长枪，上悬白旗，令见叶铁，即以白旗指向之。（7，101，2570）

【指意】内容意义。

《汉语大词典》首引清方苞《读〈古文尚书〉》为例证。还可补充清代其他文献例证。

清《全唐文》卷七百七十八：商隐启：两日前于张评事处伏睹手笔，兼评事传指意，于乐籍中赐一人，以备纫补。

另，《语类》中例证如下：

又不可一向去无形迹处寻，更宜于日用事物、经书指意，史传得失上做工夫。（1，9，152）

夫所贵乎文之足以传远，以其议论明白，血脉指意晓然可知耳。（8，

139，3314）

【指摘】摘录。

《汉语大词典》首引例证为徐特立《国文教授之研究·读法》，偏晚，可据《朱子语类》补正，例证提前至宋代。

温凊定省，这四事亦须实行方得；只指摘一二事，亦岂能尽？若一言可尽，则圣人言语岂止一事？圣人言语明白，载之书者，不过孝弟忠信。（7，115，2774）

书不曾读，不见义理，乘虚接渺，指摘一二句来问人，又有涨开其说来问，又有牵甲证乙来问，皆是不曾有志朴实头读书。（8，121，2940）

【走透】泄漏。

《汉语大词典》引元白朴《东墙记》第二折为首例，偏晚。

这个道理，精粗小大，上下四方，一齐要着到，四边合围起理会，莫令有些子走透。少间方从一边理会得，些小有个见处，有个入头处。（7，116，2803）

二　条目增补

【采探】搜集探问。

《汉语大词典》未收此词，当补。

上曰："却不闻此。果有时，岂可不理会！卿可子细采探，却来说。"（7，107，2659）

【程途】路程，道路。喻指发展奋斗之途。

《汉语大词典》未收此词，当补。

但用工做向前去，但见前路茫茫地白，莫问程途，少间自能到。（1，15，288）

【打透】两个义项：打通、穿通；弄通、弄明白。

《汉语大词典》未收此词，当补。

"打通、穿通"义：

仁譬之屋，克己是大门，打透便入来；主敬行恕是第二门；言讱是个小门。（3，42，1081）

"弄通、弄明白"义：

欲为学问，须要打透这些子，放令开阔，识得个"以能问于不能，以多问于寡"底意思，方是切于为己。（8，121，2931）

【底透】清楚、明了。

《汉语大词典》未收此词,当补。

这般处依约看,也是恁地。自是不曾见得他底透,只得随众说。(5,74,1889)

【放退】后退或退后。

《汉语大词典》未收此词,当补。

及到滩脊急流之中,舟人来这上一篙,不可放缓。直须着力撑上,不一步不紧。放退一步,则此船不得上矣!(1,8,137)

今公言"欲仁仁至",而引前言,则是放退数步地也。(3,34,900)

"居之不疑",便是放出外而收敛不得,只得自担当不放退。盖才放退,则连前面都坏,只得大拍头居之不疑,此其所以驾虚而无实行也。(3,42,1091)

【回途】返回之路。

《汉语大词典》未收此词,当补。

今年往莆中吊陈魏公,回途过雪峰,长老升堂说法,且胡鹘过。(8,126,3031)

【见善如不及,见不善如探汤】语出《论语》,本句话的意思为:看见好的品德行为,就像是自己已经落后了一样,要努力去效仿;看见坏的品德行为,就像手伸入沸水一样,要赶快脱离且勿沾染。

《汉语大词典》未收此词,当补。

只是理彻了,见善,端的如不及;见不善,端的如探汤。好善,便端的"如好好色";恶不善,便端的"如恶恶臭"。(2,16,325)

知之者切,则见善真如不及,见不善真如探汤,而无纤毫不实故尔。(2,16,325)

若将"见善如不及,见不善如探汤",与"隐居以求其志,行义以达其道"这几句意思涵泳,是有多少意思!(3,47,1176)

【静办】稳妥;妥当。

《汉语大词典》未收此词,当补。

琮不识禅话,但据己见思量,若所观在人,谓君子常过于厚,小人常过于薄,小人于其党类亦有过于厚处,恐君子小人之过,于厚薄上分别不开。故谓不如只作观己说,较静办。(2,26,659)

【明透】弄得很清楚、明白了。

《汉语大词典》未收此词,当补。

理会得道理明透，自然是静。今人都是讨静坐以省事，则不可。(7，103，2602)

【扭捖】 生硬编凑；凭空捏造。

《汉语大词典》未收此词，当补。

凡事只如此做，何尝先要安排扭捖，须要着些权变机械，方唤做做事？(5，73，1848)

今注解中有一字而两三义者，如"假"字，有云"大"者，有云"至"者，只是随处旋扭捖耳，非通训也。(6，80，2083)

【批答】 批示答复。

《汉语大词典》未收此词，当补。

批答云："顷以言者如何如何，今闻师傅之臣言之如此，若不尔，几误也！前日指挥，更不施行。"(7，101，2573)

【批诲】 批评教诲。

《汉语大词典》未收此词，当补。

向曾问身心性情之德，蒙批诲云云。宋杰窃于自己省验，见得此心未发时，其仁义礼智之体浑然未有区别。(7，120，2909)

【批退】 转退；转让；退让。

《汉语大词典》未收此词，当补。

如退产相似，甘伏批退，自己不愿要。(1，8，136)

如人交易，情愿批退账，待别人典买。今人情愿批退学问底多。(8，121，2927)

【批问】 批判发问。

《汉语大词典》未收此词，当补。

卫老疑问中"天行健"一段，先生批问他云："如何见得天之行健？"(5，68，1702)

【瞥脱】 同"撇脱"，即"爽快；干脆利落"。

《汉语大词典》未收此词，当补。

宋《圆悟佛果禅师语录》卷十四：此门瞥脱契证。即是素来不曾经人。坏持拍盲百不知一。

【七通八达】 犹四通八达。指对事物的理解融会贯通。

《汉语大词典》未收此词，当补。

圣人七通八达，事事说到极致处。学者须是多读书，使互相发明，事

事穷到极致处。(1,11,184)

【欺伪】 欺诈;欺骗。

《汉语大词典》未收此词,当补。

东汉《太平经》卷四十二:后生者日轻事,更作欺伪,积习成神,不能复相禁,反言晓事,故致更相承负,成天咎地殃,四面横行,不可禁防。

另见《语类》中例证:

才助长,在我便有那欺伪之心,施于事,末梢必不胜任,譬如十钧之力而负千钧。(4,52,1267)

许多事都是一个心,若见得此心诚实无欺伪,方始能如此。(6,87,2249)

【谦退】 谦逊退让。

《汉语大词典》未收此词,当补。

圣人之德无不备,非是只有此五者。但是此五者,皆有从后谦退不自圣底意思,故人皆亲信而乐告之也。(2,22,509)

盖是他资质大段高,不比冉求公西华,那二子虽如此谦退,然却如何及得子路?(3,40,1039)

颜子是奋发而有为,冉子是谦退而持守。(3,42,1077)

【遣退】 打发掉、推脱掉。

《汉语大词典》未收此词,当补。

又有一等人情底事,得遣退时且遣退,无时是了,不要搂揽。(7,118,2848)

【强探】 加强探索。

《汉语大词典》未收此词,当补。

今之学者,直与古异,今人只是强探向上去,古人则逐步步实做将去。(1,8,139)

【强探力取】 加强探索力争获取。

《汉语大词典》未收此词,当补。

至于助长,则是强探力取,气未能养,遽欲加人力之私,是为揠苗而已。(4,52,1250)

当知非浅迫所可致。若欲浅迫求之,便是强探力取。只是既下功夫,又下工夫,直是深造,便有自得处在其中。(4,57,1343)

正淳曰："它说须是实得。如义袭，只是强探力取。"（8，124，2976）

【亲批】特指（帝王或官员等）的亲笔批示。

《汉语大词典》未收此词，当补。

及劫不胜，钦庙亲批，令伯纪策应。(8，130，3132)

秦桧之初罢相，高宗亲批，付綦叔厚草麻，御书藏綦氏。(8，131，3156)

【实踏】与"踏实"同义，"切实、不浮躁"。

《汉语大词典》未收此词，当补。

"践形"，是有这个物事，脚实踏着，不阙了他个。有是形便有是理，尽得这个理，便是践得这个形。耳目本有这个聪明，若不尽其聪明时，便是阙了这个形，不曾践得。(4，60，1451)

【手探足蹑】小心谨慎的摸索前行的样子。喻指摸索探寻客观规律的状态。

《汉语大词典》未收此词，当补。

阳主人，阴主物。"手探足蹑"，亦无甚意义。(7，100，2552)

【疏通明达】指通达。

《汉语大词典》未收此词，当补。

一般人资禀疏通明达，平日所做底工夫，都随他这疏通底意思去。(2，28，711)

【衰塌】两个义项：坍塌、下陷；颓废、萎靡不振。

《汉语大词典》未收此词，当补。

"坍塌、下陷"义：

若只管没溺在里面，都出头不得，下梢只管衰塌。若将这个自在一边，须要去理会道理是要紧，待去取功名，却未必不得。(1，13，244)

如龟山却是恁地，初间只管道是且随力量恁地，更不理会细密处，下梢都衰塌了。(6，96，2460)

"颓废、萎靡不振"义：

向来做时文，只粗疏恁地直说去，意思自周足，且是有气魄。近日时文屈曲纤巧，少刻堕在里面，只见意气都衰塌了。也是教化衰，风俗坏到这里，是怎生！(1，13，247)

亦不知其师紧要处是在那里，都只恁地衰塌不起了，其害小。(8，

124，2982）

【獭辣】金国的官职名，金国的掌管者。

《汉语大词典》未收此词，当补。

当时虏中诸将争权，废刘豫，以河南归我，乃是獭辣。獭辣既诛，兀术用事，又欲背约。是时命楼照签书密院，为宣抚，辟郑亨仲又一人，记不全。（8，131，3157）

【阘阘翼翼】懒散随便、萎靡不振。

《汉语大词典》未收此词，当补。

今自有此心纯粹，更不走失，而于接物应事时，少些庄严底意思，阘阘翼翼底，自不足以使人敬他，此便是未善处。（3，45，1167）

【塌塌】衰落、衰败。

《汉语大词典》未收此词，当补。

至中间武后出来作坏一番，自恁地塌塌底去。至五代，衰微极矣！国之纪纲，国之人才，举无一足恃。（5，72，1813）

【阘飒】萎靡颓唐、懒散疲沓。

《汉语大词典》未收此词，当补。

"'偮，武毅之貌。'能刚强卓立，不如此怠惰阘飒。"（2，16，321）

【榻翼】软弱、没底气。

《汉语大词典》未收此词。

申枨也不是个榻翼底人，是个刚悻做事聒噪人底人。（2，28，723）

【踏折】踩折（shé）、踩断。

《汉语大词典》未收此词，当补。

若不能常如此，恰似火相似，自去打灭了；水相似，自去淤塞了；如草木之萌芽相似，自去踏折了，便死了，更无生意。（4，53，1288）

【抬奖】褒奖夸赞。

《汉语大词典》未收此词，当补。

或曰："终是他于利欲之场打不透。欲过这边，却舍彼不得；欲倒向那边，又畏朋友之议。又缘顷被某人抬奖得太过。正如个舡阁在沙岸上，要上又不得，要下又推不动。"（8，132，3183）

【抬弄】戏弄且夸大。

《汉语大词典》未收此词，当补。

横渠将这道理抬弄得来大，后更奈何不下。（6，93，2362）

第六章　研究价值　　　　　　　　　　　　　　　　205

【抬身】 挪动或直立起身子。

《汉语大词典》未收此词，当补。

先生略抬身，露开两手，如闪出之状，曰："忽然闪出这光明来，不待磨而后现，但人不自察耳。如孺子将入于井，不拘君子小人，皆有怵惕、恻隐之心，便可见。"（2，17，377）

【抬举】 过高的赞扬或提升（某人或某物）。

《汉语大词典》未收此词，当补。

只是当时六国如此强盛，各自抬举得个身己如此大了，势均力敌，如何地做！不知孟子奈何得下，奈何不下？想得也须减一两个，方做得。（4，47，1180）

吕居仁家往往自抬举，他人家便是圣贤。其家法固好，然专恃此，以为道理只如此，却不是。如某人才见长上，便须尊敬以求教；见年齿才小，便要教他；多是如此。（8，132，3172）

【抬虚打险】 夸大、夸张。

《汉语大词典》未收此词，当补。

仁本是恻隐温厚底物事，却被他们说得抬虚打险，瞠眉弩眼，却似说麒麟做狮子，有吞伏百兽之状，盖自"知觉"之说起之。（1，6，120）

【谈空说远】 指谈话内容虚空不切实际。

《汉语大词典》未收此词，当补。

惟是说"性者道之形体"，却见得实有。不须谈空说远，只反诸吾身求之，是实有这个道理？还是无这个道理？（7，100，2550）

【谈虚说妙】 犹"谈空说远"，指谈论虚空遥远，不切实际。

《汉语大词典》未收此词，当补。

今人有两般见识：一般只是谈虚说妙，全不切己，把做一场说话了；又有一般人说此事难理会，只恁地做人自得，让与他们自理会。（8，121，2927）

【探摸】 与"探取"同义，即摸取。

《汉语大词典》未收此词，当补。

看公如今只恁地慢慢，要进又不敢进，要取又不敢取，只如将手恁地探摸，只怕物事触了手相似。（7，120，2889）

另见宋之前文献例证：

隋唐五代《大方便佛报恩经》卷五：以手探摸而竟不获。其背上者失手落水寻复没矣。

【探试】 试探。即试着探摸。

《汉语大词典》未收此词，当补。

又问："'恬者，探取之意'，犹言探试之'探'否？"（4，61，1472）

【探微索隐】 同"探赜索隐"，义为"探索幽深隐微的事理。"

《汉语大词典》未收此词，当补。

参见《语类》中用例，如下：

行状云："公讲论经旨，尤精于书。着为论说，探微索隐，无一不与圣人契，世号张氏书解。"（5，78，1987）

【逃去】 逃走，离去。

《汉语大词典》未收此词，当补。

因问正淳曰："桓温移晋祚时，安能死节否？"曰："必不能，却须逃去。"（8，136，3242）

吴仁甫问："夷齐之事，如伯夷已逃去，叔齐以父命与宗社之重，亦自可立否？"（4，48，1193）

中途又逃去，或为道人，或为行者，或为人典库藏，后迤逦望淮去。（8，133，3187）

【讨见】 寻究并知晓。

《汉语大词典》未收此词，当补。

毕竟先讨见天理，立定在那里，则心意便都在上面行，易得将下面许多工夫放缓了。（7，117，2825）

待寻来寻去，忽然讨见，即是元初的定底物事。（7，120，2892）

【特批】 特别批示或不同一般的批示。

《汉语大词典》未收此词，当补。

此事恐奏裁免死，遂于申诸司状上特批了。（1，3，44）

上即位踰月，留揆以一二事忤旨，特批逐之，人方服其英断。先生被召至上饶，闻之，有忧色。（8，127，3062）

【提策】 启发、勉励、督促。

《汉语大词典》未收此词，当补。

廖复对曰："学者之病，多在悠悠，极荷提策。"（7，116，2793）

【提出】 说出、发表（看法、观点）。

《汉语大词典》未收此词，当补。

惟圣人能提出此心，使之光明，外来底物欲皆不足以动我，内中发出底又不陷了。(1，15，307)

横渠"物怪神奸"书，先生提出"守之不失"一句。(7，98，2529)

【提诲】 启发、教诲。

《汉语大词典》未收此词，当补。《宋语言词典》收录此词。

姑使知之。古人自小皆以乐教之，乃是人执手提诲。到得大来涵养已成，稍能自立便可。今人既无此，非志大有所立，因何得成立！(1，7，127)

半年得侍洒扫，曲蒙提诲，自此得免小人之归。但气质昏蒙，自觉易为流俗所迁。今此之归，且欲闭门不出，刻意读书，皆未知所向，欲乞指示。(7，116，2789)

【提举】 两个义项：宋代官职名称；掌管。

《汉语大词典》未收此词，当补。

宋代官职名称：

自荆门入为国子博士，出来便为湖北提举。是时上蔡宰本路一邑，文定却从龟山求书见上蔡。(7，101，2587)

及对，上慰劳甚渥。自陈昨日浙东提举日，荷圣恩保全。(7，107，2658)

掌管：

周礼只疑有行未尽处。看来周礼规模皆是周公做，但其言语是他人做。今时宰相提举敕令，岂是宰相一一下笔？有不是处，周公须与改。至小可处，或未及改，或是周公晚年作此。(6，86，2203)

某初不信，后提举浙东，亲见如此。尝有人充保正，来论某当催秋税，某人当催夏税。(7，111，2714)

【挑开】 展开或敞开了说。

《汉语大词典》未收此词，当补。

若论文王易，本是作"大亨利贞"，只作两字说。孔子见这四字好，便挑开说了。所以某尝说，易难看，便是如此。(1，1，2)

【挑入】 用手穿破而进入。

《汉语大词典》未收此词，当补。

譬以旧屋破倒，即自挑入新屋。(8，126，3013)

【挑剔揩磨】 打磨、磨炼。

《汉语大词典》未收此词，当补。

如此等德，本不待自家明之。但从来为气禀所拘，物欲所蔽，一向昏昧，更不光明。而今却在挑剔揩磨出来，以复向来得之于天者，此便是"明明德"。(1, 14, 271)

明德，见他人为气禀物欲所昏，自家岂不恻然欲有以新之，使之亦如我挑剔揩磨，以革其向来气禀物欲之昏而复其得之于天者。此便是"新民"。(1, 14, 271)

【挑问】 提问。

《汉语大词典》未收此词，当补。

向时尚有开宝通礼科，令其熟读此书，试时挑问。后来又做出通礼，如注释一般。

【挑载】 挑选。

《汉语大词典》未收此词，当补。

本来诸先生之意，初不体认得，只各人挑载得些去，自做一家说话，本不曾得诸先生之心。(8, 121, 2924)

【停榻】 囤积、积聚。

《汉语大词典》未收此词，当补。

如淮人要过江买卖，江南须自有人停榻交子，便能换钱。(7, 111, 2722)

(2295)

【通蔽开塞】 本义指疏通蒙蔽或堵塞。喻指思路或心智因受启发而开通。

《汉语大词典》未收此词，当补。

人之性论明暗，物之性只是偏塞。暗者可使之明，已偏塞者不可使之通也。横渠言，凡物莫不有是性，由通蔽开塞，所以有人物之别。(1, 4, 57)

横渠言："凡物莫不有性，由通蔽开塞，所以有人物之别；由蔽有厚薄，故有智愚之别。"似欠了生知之圣。(7, 98, 2515)

或问："通蔽开塞，张横渠吕芸阁说，孰为亲切？"(7, 98, 2515)

【通博明达】 指通达渊博。

《汉语大词典》未收此词，当补。

叔蒙问："子贡通博明达，若非止于一能者，如何却以器目之？莫是亦有穷否？"曰："毕竟未全备。"(2, 28, 711)

【通看】整体看待;全部看待。

《汉语大词典》未收此词,当补。

看此一段,须与太极图通看。(5,68,1690)

盖化如正月一日,渐渐化至三十日,至二月一日,则是正月变为二月矣。然变则又化,是化长而变短。此等字,须当通看乃好。(5,71,1786)

曰:"固是。然此段更须将前后文通看。"(6,94,2374)

【通珑】通畅明白。

《汉语大词典》未收此词,当补。

人须是就至虚静中见得这道理周遮通珑,方好。若先靠定一事说,则滞泥不通了。(5,67,1660)

【通天通地】犹"通天达地"。上通天下通地。指范围大而远。

《汉语大词典》未收此词,当补。

侯氏亦曰:"'三月不违仁',便是不远而复也。过此则通天通地,无有间断。"(3,31,791)

世间事是还是,非还非,黑还黑,白还白,通天通地,贯古贯今,决不可易。(8,122,2952)

【通透彻达】极其精通熟练。

《汉语大词典》未收此词,当补。

干德刚健,他做时便通透彻达,拦截障蔽他不住。(5,74,1880)

【通谓】普遍的称谓;通称。

《汉语大词典》未收此词,当补。

曰:"'视曰明',是视而便见之谓明;'听曰聪',是听而便闻之谓聪;'思曰睿',是思而便通谓之睿。"(4,58,1364)

【头上安头,以脚为头】喻指弄错事情了。

《汉语大词典》未收此词,当补。

若说孝弟是仁之本,则是头上安头,以脚为头,伊川所以将"为"字属"行"字读。(7,119,2870)

【头痛灸头,脚痛灸脚】比喻只从表面或眼前情况去处理问题,并没找到本质和根源。

《汉语大词典》未收此词,当补。

今学者亦多来求病根,某向他说,头痛灸头,脚痛灸脚。病在这上,

只治这上便了,更别讨甚病根也!(7,114,2761)

【透处】两个义项:渗入、延伸;领悟、知晓。

《汉语大词典》未收此词,当补。

"渗入、延伸"义:

如自己做出来底一般,方能玩味反复,向上有透处。若不如此,只是虚设议论,如举业一般,非为己之学也。(1,11,191)

二先生说,自有相关透处,如伊川云:"有主则实。"(2,19,441)

"领悟、知晓"义:

凡人读书,若穷得到道理透处,心中也替他饶本作"替地"。快活。(1,11,1192)

知得此理尽,则此个意便实。若有知未透处,这里面便黑了。(1,15,291)

却是见得他从前不是处,而今却能迁善改过,这个便是透处。(3,41,1056)

【透出】显露、露出。

《汉语大词典》未收此词,当补。

"既雨既处",言便做畜得住了。做得雨后,这气必竟便透出散了。(5,70,1756)

【透达】犹透彻。透彻明白。

《汉语大词典》引陶行知《学生自治问题研究》为首例,偏晚。

铢曰:"向来只据传注,终未透达。"(5,79,2026)

【透耳】详尽、彻底、明了。

《汉语大词典》未收此词,当补。

陆子静看得二程低,此恐子静看其说未透耳。譬如一块精金,却道不是金;非金之不好,盖是不识金也。(6,80,2090)

仲舒所立其高。后世之所以不如古人者,以道义功利关不透耳。其议匈奴一节,娄敬贾谊智谋之士为之,亦不如此。(8,137,3263)

【透过】三个义项:穿透而过;渗透、延伸;通晓明了。

《汉语大词典》未收此词,当补。

"穿透而过"义:

此类不可晓。人气便是天地之气,然就人身上透过,如鱼在水,水入口出腮。但天地公共之气,人不得擅而有之。(1,4,76)

天地之气无所不到，无处不透，是他气刚，虽金石也透过。(4, 52, 1254)

从这里便彻上彻下都即是一个气，都透过了。(7, 98, 2524)

"渗透、延伸"义：

曰："只是下学了，意思见识，便透过上面去。"(3, 44, 1141)

"通晓明了"义：

须是且就他本文逐字剔碎了，见这道理直透过，无些子窒碍，如此，两段浅深自易见。(3, 47, 1176)

若这里工夫欠了些分毫，定是要透过那里不得。(4, 60, 1445)

【透脱】犹逃脱。

《汉语大词典》未收此词，当补。

然其所趣向，犹以为此是透脱生死底等事。其见识犹高于世俗之人，纷纷然抱头聚议，不知是照证个甚底事！(7, 118, 2859)

【途中】半路。比喻事情进行中。

《汉语大词典》未收此词，当补。

如途中万一遇大盗贼，也须走避，那时如何要不由小径去得！(3, 39, 1017)

胡文定初疑尹和靖，后见途中辞召表，方知其真有得。(7, 101, 2577)

【颓塌】萎靡颓唐、疲沓松散。

《汉语大词典》未收此词，当补。

平日须提掇精神，莫令颓塌放倒，方可看得义理分明。看公多怎地困漫漫地，"则不敬莫大乎是"！(3, 44, 1147)

作文何必苦留意？又不可太颓塌，只略教整齐足矣。(8, 139, 3321)

"颓塌"又写作"颓阘"。

大雅云："此书却好把与一般颓阘者看，以作其喜学之意。"曰："此亦吕伯恭教人看上蔡语录之意。但既与他看了，候他稍知趋向，便与医了，则得。"(7, 103, 2607)

【退产】退还或退回产业。引申为退出、出让。

《汉语大词典》未收此词，当补。

今人不肯做工夫。有先觉得难，后遂不肯做；有自知不可为，公然逊

与他人。如退产相似，甘伏批退，自己不愿要。(1，8，136)

【退尽】消退完。

《汉语大词典》未收此词，当补。

积至三百六十五日四分日之一，则天所进过之度，又恰周得本数；而日所退之度，亦恰退尽本数，遂与天会而成一年。(1，2，14)

【吞受】吞纳，接受。

《汉语大词典》未收此词，当补。

人之狭隘者，只守得一义一理，便自足。既滞一隅，却如何能任重。必能容纳吞受得众理，方是弘也。(3，35，927)

【虚谈】两个义项：一为道家用语，指内心清静无欲境界的言谈。二为表面漂亮，但实际上空洞虚假的言谈。

《汉语大词典》未收此词，当补。

道家用语。指内心清静无欲境界的言谈。

古文尚书至东晋时因内史梅颐始行于世。东晋之前如扬雄以酒诰为虚谈，赵岐杜预以说命、皋陶谟等篇为逸书，则其证也。(7，112，2724)

表面漂亮，但实际上空洞虚假的言谈。

才说一"悟"字，便不可穷诘，不可研究，不可与论是非，一味说入虚谈，最为惑人。(8，121，2940)

【一透都透】比喻把主要道理弄通了，其他道理也就弄通了。

《汉语大词典》未收此词，当补。

义如利刀相似，胸中许多劳劳攘攘，到此一齐割断了。圣贤虽千言万语，千头万项，然一透都透。如孟子言义，伊川言敬，都彻上彻下。(1，6，120)

【游谈聚议】游走谈论及集会商议。泛指谈说评论。

《汉语大词典》未收此词，当补。

况游谈聚议，习为软熟，卒然有警，何以得其仗节死义乎！(3，35，923)

【诈伪】虚伪诡诈。

《汉语大词典》未收此词，当补。

二者，为是真底物事，却着些假搀放里，便成诈伪。如这一盏茶，一味是茶，便是真。才有些别底滋味，便是有物夹杂了，便是二。(1，15，304)

不说是意诚了便心正，但无诈伪便是诚。（1，15，310）

问："巧言令色是诈伪否？"（2，20，479）

【走退】 离去、退去。

《汉语大词典》未收此词，当补。

自家只立得大者定，其他物欲一齐走退。（7，118，2838）

三 义项增补

【边头】 边缘、非中心主题。

《汉语大词典》未收此义，当补。

韩退之及欧苏诸公议论，不过是主于文词，少间却是边头带说得些道理，其本意终自可见。（8，137，3276）

【诡秘】 怪异；奇特。

《汉语大词典》未收此义，当补。

近世儒者不将圣贤言语为切己之事，必于上面求新奇可喜之论，屈曲缠绕，诡秘变怪，不知圣贤之心本不如此。（7，114，2757）

【谈判】 谈说并做出判断。

《汉语大词典》未收此义，当补。

要之，天地阴阳变化之机，日月星辰运行之度，各有成说，而未可以立谈判也。（7，97，2482）

【谈议】 一种和小说等同类的文体名称。

《汉语大词典》未收此义，当补。

初间只有四十二章经，无恁地多。到东晋便有谈议，小说及史多说此。如今之讲师做一篇议总说之。到后来谈议厌了，达磨便入来只静坐，于中有稍受用处，人又都向此。（8，126，3008）

【贪欲】 贪恋占取。

《汉语大词典》未收此义，当补。

如有心于为利，遇着近利底事，便贪欲。（2，16，346）

【探取】 试探并诱取。

《汉语大词典》未收此义，当补。

又问："'恬者，探取之意'，犹言探试之'探'否？"（4，61，1472）

【叹息】 一种暗含不满或遗憾情绪的表达语气。

《汉语大词典》未收此义，当补。

今儒者多叹息封建不行,然行着亦可虑。且如天子,必是天生圣哲为之。(1,4,81)

韩再三叹息,以为可惜。(8,131,3148)

【讨来】寻找回来。

《汉语大词典》未收此义,当补。

"'苟日新',新是对旧染之污而言。'日日新,又日新',只是要常常如此,无间断也。新与旧,非是去外面讨来。昨日之旧,乃是今日之新。"

【提撕】抽象意义上的"拿起、提起"。

《汉语大词典》未收此义,当补。

遂欲如行步时,要步步觉得他移动。要之无此道理,只是常常提撕。(7,118,2858)

无事时,且存养在这里,提撕警觉,不要放肆。到讲习应接时,便当思量义理。(6,95,2456)

【通流】通晓、明白。

《汉语大词典》未收此义,当补。

学者至愤悱时,其心已略略通流。但心已喻而未甚信,口欲言而未能达,故圣人于此启发之。(3,34,871)

【通谱】指谱表。

《汉语大词典》未收此义,当补。

末后一表,其言如蓍龟,一一皆验。宋莒公历年通谱与此书相似,但不如温公之有法也。高氏小史亦一好书,但难得本子。高峻唐人。通鉴中亦多取之。(8,134,3207)

【通识】透彻的认识或了解。

《汉语大词典》未收此义,当补。

孟子疏,乃邵武士人假作。蔡季通识其人。当孔颖达时,未尚孟子,只尚论语孝经尔。其书全不似疏样,不曾解出名物制度,只绕缠赵岐之说耳。(2,19,443)

【通行】指畅通运行。

《汉语大词典》未收此义,当补。

"体信"是体这诚信,"达顺"是通行顺道。"聪明睿智皆由是出"者,皆由敬出。"以此事天飨帝","此",即敬也。(3,44,1146)

第六章 研究价值

【通言】 同一的言谈；相同的表达。

《汉语大词典》未收此义，当补。

曰："古人多通言，如康诰'大伤厥考心'，可见。"（5，70，1773）

【通中】 畅通或开通中心。

《汉语大词典》未收此义，当补。

伊川制，士庶不用主，只用牌子。看来牌子当如主制，只不消做二片相合，及窍其旁以通中。（6，90，2311）

【头边】 起头、开端。

《汉语大词典》未收此义，当补。

然。尾头都不说破，头边做作扫一片去也好。只到尾头，便没合杀，只恁休了。篇篇如此，不知是甚意思。（8，139，3314）

看熟久之，方见得这说似是，那说似不是；或头边是，尾说不相应；或中间数句是，两头不是；或尾头是，头边不是。然也未敢便判断，疑恐是如此。（6，80，2092）

【头底】 三个义项：一为底蕴、内涵。二为尽头、末尾。三为前头的、开头、起头。

《汉语大词典》未收这三个义项，当补。

底蕴、内涵。

某常说："太极是个藏头底，动时属阳，未动时又属阴了。"（6，94，2372）

先生曰："尝谓太极是个藏头底物事，重重推将去，更无尽期。有时看得来头痛。"（7，100，2552）

尽头、末尾。

"群龙无首"，便是"利牝马"者，为不利牡而却利牝。如"西南得朋，东北丧朋"，皆是无头底。（5，68，1697）

前头的、开头、起头。

仁便是方生底义，义便是收回头底仁。（1，6，121）

这事过了，许多夹杂底却又在这里不能得了。头底已自是过去了，后面带许多尾不能得了。（3，32，825）

且如这一事，头在去年，尾在今年，那书头底不知尾，书尾底不知头，都不成文字！（7，107，2665）

【头段】 主要的、重要的。

《汉语大词典》未收此义，当补。

如语孟中设有大疑,则无可问处。今欲于此数月拣大头段来请教,不知可否?(7,116,2789)

须是有是物而后可践履。今于头段处既错,又如何践履?天下事从其是。(8,137,3254)

【头耳】喻指大概或一点点。

《汉语大词典》未收此义,当补。

他若未晓,圣人岂肯说与,但他只知得个头耳。(3,44,1139)

【头脑】两个义项:中心、主题;主见、主意,喻指做事的章法、智慧等。

"中心、主题"义:

《汉语大词典》未收此义,当补。

不知怎地,贾谊文章大抵恁地无头脑。如后面说"春朝朝日,秋莫夕月",亦然。他方说太子,又便从天子身上去。(8,135,3225)

"主见、主意,喻指人的思维判断能力"义:

《汉语大词典》未收此义,当补。

他限日到,自要苦苦邀索不得。若是做守令,有可以白干沈滞底事,便是无头脑。须逐事上簿,逐事要了,始得。(7,106,2648)

杲老在径山,僧徒苦其使性气,没头脑,甚恶之,又恋着他禅。(8,124,2973)

少间只见得下面许多罗罗嗦嗦,自家自无个本领,自无个头脑了,后去更不知得那个直是是,那个直是非,都恁地鹘鹘突突,终于亦不足以成物。(8,124,2981)

【头头】犹言选用管理者。

《汉语大词典》未收此义,当补。

神宗极聪明,于天下事无不通晓,真不世出之主,只是头头做得不中节拍。(8,127,3046)

【头子】源头、根源。

《汉语大词典》未收此义,当补。

若不是恻隐,则三者都是死物。盖恻隐是个头子,羞恶、辞逊、是非便从这里发来。(4,53,1285)

【退处】隐没或退去之处所。

《汉语大词典》未收此义,当补。

只是天行得过处为度。天之过处,便是日之退处。日月会为辰。(1,2,12)

且如月生于西,一夜一夜渐渐向东,便可见月退处。(1,2,17)

【退听】两个义项:一为减退、消失;二为收敛。

减退、消失。

《汉语大词典》未收此义,当补。

能恁地,则许多病痛一齐退听。"出门如见大宾,使民如承大祭",这是防贼工夫。(3,44,1117)

收敛。

《汉语大词典》未收此义,当补。

心在,群妄自然退听。(1,12,199)

常常会恁地,虽有些放僻邪侈意思,也退听。(1,12,211)

若久,少间此等小人自然退听,不容他出来也。(5,72,1818)

【指定】指令规定或指派规定。

《汉语大词典》未收此义,当补。

如某书出论,某书出策,如天文、地理、乐律之类,皆指定令学者习,而用以为题。(7,109,2699)

【坐谈】两个义项漏收。

会客谈话。

《汉语大词典》未收此义,当补。

又举徐处仁知北京日,早辰会僚属治事讫,复穿衣会坐谈厅上。(8,121,2946)

几个人坐在一起叙旧或谈心。

《儿女英雄传》:"这才合老头儿出了那间屋子,彼此坐谈,叙了些离情,问了些近况。这话暂且按下不表。"

附录

《〈朱子语类〉身体动作类义类词群研究》词语表

一、"提×"组词语

（一）提拔、提挈、提撕、提携；

（二）提警、提省、提醒；

（三）提策、提耳、提诲。

二、"指×"组词语

（一）指向、指数、指画；

（二）指授、指教、指明、指拨、指点；

（三）指言、指说、指斥、指摘。

三、"推×"组词语

（一）推动、推荡、推排、推广、推行；

（二）1. 推测、推算、推见、推知、推想、推度；

2. 推演、推求、推寻、推索、推考、推察、推究、推勘、推明；

3. 推本、推原。

（三）1. 推言、推说；

2. 推诚、推逊、推许、推尊、推服、推托。

四、"探×"组词语

（一）探取、探看；

（二）探索；探知；

（三）采探；探报；探伺；察探；探讨。

五、"抬×"组词语

（一）抬、抬扛；

（二）抬身、抬头、抬起；

（三）抬举、抬奖、抬弄。

六、"批×"组词语

(一) 批、批郤导窾、批亢捣虚、批退;

(二) 批、特批、批抹;

(三) 批问、批答、批诲、批判。

七、"挑×"组词语

(一) 挑、挑动、挑载、挑入、挑拨;

(二) 挑吃;

(三) 挑开、挑转、挑剔、挑动、挑拨、挑问、挑讲。

八、"摸×"组词语

摸、捉摸、著摸/着摸、揣摩、描摸、摸索、探摸。

九、"寻×"组词语

寻求、寻索、寻究、寻讨、寻摸。

十、"索×"组词语

究索、穷索、极索、玩索、推索。

十一、"诡×"

(一) 诡诈;

(二) 诡异、诡怪、诡秘、诡僻、诡谲;

(三) 诡遇、诡计。

十二、"诈×"

(一) 欺诈、逆诈;

(二) 奸诈、诈伪、谲诈、鄙诈、险诈;

(三) 变诈。

十三、"讨×"组词语

(一) 讨吃、讨名、讨计、别讨、讨论、讨说;

(二) 讨头、讨见、搜讨、寻讨、讨索;

(三) 讨度。

十四、"透×"组词语

(一) 透过、透脱、走透、透漏、透出;

(二) 打透、穿透、看透;

(三) 透彻、透切、透达、透熟、明透、精透、透底。

十五、"途×"组词语

(一) 道途、路途、回途、中途;

（二）途径、半途、半途而废、途中、程途、迷途。

十六、"通×"组词语

（一）通衢、通路、通道；

（二）1. 通贯、贯通、通融、四通八达、七通八达；

2. 通彻、通达、通晓、通知、通识、通流、通熟、通珑、通蔽开塞、通解。

（三）1. 通透、通明；

2. 通畅、通快。

参考文献

(一) 古籍 (点校本、整理本)

(汉) 刘向:《战国策》,上海古籍出版社 1985 年点校本。

(汉) 高诱注,陈奇猷校释:《吕氏春秋校释》,学林出版社 1984 年点校本。

(汉) 王充著,黄晖校释:《论衡校释》,中华书局 1990 年点校本。

(汉) 应劭撰,王利器校注:《风俗通义校注》,中华书局 1981 年点校本。

(三国·吴) 韦昭注,上海师范大学古籍整理组校点:《国语》,上海古籍出版社 1978 年点校本。

(唐) 张守节:《史记正义》,中华书局 1982 年点校本。

(唐) 颜师古注:《汉书》,中华书局 1962 年点校本。

(唐) 李贤等注:《后汉书》,中华书局 1965 年点校本。

(唐) 房玄龄等撰:《晋书》,中华书局 1974 年点校本。

(唐) 魏征等撰:《隋书》,中华书局 1973 年点校本。

(唐) 李延寿撰:《南史》,中华书局 1975 年点校本。

(唐) 李延寿撰:《北史》,中华书局 1974 年点校本。

(唐) 王冰注:《黄帝内经素问》,商务印书馆 1931 年点校本。

(唐) 封演:《封氏闻见记》,商务印书馆 2005 年点校本。

(晋) 干宝撰,汪绍楹校注:《搜神记》,中华书局 1979 年点校本。

(北齐) 魏收撰:《魏书》,中华书局 1974 年点校本。

(北齐) 颜之推著,王利器撰:《颜氏家训集解》,中华书局 1993 年点校本。

(梁) 沈约撰:《宋书》,中华书局 1974 年点校本。

(梁) 萧子显撰:《南齐书》,中华书局 1972 年点校本。

（南梁）萧统：（唐）李善注：《文选》，上海书店 1988 年点校本。

（后魏）贾思勰著，缪启愉校释：《齐民要术校释》，中国农业出版社 1998 年点校本。

（后晋）刘昫撰：《旧唐书》，中华书局 1975 年点校本。

（宋）黎靖德编，王星贤点校：《朱子语类》，中华书局 1986 年点校本。

（宋）丁度等编：《集韵》，上海古籍出版社 1985 年点校本。

（宋）裴松之注：《三国志》，中华书局 1982 年点校本。

（宋）欧阳修、宋祁撰：《新唐书》，中华书局 1975 年点校本。

（宋）司马光编著，（元）胡三省音注：《资治通鉴》，中华书局 1956 年点校本。

（宋）李焘撰，上海师范大学古籍整理研究室校点：《续资治通鉴长编》，上海古籍出版社 1978 年点校本。

（宋）苏轼著，孔凡礼点校：《苏轼文集》，中华书局 1986 年点校本。

（宋）李昉等编：《太平广记》，中华书局 1961 年点校本。

（宋）李昉等编：《太平御览》，中华书局 1960 年点校本。

（宋）沈括：《梦溪笔谈》，中华书局 1985 年点校本。

（宋）赵彦卫：《云麓漫钞》，中华书局 1985 年点校本。

（宋）罗大经撰：《鹤林玉露》，中华书局 1983 年点校本。

（宋）释普济：《五灯会元》，中华书局 1984 年点校本。

（元）陶宗仪：《南村辍耕录》，中华书局 1958 年点校本。

（元）脱脱等撰：《宋史》，中华书局 1977 年点校本。

（明）李时珍：《本草纲目》，中华书局 1985 年点校本。

（明）施耐庵、罗贯中：《水浒传》，人民文学出版社 1975 年版。

（明）罗贯中：《三国演义》，人民文学出版社 1982 年点校本。

（明）凌濛初：《初刻拍案惊奇》，上海古籍出版社 1983 年版。

（明）凌濛初：《二刻拍案惊奇》，上海古籍出版社 1983 年版。

（明）冯梦龙：《醒世恒言》，人民文学出版社 1984 年版。

（明）冯梦龙：《喻世明言》，人民文学出版社 1984 年版。

（明）冯梦龙：《警世通言》，人民文学出版社 1984 年版。

（明）西周生：《醒世姻缘传》，上海古籍出版社 1981 年版。

（明）吴承恩：《西游记》，作家出版社 1955 年版。

（清）郭庆藩撰，王孝鱼点校：《庄子集释》，中华书局 1961 年点校本。

（清）孙诒让撰，孙启治点校：《墨子闲诂》，中华书局 2001 年点校本。

（清）王先慎、钟哲点校：《韩非子集解》，中华书局 1998 年点校本。

（清）王先谦撰，沈啸寰、王星贤点校：《荀子集解》，中华书局 1988 年点校本。

（清）黎翔凤撰，梁运华整理：《管子校注》，中华书局 2004 年点校本。

（清）阮元：《十三经注疏》，中华书局 1980 年点校本。

（清）段玉裁：《说文解字注》，上海古籍出版社 1988 年点校本。

（清）彭定求等编：《全唐诗》（增订本），中华书局 1999 年点校本。

（清）阮元：《经籍纂诂》，成都古籍出版社 1982 年点校本。

（清）曹雪芹、高鹗：《红楼梦》，人民文学出版社 1982 年点校本。

（清）蒲松龄：《聊斋志异》（铸雪斋抄本），上海古籍出版社 1979 年点校本。

（清）吴敬梓：《儒林外史》，上海古籍出版社《古本小说集成》1994 年点校本。

（清）韩邦庆：《海上花列传》，人民文学出版社 1982 年版。

（清）李绿园：《歧路灯》，中州古籍出版社 1980 年版。

（清）文康：《儿女英雄传》，上海古籍出版社 1980 年版。

北京大学古文献研究所：《全宋诗》（72 册），北京大学出版社 1991—1998 年点校本。

《文渊阁四库全书》，迪志文化出版有限公司 1999 年版。

刘永翔、徐德明等校点：《朱子全书》，上海古籍出版社 2002 年版。

（二）今著

陈明娥：《朱熹口语文献词汇研究》，厦门大学出版社 2011 年版。

陈荣捷：《朱子门人》，华东师范大学出版社 2007 年版。

高令印、高秀华：《朱子学通论》，厦门大学出版社 2007 年版。

胡壮麟：《认知隐喻学》，北京大学出版社 2004 年版。

华学诚：《扬雄方言校释汇证》，中华书局 2006 年版。

黄征：《变文字义待质录考辨》，载《中古近代汉语研究》（第一辑），上海教育出版社 2000 年版。

黄征、张涌泉校注：《敦煌变文校注》，中华书局 1997 年版。

江蓝生：《近代汉语探源》，商务印书馆 1999 年版。

姜亮夫著，姜昆武校：《昭通方言疏证》，上海古籍出版社 1988 年版。

蒋冀骋，吴福祥：《近代汉语纲要》，湖南教育出版社 1997 年版。

蒋冀骋：《近代汉语词汇研究》，湖南教育出版社 1991 年版。

蒋礼鸿：《敦煌变文字义通释》，上海古籍出版社 1997 年版。

蒋绍愚：《近代汉语研究概要》，北京大学出版社 2005 年版。

蒋绍愚：《两次分类——再谈词汇系统及其变化》，载《汉语词汇语法史论文集》，商务印书馆 2000 年版。

蓝吉富主编：《禅宗全书》，中国藏学出版社 1993 年版。

李淑珍：《隐喻、转喻与汉语惯用语》，《俗语研究与探索》，上海辞书出版社 2005 年版。

林庆彰主编：《朱子学研究书目（1900—1991）》，文津出版社 1992 年版。

刘瑞潞编撰：《唐五代词钞小笺》，岳麓书社 1983 年版。

刘叔新：《论词汇体系问题》，载《词汇学和词典学问题研究》，天津人民出版社 1984 年版。

逯钦立辑校：《先秦汉魏晋南北朝诗》，中华书局 1983 年点校本。

钱锺书：《谈艺录》，中华书局 1984 年版。

裘锡圭：《文字学概要》，商务印书馆 1988 年版。

石立善：《战后日本的朱子学研究述评（1946—2006）》，载《鉴往瞻来——儒学文化研究的回顾与展望》，复旦大学出版社 2006 年版。

史存直：《汉语词汇史纲要》，华东师范大学出版社 1989 年版。

束定芳：《隐喻学研究》，上海外语教学出版社 2000 年版。

束定芳编著：《认知语义学》，上海外语教育出版社 2008 年版。

宋永培：《古汉语词义系统研究》，内蒙古教育出版社 2000 年版。

苏宝荣：《词义研究与辞书释义》，商务印书馆 2000 年版。

孙亚：《语用和认知概论》，北京大学出版社 2008 年版。

唐贤清：《〈朱子语类〉副词研究》，湖南人民出版社 2004 年版。

王力：《汉语词汇史》，商务印书馆 1993 年版。

王力：《汉语史稿》，中华书局1980年版。

王力：《龙虫并雕斋文集》，中华书局1980年版。

王力：《我的治学经验》，载《龙虫并雕斋琐语》，商务印书馆2002年版。

王力：《中国语言学史》，复旦大学出版社2006年版。

王锳：《近代汉语词汇语法散论》，商务印书馆2004年版。

吴安其：《历史语言学》，上海教育出版社2006年版。

吴展良编：《朱子研究书目新编1900—2002》，台湾大学出版中心2005年版。

向熹：《简明汉语史》（上），商务印书馆2010年版。

徐时仪：《〈朱子语类〉词汇研究》，上海古籍出版社2013年版。

徐时仪：《古白话词汇研究论稿》，上海教育出版社2000年版。

徐时仪：《汉语白话发展史》，北京大学出版社2007年版。

徐时仪：《玄应和慧琳〈一切经音义〉研究》，上海世纪出版集团2009年版。

徐时仪：《一切经音义三种校本合刊》，上海古籍出版社2008年版。

尹戴忠：《上古"看视"概念场词汇研究》，湖南人民出版社2011年版。

袁宾：《禅宗著作词语汇释》，江苏古籍出版社1990年版。

袁宾：《近代汉语概论》，上海教育出版社1992年版。

袁宾、徐时仪：《二十世纪的近代汉语研究》，书海出版社2001年版。

张永言：《词汇学简论》，华中工学院出版社1982年版。

张玉萍：《近代汉语研究索引》（1987—2007），四川出版集团巴蜀书社2009年版。

张志毅、张庆云：《词汇语义学》，商务印书馆2005年版。

章宜华：《语义、认知、释义》，上海外语教育出版社2009年版。

周光庆：《从认知到哲学：汉语词汇研究新思考》，外语教学与研究出版2009年版。

周祖谟：《广韵校本》，中华书局2004年版。

祝敏彻：《〈朱子语类〉句法研究》，长江文艺出版社1991年版。

（三）国外学者著作

［德］爱德华·萨丕尔：《语言论》，商务印书馆1983年版。

朝鲜古写徽州本《朱子语类》，中文出版社 1982 年版。

［捷］拉迪斯拉夫·兹古斯塔（Ladislav Zgusta）：《词典学概论》，林书武等译，商务印书馆 1983 年版。

［日］太田辰夫：《中国语历史文法》，北京大学出版 2003 年版。

［德］威廉·冯·洪堡特：《论人类语言结构的差异及其对人类神发展的影响》，姚小平译，商务印书馆 2008 年版。

［德］威廉·冯·洪堡特：《论语法形式的通性以及汉语的特性》，《洪堡特语言哲学文集》，姚小平译，湖南教育出版社 2001 年版。

［俄］雅洪托夫：《汉语史论集》，北京大学出版社 1986 年版。

［日］盐见邦彦：《〈朱子语类〉口语语汇索引》，中文出版社 1985 年版。

（四）期刊论文

曹娜：《〈朱子语类〉四字语分析》，《理论界》2006 年第 10 期。

陈明娥：《从四字格看〈朱子语类〉的语言特点及对后世的影响》，阜阳师范学院学报 2009 年第 6 期。

程碧英：《〈朱子语类〉新词札记》，《重庆师范大学学报》2011 年第 3 期。

程湘清：《汉语史断代专书研究方法论》，《汉字文化》1991 年第 2 期。

崔兰：《〈朱子语类〉"门限"和"石坐子"辨》，《文教资料》2007 年第 34 期。

甘小明：《〈朱子语类〉校勘十则》，《巢湖学院学报》2011 年第 4 期。

高长平：《〈朱子语类〉词语拾遗》，《唐山师范学院学报》2011 年第 1 期。

高令印：《现代日本朱子学》，《浙江学刊》1988 年第 6 期。

高庆赐：《古代汉语词义系统》，《语文函授》1978 年第 5 期。

何先辟、蒋得德：《〈朱子语类〉复音词构词方式研究》，现代语文 2010 年第 3 期。

黄冬丽：《试谈重点词素义对语义描写的影响》，《辞书研究》2009 年第 1 期。

江蓝生：《中国俗语大全"序》，《语文研究》2004 年第 2 期。

蒋绍愚：《关于汉语词汇系统及其发展变化的几点想法》，《中国语文》1989 年第 1 期。

金小栋：《〈朱子语类〉词语义释》，《广西民族大学学报》2007 年第 2 期。

金颖：《常用词"过"、"误"、"错"的历时演变与更替》，《古汉语研究》2008 年第 1 期。

李红印：《〈汉语水平词汇与汉字等级大纲〉收"语"分析》，《语言文字应用》2005 年第 4 期。

李敏辞：《〈朱子语类〉词语义释》，《衡阳师范学院学报》2004 年第 4 期。

李敏辞：《〈朱子语类〉口语词释义》，《长沙电力学院学报》2004 年第 2 期。

刘杰：《"舞蹈"和"节拍"：〈朱子语类〉词语札记》，《文化学刊》2008 年第 6 期。

刘杰：《〈朱子语类〉词语札记（一）》，《社科纵横》2008 年第 12 期。

刘杰：《朱子语类》校读札记，《文史》2009 年第 2、3 期。

刘叔新：《论词汇体系问题——与黄景欣同志商榷》，《中国语文》1964 年第 3 期。

卢小彦：《〈朱子语类〉方言俗语札记》，《语文学刊》2009 年第 10 期。

任科雄：《〈朱子语类〉"诛杀"概念场研究》，《长江师范学院学报》2010 年第 5 期。

沈家煊：《词义与认知——〈从词源学到语用学〉评介》，《外语教学与研究》1997 年第 3 期。

孙琴、唐韵：《〈朱子语类〉中的"不 A 不 B"格式考察》，《贺州学院学报》2010 年第 1 期。

孙雍长：《论词义变化的语言因素》，《湖南师大社会科学学报》1989 年第 5 期。

王丽玲：《也谈动词"提"言说义的来源》，《中国语文》2011 年第 6 期。

徐规：《新本〈朱子语类〉订误举例》，《文献》2004 年第 2 期。

徐时仪：《〈朱子语类〉词语考释》，《上海师范大学学报》1991年第2期。

徐时仪：《〈朱子语类〉词语诠释》，《集美师专学报》1991年第3期。

徐时仪：《〈朱子语类〉词语札记》，《徽州师专学报》1994年第3期。

徐时仪：《〈朱子语类〉佛学词语考》，《南阳师范学院学报》2012年第7期。

徐时仪：《〈朱子语类〉口语词探义》，《徽州社会科学》1996年第4期。

徐时仪：《略论〈朱子语类〉在近代汉语研究上的价值》，《上海师范大学学报》2000年第4期。

杨黛：《佛经词语随札》，《古汉语研究》1998年第2期。

杨永龙：《〈朱子语类〉中"不成"的句法语义分析》，《中州学刊》2000年第2期。

姚振武：《〈朱子语类〉语词札记》，《古汉语研究》1992年第2期。

袁庆述：《〈朱子语类〉方言俗语词考》，《语文研究》1990年第4期。

(五) 硕博论文

程碧英：《〈朱子语类〉词汇研究》，博士学位论文，四川大学，2011年。

冯青：《〈朱子语类〉词语研究》，博士学位论文，南京师范大学，2010年。

甘小明：《〈高僧传〉概念场词汇系统分析》，硕士学位论文，安徽师范大学，2009年。

甘小明：《〈朱子语类〉概念场研究》，博士学位论文，上海师范大学，2012年。

郭晓妮：《古汉语物体位移概念场词汇系统及其发展演变研究——以"搬移类"、"拖曳类"等概念场为例》，博士学位论文，浙江大学，2010年。

胡秀娟：《〈朝鲜古写徽州本朱子语类〉研究》，博士学位论文，浙江大学，2012年。

姜仲勇：《〈朱子语类〉词汇研究》，博士学位论文，北京大学，2006年。

刘杰：《〈朱子语类〉文献语言研究》，博士学位论文，上海师范大学，2010年。

刘静：《〈朱子语类〉异序词研究》，硕士学位论文，上海师范大学，2011年。

刘文正：《〈朱子语类〉量词研究》，硕士学位论文，贵州大学，2006年。

罗惜：《〈朱子语类〉反复问句研究》，硕士学位论文，苏州大学，2013年。

骆娟：《〈朱子语类〉四字格词语研究》，硕士学位论文，上海师范大学，2011年。

马雯：《〈朱子语类〉义类词群研究》，硕士学位论文，上海师范大学，2013年。

任科雄：《〈朱子语类〉义刚所录朱熹词汇研究》，硕士学位论文，四川外国语学院，2012年。

沈叶露：《〈朱子语类〉异形词举隅》，硕士学位论文，上海师范大学，2011年。

肖术全：《〈朱子语类〉词语考释及相关书证辨说》，硕士学位论文，华中师范大学，2008年。

薛娇：《〈朱子语类〉的处置式研究》，硕士学位论文，辽宁师范大学，2012年。

杨艳：《〈朱子语类〉版本与语言问题考论》，博士学位论文，上海师范大学，2011年。

赵金丹：《〈朱子语类〉新词新语初探》，硕士学位论文，陕西师范大学，2007年。

（六）辞书

《汉语大字典》，四川辞书出版社和崇文书局2010年第二版。

江蓝生、曹广顺：《唐五代语言词典》，上海教育出版社1998年版。

蒋礼鸿：《敦煌文献语言词典》，杭州大学出版社1994年版。

李荣主编：《现代汉语方言大词典》（综合本），江苏教育出版社2002年版。

刘洁修：《成语源流大词典》，江苏教育出版社 2003 年版。

罗竹风《汉语大词典》（缩印本），汉语大词典出版社 1997 年版。

孙洪德编著：《汉语俗语词典》（增订本），商务印书馆 2011 年版。

王力：《同源字典》，商务印书馆 1982 年版。

许宝华，宫田一郎：《汉语方言大词典》，中华书局 1999 年版。

袁宾：《宋语言词典》，上海教育出版社 1997 年版。

中国社会科学院语言研究所词典编辑室编：《现代汉语词典》（第 8 版），商务印书馆 2017 年版。

宗福邦等：《故训汇纂》，商务印书馆 2003 年版。

后　　记

　　走过山重水复的风景，有一段烟尘之路，是通向岁月的。无论你怀着怎样平庸的心境，亦会被弥漫在岁月里的细腻而感染。

　　这两年，我来到古城西安，走在西安的城墙下，透过青砖的城门依稀可以看到一个盛世王朝明明灭灭的背影。暮鼓晨钟，唐风古韵，历史的遗风依然回荡在这座昔日的皇城，繁星点点照亮夜空，让所有的灯红酒绿、所有的光怪陆离在这座城市中都显得黯然。

　　而我的日子忙忙碌碌又细细碎碎，追车赶车一路奔波，上课下课，洗衣做饭带孩子，平平淡淡，无风亦无浪，一年又一年。而窗外却是十里长街的车水马龙和繁华盛景，滚滚红尘似乎只是别人的一番天地。

　　烟云在平淡的日子中渐渐消散，流年在繁华盛景中悄悄偷换，曾经的风烟滚滚，此刻已找不到丝毫痕迹。日子是朴素无华抑或轰轰烈烈，是时间决定我们太多。

　　日子没有值与不值，对与不对。人生的方向，从来没有标准。找一条适合自己的路，坚定地走下去，是穷途末路还是一马平川，都要无悔。

　　要相信，世事的安排其实很公平，没刻意，也不会随意，因为日子不会说谎。岁月突然变得苍绿，那是因为我们都在老去，在苍绿中老去。

　　一个人只要内心沉静，无论你身处怎样的繁华与激烈，亦可清明简然。没有一段人生，不是风雨相携，也许做不到敬畏，却要尊重。不管身处怎样的环境，逆境或顺境，都是要走下去，按照俗世的规律，走下去，不偏不倚，不惊不扰。总有一天，你会发现岁月给你的绝不只是一点点，而是很多很多。

　　一念花开，一念花落。这山长水远的人世，终究还是要自己走下去。时光依旧美丽，尽管我们早已忘记当年的星空。日子是在跋山涉水中度过，但终有生生不息的风景，供你我赏阅。生命本就是一场漫长不可预知的远行，晓风残月，杨柳落英，都只是刹那风景。

  小院竹篱，春水荡漾，一切还是初时模样。这里，不必和人争先恐后，摩肩接踵。端一把椅子，静坐院中，采一束花影，泡一壶清茶。这赌书泼茶、倚楼观花的日子清简如水，寂静无声。任凭窗外风云交替，车水马龙，内心安然平和，洁净无物。返璞归真，随缘即安。

  看罢繁华盛景，深知众生不易。远处，古老的山坡，几户人家炊烟袅袅，旧宅深巷里，已是灯火阑珊。

  时光且住，不言离别。

2019 年 7 月 15 日于西安家中